著者肖像および筆跡　1922（大正 11）年撮影

夫人肖像および筆跡　1916（大正 5）年撮影

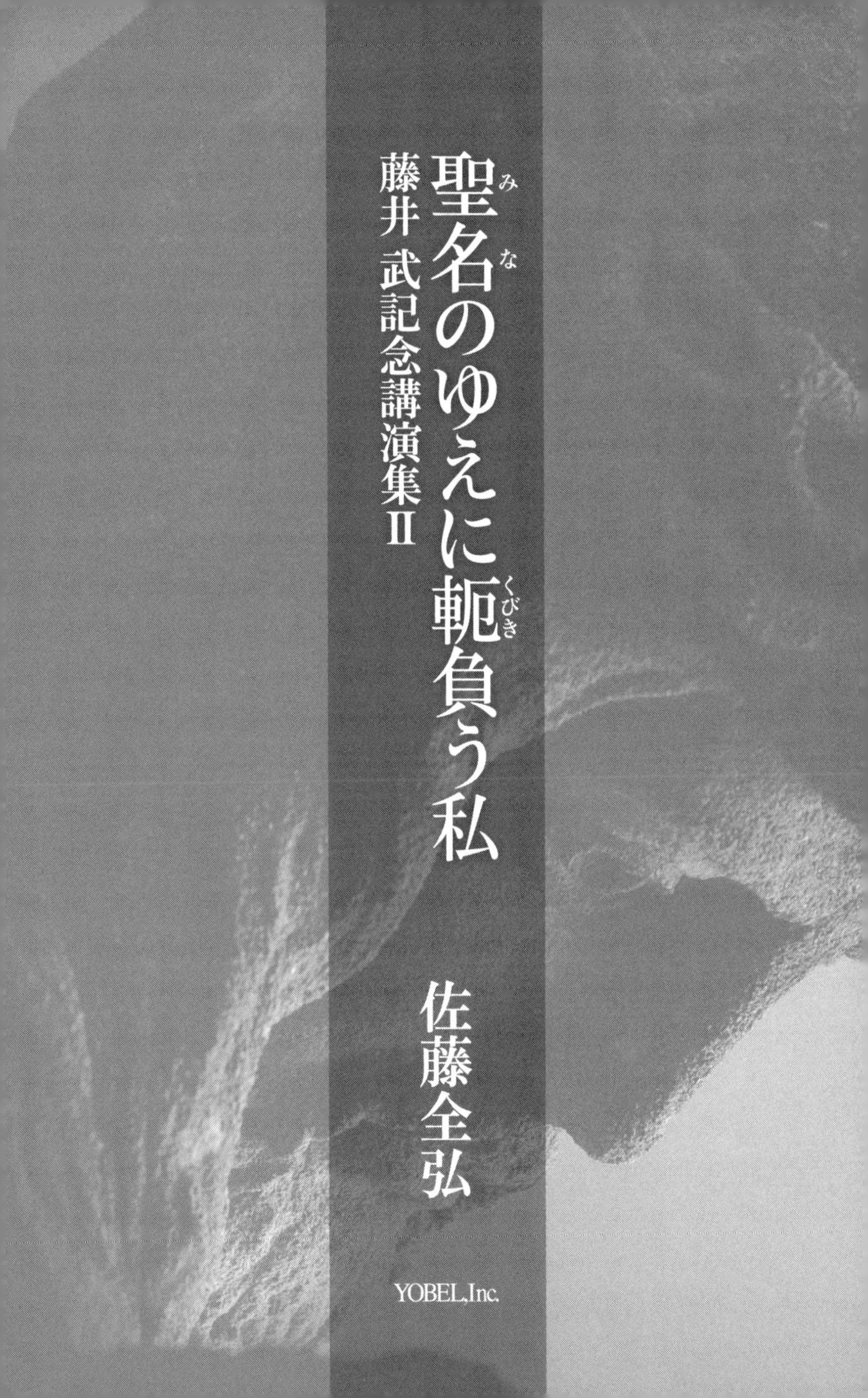

聖《み》名《な》のゆえに軛《くびき》負う私

藤井 武記念講演集Ⅱ

佐藤全弘

YOBEL,Inc.

主の賜わった貴い伝道の器に
これらの小文をいれることを
お許しくださった
岩島　公先生と
高橋三郎先生に
心から感謝しつつ
本書を献げます

はしがき

本書は、内村鑑三の高弟であり、内村と同じ一九三〇年に四十二歳で世を去った藤井武を、様々な観点から取り上げた十七篇の講演と、藤井武の二人の友人を論じた二章を併せて、二冊に編集したものの第二冊です。

これら十七篇の講演は、毎年十月初めの日曜日に名古屋で中山聖書研究会が主催した「藤井武記念講演会」で私が述べたもので、中山先生が九十八歳で召天される二年前一九九六年には同研究会は解散されて、「ちとせのいわ聖書研究会」が後継集会として代って主催し、二〇〇八年で講演会はその終りを迎えたのでした。

私の講演は、一九八四年に行われたものの要約は、中山博一《ひろいち》先生主管の「ちとせのいわ」に掲載されましたが八十九年九十年の講演は同誌が休刊ゆえ掲載されず、一九九二年から一九九五年までの四年間の講演は、中山先生の御友人の岩島　公《とおる》とおる先生の主管雑誌「永遠の日本」に全九号にわたり全文掲載されました。

そして、それにつづく一九九六年から二〇〇八年の最終講演までの十三篇は、高橋三郎先生の「十字架の言」に掲載されたのでした。高橋先生は、晩年、自動車事故で首から下全身麻痺になられて以後は、「十字架の言」に私が各地で行った講演、聖書講義等を数多くのせてくださいました。これら「藤井武記念講演」もその恩恵に浴したのでした。

高橋先生は掲載の便を与えてくださっただけでなく、年に一度の「藤井武記念講演」をとても心待ちにしておられ、手紙でご感想をくださるばかりでなく、時々は読後感を「十字架の言」にのせて賛同の意を表してくださいました。

Ⅰの六「閨もなんじをほめたたう——藤井 武におけるエロースとアガペー」をのせてくださった時には、私の本文にすぐ続けて、次のような御心こもる「編者付言」をのせて、励ましてくださいました——

（編者付言） 年頭にあたりこの貴重な真理の証言を本紙読者諸兄姉にお届けできます幸いを、心から感謝いたします。これは藤井 武を最も深く理解した人による貴重な真理発掘の所産であるにとどまらず、「全人格的福音への復帰」という最も緊急な課題についての提言であることを、こよなく尊く存じます。私事にわたりますが、アガペーによって包まれアガペーによって貫かれているエロースをもって私を愛してくれる妻美佐子を与えられていることを、天与の賜物として深く感謝するとともに、九十組を越える結婚式を司らせて頂いてきたことも、奇しき主の御導きであったとの思いを禁ずることができません。福音に根ざした堅実な家庭が続々と後に続き、力強く成長してくれることによって、崩れゆく社会の礎となってくれるよう切に待ち望む次第であります。（以下略）

二〇〇八年十月の「信仰と生活――新発見の藤井 武・喬子の手紙から」が、翌二〇〇九年二月号の「十字架の言」（五二七号）に載せられて程なく、同年八月号（五三三号）を以て「十字架の言」は終刊となりました。先生は以後「柿の木坂通信」に文を寄せられることとなり、翌二〇一〇年六月に執筆された「パウロの限界」（十月号掲載）を以て、絶筆とされ、六月二十四日、八十九歳八か月のご生涯を終えられました。最後の十六年は、凡て口述筆記による文章であることは、他に例を見ない神の恵みと、魂の底から揺がされるのです。

高橋先生が、その福音伝道の最後の年々において、神から与えられたその伝道の器に、私の藤井武講演をはじめ、各地で行った講演等を掲載してくださったことは、何事にもまさる恩恵でありました。

そして、また私の藤井武講演をそれまで九回その信仰誌「永遠の日本」に載せてくださった、岩島公先生の主に在るご高配にも、感謝を深くいたすものです。

今ここに、年をへだてて、藤井武記念講演を二冊の本として出版するに当り、岩島公先生、高橋三郎先生に、この第二巻をお献げいたしたく存じます。

二〇一九年八月一日

佐藤全弘

聖名《みな》のゆえに軛《くびき》負う私——藤井 武記念講演集 II

目次

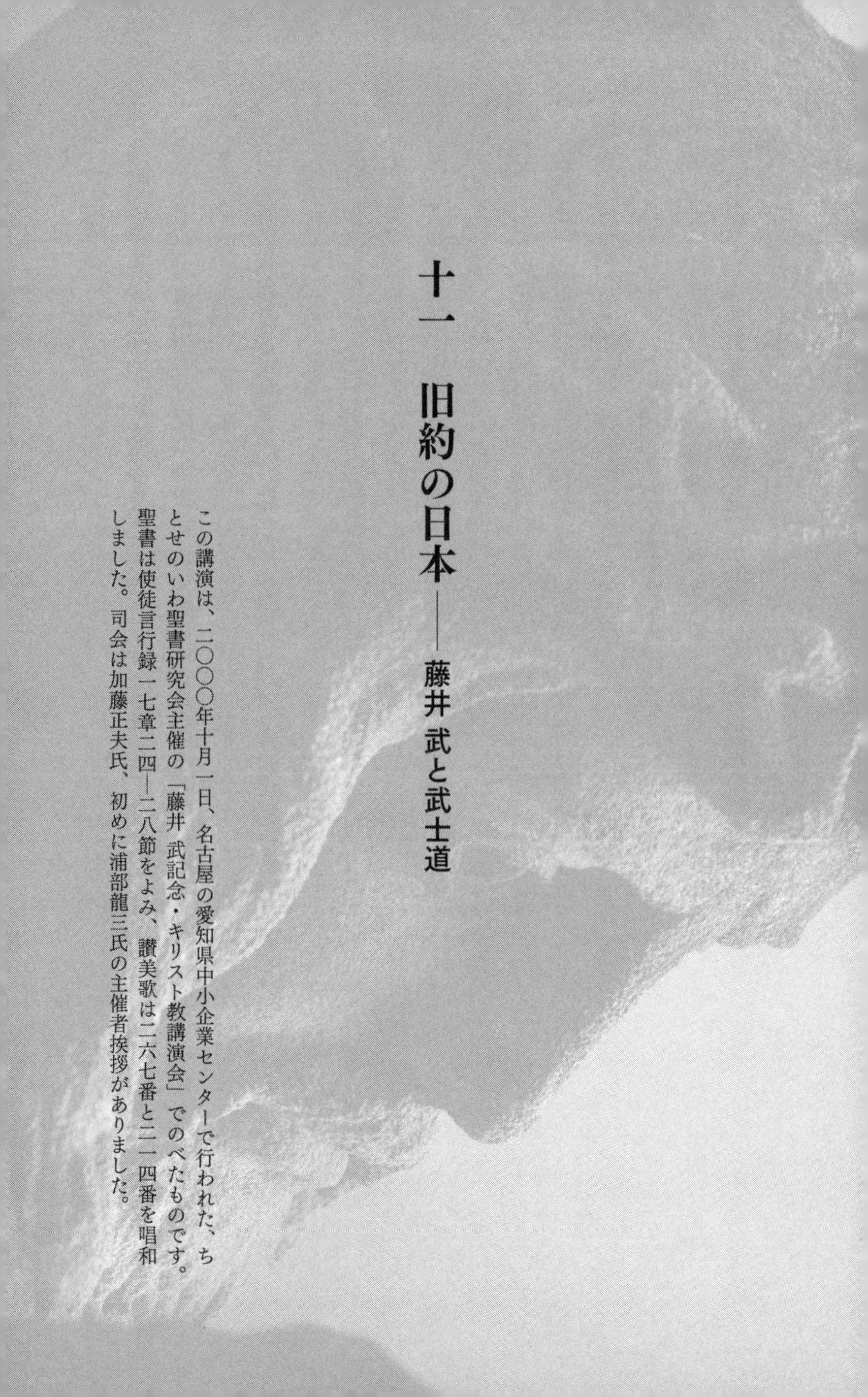

十一　旧約の日本――藤井 武と武士道

この講演は、二〇〇〇年十月一日、名古屋の愛知県中小企業センターで行われた、ちとせのいわ聖書研究会主催の「藤井 武記念・キリスト教講演会」でのべたものです。聖書は使徒言行録一七章二四―二八節をよみ、讃美歌は二六七番と二一四番を唱和しました。司会は加藤正夫氏、初めに浦部龍三氏の主催者挨拶がありました。

一　はじめに

また一年がめぐり、藤井先生記念の講演をさせていただくことになりました。この集りで話をいたしますのはもう十回をこえますが、今回「旧約の日本――藤井 武と武士道」という題をかかげましたのは、今、浦部様からご紹介のありましたように、今年は新渡戸稲造がアメリカで英文『武士道』を出版してから百年に当るからです。また、二十世紀の終りとなり日本の前途がきわめて混沌とし、どちらを見まわしてもたががすっかり外れている有様を、これでもか、これでもかと見せつけられているからです。この時に当り、この国民の精神をつちかってきたものがいったいどういうものであるのか、またそれはこれから先の私たちの歩みにとりどういう意味をもつのか、さらにはそれは聖書の信仰とどう関わるのかを確認しておかねばならぬ、と思ったからです。

最初に、藤井 武と武士道との関係について話します。藤井先生は一八八八年（明治二一）一月十五日、金沢藩士浅村安直の次男として生まれました。父は第七連隊の少尉で、連隊旗手をつとめていました。一八五六年（安政三）生れで三十三歳、もとは藩の下士でした。母も同藩士滝敬敏の娘で、藤井先生は金沢の武家屋敷で育ったのでした。

藤井 武は一九〇一年に養子になり、藤井姓を名乗りつつ、浅村家から通学していました。ところが石川県立第一中学校を主席で卒業した一九〇四年、父が東京の麻生第三連隊に少佐で転勤となり、藤井 武は同年九月第一高等学校に入学し、上京して父の家に暮すこととなりました。

父浅村安直は、西南の役では西郷軍を追って城山の麓まで進みましたし、日清戦争では清兵二人を斬ったといわれます。藤井 武が一高に入った年に始まった日露戦争では、乃木希典の第三軍に属し、旅順の戦にも奉天大会戦にも大隊長として一隊を率いました。奉天の戦は日本軍三十万、ロシア軍五十万が満州の原野で正面から衝突し、日本軍はロシア軍を包囲全滅しようとして果さず、ロシア軍は北方へ退いたのでした。

激戦がつづき率いる大隊が苦戦に陥ったときに、浅村大隊長は大声で、「我らここに戦死せん、一歩も退くべからず」と叱咤し、自ら顔面に貫通銃創をうけながら戦い、その猛勇は新聞にも報じられ、藤井もそれを読んで誇りに思ったのでした。

浅村安直が一九三〇年三月一日七十五歳で亡くなったとき、藤井 武は「私の父」という文を書きましたが、そこにはさきの父の言をひいて次のくだりがあります。

> 「是はこれ我ら福音の戦士たるものが、寝るにも起きるにも聖名のために覚悟すべきの精神では

なからう乎。まことにキリストに属《っ》く者は彼の奴僕であり臣下である。かれらは彼を主とし君として仰ぐ。この故にいやしくも彼の命としあらば、いかなる時にも死を決して、断じて一歩も退かうとは思はない。我らの基督者道は畢竟この武士道より以外のものではない。」（全集一〇巻92頁以下）

父の葬儀に参列者に配った聖書の中扉に、藤井は父のあの言を明記したのでした。

父浅村安直は主の名を恥とせず、喬子夫人なきあと、「旧約と新約」誌の宛名書と包装、発送を引きうけ、死の床においてもなお宛名の筆をとったのでした。その忠実と真実に、藤井 武は武士道の顕れを見たのでした。

藤井 武は武士の家に生れ、武人の父のもとに生い育ち、その父を最後まで見送り、その父の内に武士道とキリスト信仰の結合をみとめ、みずからもその名のごとく雄々しく行きぬいた人と言えます。

二 『聖書より見たる日本』と『羔の婚姻』に見る「旧約の日本」

その藤井先生に武士道についての文があるのは当然のことです。それは一九二九年九月刊行の『聖書より見たる日本』の第二「旧約の日本」の本論の一「日本に於ける義の観念の発達」の六と、『羔の婚姻』の中篇・第三十歌「産痛」の七六—八四行とです。しかし藤井 武の思想の中では単に武士道だけでなく「旧約の日本」ということが一つの中心となっています。そこでまずこのテーマについてのべ、そのあとで『羔の婚姻』を味うこととします。

1　「旧約の日本」とは

「旧約の日本」ということは、日本の（まして世界の）キリスト教界で、必ずしも公認されてはいません。いな、この言葉を目にしてはむしろそれを誤った考えとし、異教的要素の混同、異教的汚染、さらには異端として斥けるむきが、今でも多いと思われます。

しかし、内村鑑三も「旧約の日本」を認め、新渡戸稲造もそれを最初に筆にしています。亀谷凌雲はそれを「傍系旧約」と呼びました。

では「旧約の日本」というときの旧約とは一体何なのでしょうか。旧約とは旧い契約で、新しい契約たる新約の対語です。新約はイエス・キリストが神の一人子としてこの世に降り、十字架上に人間の罪をことごとく贖って死に、父なる神によって復活せしめられたこと、この罪の赦しの契約が新約であります。旧約も神と人との契約ですが、神はイスラエルの民を選び、己が民としてその民と契約を結ばれたのでした。それは神の恵みであり祝福であるとともに、選びの民はその契約を守らねばならぬという意味で、それは課題でもあり、きびしい修練でもあります。そして新約の眼から見るとき、旧約は、神の新しい契約を受けるための準備と考えられます。

しかしひるがえって考えますと、私たちの信じるイエス・キリストの父なる神は、なにもイスラエルの民だけの神ではないということはパウロの手紙からも明かです。神は宇宙全体、天地万物を創られた神であり、万民の主であります。その神が新しい恵みの福音を、御子を通して与えられるに当って、それぞれの民族に、時・所こそちがえ、各々独自の準備、修練、ウォーミング・アップを施されたと考えることは、神への信仰と決して矛盾しません。いな、各民族にはそれぞれに特別の教育手段があってよいと考えられます。そしてそのように十分の備えを受けてから新約の福音に接し、恵みを受けいれるのです。

パウロはローマ人への手紙一章一八節—三二節のところで、唯一の神、まことの神を知らないとは、異邦人にも言わせない、そんな言い逃れは許されない。というのは、天地創造このかた、神が唯一であり天地万物を支配しておられるということは、被造物において明かに見られるからである。人間の良心において、天然の秩序において、また被造世界の調和において、神の御意と力は明示されている。ゆえに人はすべてまことの神を知っている。知っていながら神の思し召しを斥け、神を知らないとしらを切るようなことは、神は断じて許されない、と述べています。

福音は無条件の恩恵です。しかしその無条件の恵みを受けるに当っては、それに先立って義の修練と信の予習がなければならぬ、と藤井 武は考えました。キリストの福音へ導く守役（養育掛）とパウロが名付ける律法には（ガラテヤ三・24）、二種があるのです。

一つは、義の観念を振起して、人を罪の下にとじこめる道徳律法で、これは義の修練と呼ばれます。もう一つは、恩恵の予表として、人を信へと誘う礼拝律法、すなわち恵みの影としての信の予習であって、この義と信の両面の旧約が、日本精神史にはたしかにあった、と藤井 武は見るのです。『聖書より見たる日本』の「旧約の日本」の項はその弁明であり、『羔の婚姻』中篇第三十歌「産痛」はそれを歌ったものです。

注　この「旧約の日本」の章は、一九二八年七月の「旧約と新約」に掲載されましたが、同年三月に出た髙須芳次郎著『日本思想十六講』によるところが多いとは、藤井自身も記しています。じじつ、引用もまとめ方も酷似しています。髙須（一八八〇―一九四八）は大阪の生れで、貯金管理所へ務めたあと、一八九八年に新声社へ入り文芸時評を担当し、一九〇一年早稲田大学を了えてのち、「世界的青年」誌主幹、のち「東西南北」主宰、国民新聞や毎日新聞、二六新報の文芸部長もつとめ、東洋精神の発掘に力を尽しました。もちろんキリスト信徒ではなく、従って日本思想に旧約を見出したのは、彼ではなく藤井 武であることは言うまでもありません。

2 義の修練

『羔の婚姻』中篇第三十歌「産痛」がこの義の修練を歌ったところですが、『聖書より見たる日本』の「旧約の日本」の義の修練のすべての項目が、そこに歌われているわけではありませんし、詩にはそれなりの工夫もありますから、まず「産痛」の初めから読んでまいります。

1時みちくれば地のはてにまで
色めきわたる東雲《しののめ》のごとく
ややに世に著《し》るきひとりの婦人。　（一―三行）

英語でも国は女性で表わし、代名詞ならsheとします。そこで日本精神史を古代から幕末までたどるこの詩でも、日本は女性にたとえられているのです。

4衣のごとく着るは東の
地平にうかぶ円《まど》かなる日よ、

頭には輝く四つの翅《つばさ》。
7曾《かつ》て空たかき秋の正午《まひる》
途にまよひて山の峡《かひ》より
あふげば、きりたつ崖《がけ》の上に
10何の観物か、光の花びら
踊りかつ舞ふを私は見た。
——日に透き輝らふ蜻蛉《あきつ》であつた。　（四—一二行　蜻蛉《あきつ》＝とんぼのこと）

ここは藤井 武が散策の折に見た実見をふまえての詠です。谷合に流れる風に逆い、トンボの群が何百何千と揃って飛んでいる。真昼の日光を上から受けて、その何千枚のつばさが、透き輝いているというのです。日本は古代から「秋津島」といわれます。「あきづしま」は「やまと」の枕詞でもあります。神武天皇が大和で国見をしたとき、国の姿を「あきづのとなめのごとくあるかな」（トンボが番《つが》っている姿）と言ったのに由るともいわれます。それをふまえての詞です。

13いまここ女性の額《ひたひ》たかく
翅を張りて飛びたつ態《さま》の

鍬形こそはまさにそのもの。（一三―一五行）

戦国武将の甲の前立《まえだて》のところに、大きなトンボを飾っているのもありました。鯰や三日月や不動明王を立てた甲もありました。

16ただし暁うまるるのまへ
今はと罩《こ》むる暗黒のごとき
その眉ぎはのひそみはいかに。
19見よ、いきづかしく彼女は喘ぎ
時して襲ふ痛みにさけぶ、
女の貢なる劬労《くるしみ》ゆゑに。（一六―二一行）

まことの真理を産み出そうとする日本精神史の営みを、藤井は産みの苦しみになぞらえているのです。生まれてしまえば光輝く喜び、しかしそれまでは痛みと苦しみです。

22蜻蛉《あきつ》の日女《ひめ》が産《うみ》の褥《しとね》に

劬労《くるしみ》をなすやすでに久しく
けふまでおよそ二千五百年。
25さきには長姉シオンの娘が
ひとしく日を着、月を踏みたて
十二の星の冠をつけて
28ひとしく長きくるしみののち
つひに鉄笏を世にふるふべき
人の子を産みおほせしごとく
31もしくはすべて造られしもの
虚空に渦まく大星雲より
谿間《たにま》に怯《おび》ゆる山羊の羔《こ》まで
34母なる宇宙が今にしてなほ
子なる自由の宇宙を産むと
声なき呻吟《うめき》を已めぬごとく
37彼女も時みち真理をかかげて
東に西に照りわたるべき

新しき日本を産まんがために
住所《すまひ》を大和島根にうけし
最初《いやさき》の日より小止《をや》みもなく
その苦しみを続けてぞ来た。（二二─四二行）

二千五百年とは戦前の皇紀の年数で、今はせいぜい千五百年です。二五行の「シオンの娘」とはユダヤのこと、以下三行は、黙示録十二章一─五節に、マリアにたとえられもする一人の女性が日を衣に着、月を踏み、十二の星の冠を頂いて、産みの苦しみをなめており、その前でサタンである竜が子が生れれば食べてやろうと待ち構えている様子があり、それをふまえています。三四節はローマ人への手紙八章一八節以下の天然の呻きをふまえての詠です。自然全体も救われた人類の神の子としての自由にあやかって共に救われようと、今も呻き待ち望んでいるのです。日本も真理産出の苦しみを、久しきにわたりつづけてきたのです。

(1) 正義の象徴

ここから、『羔の婚姻』と「旧約の日本」の「義の修練」との対応が多くみられます。まずは日本神話をとりあげます。

43正義を象《かたど》る「天照す」日と
　名にし負ふ明るき女性にまづ
　おのが理想を彼女はもとめた。
46日の女神ひとたび事によりて
　岩屋戸にこもり顔をかくせば
　光きえうせ、日女おぢまどふ。
49その声たかき願ひのゆゑに
　山にも似たる岩戸やうやく
　開けばまたも照りいづる日かげ。
52稜威《みいづ》はさしもあらたかながら
　この造られし者のいのちに
　義の饑ゑ渇き飽くべくもなかつた。
（四三―五四行）

太陽神である天照大神を、藤井は正義の象徴とみます。太陽は光の源、生命の源です。光と正義である太陽を背に受けて戦えば勝ち、日に逆い向って戦えば負けることは、神武東征のとき、浪速《なにわ》から上陸して大和へ入ろうとして、生駒山の孔舎衛《くさか》坂で日に向って戦ったため敗れ、兄の五瀬命《いつせのみこと》は戦死したことでも知られます。日本の警察の章も太陽の光を表しています。

四六―五一行は岩戸隠れの神話に由っています。天照大神の弟須佐之男命《すさのおのみこと》が高天原で乱暴の限りを尽しました。田の畦を切って水を抜いたり、田の中に尖った串をさして草取る人の足を傷つけたり、生馬の皮を剥いで、血まみれの皮を織女の仕事場に投げこんで気絶させたり、目に余る悪事をしたので、天照大神はすねて、岩穴に身を隠し、それゆえ世界は真暗になってしまいました。闇にまぎれて悪神や害虫が一斉に出てきて、皆は大難儀をしました。そこで神々は相談して、岩戸の前で火をたき、女神が激しいダンスを踊り、男神が手を打って騒ぎ、天照大神が何事かと一寸岩戸を開けたすきに、力の強い神が腕をとって外へ引き出し、世は再び明るくなったというのです。

しかし、五二―五四行が大切です。太陽も被造物の一つであり、それに正義を求めてみても、義の探求の渇望は充されない、と藤井は歌うのです。神道ではまことの真理を生み出すことはできないとの断定です。この「産痛」全作を通じて、福音によるのでなければ、義の修練は完結せず、その渇きは充されないという信念が一貫しています。天照大神ではだめだというこの断定は、昭和の初めにあっては大胆な発言でした。

今では太陽を拝む人などは日本にもごく少数しかいないと思います。農村地域ではまだおられるかもしれません。しかし私の幼いころ、安政四年（一八五七）生れの祖父がいまして、朝起きるとすぐ着替えて太陽を手を拍いて拝していました。もう八十歳をこえていました。しかし太陽はふつうお天道さまとよばれ、「お天道さまが見てござる」と悪事を戒める警語に使われていました。つまり「天知る、知知る、我知る」でして、自分の良心と天地神明を欺くことはできないとして、太陽もその一つの投影でありました。それはまだ福音には至らないものであるとしても、義を求め真理に憧れる心の動きではありませんでした。

(2)　清浄の観念

次の清浄は、詩の方にはありません。

日本人は非常に情潔を尊ぶ民です。汚れを忌むということです。家に死人が出ますと、その喪が明けるまでは神社へは詣でない、鳥居をくぐっては悪く、外で待つか横合いから入るかです。私の小学校時代（昭和一二—一八年）、神社参拝が学校から何度もありましたが、妹が死んだ後しばらくは、鳥居の外にいたことを想い起します。

神道では禊《みそ》ぎをします。みそぎとは「身《み》そそぎ（すすぎ）」の略で、水中に入り、あるいは水を浴びて汚れを落し清めることです。外を清めることはまたおのずから内なる心を整えるゆえんでもあり、心こそ大切で外はどうでもよいというのは理屈です。人間は心と体があり、肉と霊とが結びついているものですから、外は汚れはてても内は清いというのは、余程の達人以外には成り立ちません。

内外は相応じるのです。ですから清浄を外に求める日本人の心は、また内の清浄、良心を求めているのだ、と藤井 武は言うのです。

聖書のレビ記には十一章から十六章まで清めの規定があります。それは神道など及びもつかぬほど至れり尽せりの細かさです。動物による汚れの清め、食べてよい動物と悪い動物、触れてはならぬ動物、皮膚病や性的流出物の清め、また清めに当っての犠牲の規定、そして沐浴の仕方などです。これは聖にして聖なる神の前へ出るための備えです。ユダヤの地域は雨は極めて少く、名古屋の降水量が年一六〇〇ミリあるのに、三〇〇ミリに足りません。川も水がいつもあるのはヨルダン川だけです。日本では川は多く、水は清く、禊ぎはどこででもできますが、ユダヤでは水を得ることも一苦労です。にもかかわらずこれだけの清めの規定があることは、その清浄愛の強さを物語ります。

この清潔の点で日本人とユダヤ人が似ていることは、宗教学者もつとに指摘しているところです。

(3) 忠君

55 またはおほきみを神としあがめ
天雲たかきいかづちの上に
廬《いほり》むすぶとまぼろしを見て

58海ゆかばただ水つく屍
　山行かばただ草むすかばね
　ひとへに君のへにこそ死なうと
61ちかひは上なき誠ながら
　至高者《いとたかきもの》に君はあらねば
　幻いつまでか消えずあらう。　（五五―六三行）

ここには万葉集の二つの歌が詠み込まれています。一つは柿本人麿の「おほきみは神にしませば天雲のいかづちの上にいほりせるかも」（二三五番）と、大伴家持が氏の子らをさとした長歌（四〇九四番）の一部とです。

人麿の歌は天皇が飛鳥地方を散策されて、雷の丘の上で休まれたとき、奉った歌です。しかしこの丘は私も登りましたが、数十メートルの小さい丘で、こんな丘をよくもあんな雄大な歌に詠んだものだと驚きました。

家持の歌は、戦争中いやというほど聞かされた歌で、長歌の一部で、「海ゆかば水漬くかばね山ゆかば草むすかばねおほきみの辺《へ》にこそ死なめかへりみはせじ」とあり、これに信時《のぶとき》潔という大阪生れの作曲家が実に荘重清朗な曲をつけました。ラジオからこの曲が流れると、玉砕のニュースだったのでした。

イスラエルの不滅を信ずる心は、これら両歌人の誠忠の心と通じると藤井は見たのでしたが、終り三行が重要です。日本人は古代から天皇への忠義を尊んできはしたが、天皇も神ではないから、天皇に依り頼んでもこの国の精神が真理に目覚めることはありえない、それは幻であるというのです。これも当時としては勇気ある言でした。忠君の正義ではだめだとの明言です。

(4) 孝道と礼儀

この項には詩はありません。父母を敬うことは十戒の第五戒にもあり、どの社会、どの民族にも共通の重い道徳ですが、日本ではことに尊ばれた、と藤井はのべています。一八八八年（明治二一）生れの藤井の小学、中学時代は、教育勅語が道徳の中心として教えられたにちがいなく、忠孝一如という思想はここの行文にも反映しています。

日本人は元々きわめて礼儀にあつい国民である、それに比べて西洋、とくにアメリカの人々は礼儀を日本人ほど重んじないとのべてあります。しかし昨今の世相を見ますと、虚礼こそ繁くありますが、この国の民がはたして礼に厚いかどうかは怪しまれるところです。しかし、いくら肩で風を切って歩く首相でも、執務室の机の上にニクソンのように足をのせるようなことはしないでしょうから、やはりまだしもとはいえましょうか。

⑸　因果観念

この項も詩にはありません。この世のすべての現象にはみな原因があり、その原因の結果として今の事象がある、というのは、人間の理知が当然考えるところです。そしてそこから、現在が原因となって未来の結果を生むことも推知されます。インドでは仏教以前からすでにこの因果思想はありました。

それが行為の領域に及ぼされますと、善因善果、悪因悪果という因果広報思想になります。播く所は刈る所、善悪の報いは影の形にしたがうがごとしということは、仏教から入って、日本の民衆の道義の鉄骨をなしたのでした。仏教がひろまり、とくに浄土思想が信じられますと、現世で善根をつみ、来世の幸福を得ようとする考えも生れました。

⑹　武士道

次がいよいよ武士道です。まず詩をよみましょう。

76柔和をほまれの女性ながら
　胸のあたりにひそませ佩《お》ぶる

一振《ひとふり》したたるごとき懐剣。
79 いかなる工匠《たくみ》の秀作にか、
触れなば魂《たま》も断ちかねまじく
銘してことに「武士道」と呼ぶ。
82 さながらおのがたましひのやうに
彼女は愛《め》でてこれを懐いた。
しかしそこにも「生命《いのち》」はなかつた。　（七六―八四行）

日本を女性にたとえての詠がつづいています。武家の女性は物心つくころから、一振の懐剣を与えられ、それを使う修練もし、時とあらば自分ののどを突いて自害する覚悟をも教えられました。武士の両刀と同じく、女性も懐剣を自分の魂としました。しかし、この武士道にも、まことの生命は見出されないと藤井 武は言うのです。

このことをもっと詳しくのべたのが、『聖書より見たる日本』の次の文です。――

武士道こそは日本の華である。遠く奈良朝における物部氏、大伴氏の武勇の精神に萌《きざ》したるこの道は、源平二氏の勃興につれて漸く生育し、鎌倉時代に入りては遂に独一なる道徳体系と華さくに至つた。その精神の鮮かにして活力の盛なる、欧洲中世の騎士道すら及ぶ所でないと私はおもふ。

　武士道の精神は一言にして尽きる。曰く忠誠！　これ武士が多年死生の巷《ちまた》に出入する間におのづから訓練せられたる心の真実さである。而してこのこころを君に向けてそこに純なる忠道があり、之を親にむけてそこに美しき孝道がある。事に臨んでは剛勇、人に接しては礼譲、己を持するに名誉と廉潔と質素と淡泊。みな忠誠のこころがその対象と環境とに応じて結ぶところの果にほかならない。

　すなはち武士道は一片忠誠のこころを以てもろもろの律法を完うせんとするの道であるといふことが出来る。而してこの精神こそはほぼ実践道徳の根本原理に徹したものである。けだし道徳のこと素より多端であつて、何人もその戒律を一々守り得べきでない。併しながら一たび要《かなめ》を抑へれば十六面の扇子もなほ両指の自由に操るところとなるやうに、多端の道徳にも亦おのづから秘鑰《ひやく》がある。これを握るはやがて一切の律法を完うするの所以である。何か、愛である。故にいふ「愛は律法の完全《まつたき》なり」と（ロマ一三・10）。而して忠誠（または真実）は実に愛の姉妹である。忠誠のあるところにもろもろの道徳の成就がある。武士道はその特殊の体験によつてこの大なる秘密を捉へたのである。

山はさけ海はあせなん世なりとも君にふた心我あらめやも

武士道の忠道は是である。また武士道は孝を以て「百行中の先」とする。剛勇については言ふまでもない。礼儀すなはち秩序に武士階級存立の保証があつた。もののふは名を惜しみ恥を知つた。武人に金銭の愛はなかつた。

然らば忠誠のこころそのものは如何にして維持せられるか。答へていふ、不断の死の覚悟による。江戸時代における武士道学者大道寺友山はその著『武道初心集』の中に此の問題に触れていうた、

武士たらんものは正月元日の朝、雑煮の餅を祝ふとて箸を取初めるより、その年の大晦日の夕に至るまで、日々夜々、死を常に心にあつるを以て本意の第一と仕り候……今日あつて明日を知らぬ身命さへ覚悟仕り候に於ては、主君の御前へ罷出で御用を承るも、親々の顔を見上るも、これを限りと罷成ることもやと存ずる心あひに相成候故、主親へ真実の思ひ入れと罷成らずしてはかなはず候。（全集二巻497—498頁）

藤井 武がこの一文をしたためるよりずっと前の一九〇八年に、新渡戸稲造の『武士道』はすでに

日本語に訳されており、藤井も読んだことは確かであります。武士道は封建制の下で成立したことは西洋の騎士道と同じですから、ここに物部、大伴氏を源流としてかかげてあるのは、少し遠いかと思われます。

藤井 武が「信仰より真実」と真実をこよなく重んじた精神はここにも現れています。武士道の精神を忠誠即真実に要約して、それがいろんな人間関係に応じて、忠、孝、勇、礼、名誉、廉潔、質素、淡白となって発現する、と見るのです。――この徳目は、高須芳次郎の著作と同じですが、新渡戸のかかげる徳とも似ています。孝、質素、淡白は、新渡戸になく、仁と克己は藤井にありません。

多岐にわたり、さまざまの形を呈する武士道の徳の扇の要（秘鑰とは秘密の鍵）は、忠誠即真実がその姉妹である愛である、と藤井は言います。そこに引かれている和歌は、鎌倉三代将軍の源実朝（一一九二―一二一九）の歌で『金槐和歌集』に収められています。実朝は歌を良くし、管絃や蹴毬を好むなど公卿文化に憧れた異色の将軍で、その歌は万葉調の七十首を含む、格調高いものです。二十八歳で甥の公暁に暗殺されました。藤井がここに引いた歌は、忠誠真実をあらわすものとして有名なものです。

終りにあるのは大道《だいどう》寺《じ》友山《ゆうざん》（一六三九―一七三〇）の『武道初心集』の冒頭の一段です。友山は江戸中期の兵法家で伏見の生れ、甲州流兵学をよくして浅野家に寄寓し、のち越前松平家に優遇されました。幕末に烈公徳川斉昭がこの著を賞してから、大いに読まれました。武士は日々夜々死をつねに覚悟するゆゑ、真実に徹して生きるのだというのです。これが最期と心得れば、為すべき事は怠らずきちんと果す、今日死ぬと覚悟すれば、恥かしいことは一切できないというのです。

武士道は藤井によれば旧約の日本の要です。しかし詩にありましたように、そこにも生命はないのです。誠を求め、真実を願いはするのですが、そこにも死を覚悟しても本当の命は見出されない、と藤井は考えたのでした。

(7) 至誠

これは近世儒家の真実探求です。

85 真珠とひとしく隣人《となりびと》より
　かねて受けしは黄金《こがね》の匣《はこ》か、
　おほよそものを「をさむる」の度《のり》。　(匣《はこ》＝物を入れておく器)
88 その名をあるひは「仁」ととなへて
　煉りきよめたる精金にまがふ
　誠ごころを本質《さが》とするもの。
91 音色もかたきこの器にぞ

「真理」の盛らるることもあらうと
磨きつつ彼女はのぞみ待つた。
94しかし期待はいたづらであつた。
真珠が光ならぬとひとしく
匣《はこ》はをさむるものなき素匣《すばこ》。　（八五—九六行）

八五行の「真珠」とは、浄土教のことです。浄土教については、信の予習として、藤井は別個に扱っていますが、詩では六四—七五行で歌っているだけで、これは後で見ることにします。仏教も儒教も同じく隣国である中国からもらい受けました。「黄金の箱」とはユダヤの民が律法の板を黄金張りの箱に納めて、荒野を担って進んだ故事（出エジプト記二五・10—15）に由ります。「をさむる」とあるのは、箱に収納することと、心を治め、身を修め、天下を治めることとをかねる掛け詞です。儒教の教えは旧約の律法は比すべきもので、修身斉家治国平天下の核心は、至誠であり仁であるというのです。

江戸時代二百七十年間には、数多くの儒者が出ました。上帝、大乙神という唯一神への全孝を説き、隠れ切支丹かともいわれる中江藤樹《とうじゅ》（一六〇八—四八）、天道即神道、天人唯一の神儒綜合を主張した山崎闇斎《あんさい》（一六一八—八二）、神儒不二に立って正直、愛敬を教えた熊沢蕃山《ばんざん》（一六一九—九一）、その他、室鳩巣《むろきゅうそう》（一六五八―一七三四）、伊藤仁斎《じんさい》（一六二八―一七〇五）、三輪執斎《しっさい》（一六六九―一七四四）、二宮尊徳《たかのり》（一七八七―一八五六）、貝原益軒《えきけん》（一六三〇―一七一四）など、いずれも仁、礼、誠を説いたのでした。

しかし、九一行以下にあるように、儒教の箱の中にも、まことの道、真理、生命はなかったと藤井は言うのです。日本民族の魂と飢えは、とうてい癒さるべくもなかったのでした。

(8) 日本の心・国学

97 彼女はつひに想ひをかへし
祖《おや》より継げるおのが嗣業《ゆづり》の
いと古きものを検《あらた》め見た。
100 おのづからものの影をうつして
昔ながらに澄みわたりたる
鏡よ、「古道」と銘もふるく。
103 「ここにこそわが理想のすがた
浮ぶであらう。」しかし浮ぶは

夢よりあはきおもかげであった。　（九七―一〇五行）

日本における国学の誕生は、江戸中期の契沖《けいちゅう》（一六四〇―一七〇一）の万葉集研究に始まります。国語の研究から古歌・古文の研究へと進み、日本人としての自覚に立っての人生観樹立を志したのでした。「日本の文化、日本の伝統、日本の心、日本の魂を明にするのが国学の使命であり本領である」と藤井ものべています。

国学運動はじつに一つの反動でして、江戸時代に幕府はじめ各藩でも教学の中心とされた儒教にたいし、その漢意《からごころ》を排し、中国かぶれを去って、純粋な日本精神のあり方を探ろうとしたものです。賀茂真淵《かものまぶち》（一六九七―一七六九）の万葉集研究にもとづく本つ心の直きを顧る学風、本居宣長《もとおりのりなが》（一七三〇―一八〇一）のもののあはれ、ありのまま、自然の大道に従えという、源氏物語や古事記の研究、その激しい儒教批判もその努力で、それはやがて効を奏し、幕末にはかなりの藩校で国学も教えられ、それが明治維新の原動力となったのでした。

しかし藤井は国学の探求もまことの理想、唯一の真理を明らかにはできず、「夢よりあはきおもかげ」をつかむのみであった、と断定するのです。国学の大家本居宣長にあっては、道徳律への服従はなく、人間の本性はそのありのままの姿で肯定されるのです。儒教のように徳目を立てて、すべての人を善良にしようとするのは誤りだ。善い人もあれば悪い人もあるのが自然の姿だ。善神もあれば悪神もあり、悪は禍津《まがつ》日神《ひのかみ》の仕業である。ゆえに人間はどうともできない。妻以外の女性に恋するのを悪いというのは漢意である。恋しくばそのありのままに振舞うほかない、というのです。これでは無律法主義となってしまいます。したくても悪い事はしない、したくなくても善には励むのでなくては道義はなくなり、社会秩序は崩壊します（今の世は宣長流が実行されつつあるようにも思われるのです）。これは決して真理の道ではありません。

(9) 心学および侠客道

義の修練の最後は、心学と侠客道です。心学は江戸中期、丹波生れで京都へ奉公に出ていた石田梅《ばい》巖《がん》（一六八五―一七四四）が、神道、儒教、仏教からあるいは教えを受け、あるいは自学して着意して、四十半ばから講席をもうけて教え始めた学派です。商業の社会的存在意義を強調し、町人の人格の尊とさを、三教から借りた教えで平易に説き、門弟も四〇〇人をかぞえました。以後その弟子の手《て》島《じま》堵庵《とあん》（一七一八―八六）、堵庵の弟子の中沢道二《どうに》（一七二五―一八〇三）らによって、関東から五畿七道二十七か国に広まり、明治に入って学制の整うとともに衰えました。

諺や古歌、道歌、俳句、狂歌などをふんだんに使って町人平生の語り口で、忠孝、正直、自省、和合などを説きました。これも平民への義の修練の一環と藤井は見たのでした。

侠客とは、江戸の町で武士が町人に無道な働きをするのをたしなめるため、町奴の顔役として、仁義を重んじ、弱きを助け強きを挫くを旨とした人たちのことです。たとえば幡随院《ばんずいいん》長兵衛《ちょうべえ》（一六二二—一六五〇）のように平素は人夫の口入屋をしたり、新門辰五郎《しんもんたつごろう》（一八〇〇—七五）のように火消の親分をしたりしていました。男伊達ともいわれます。これまた町人の正義を代って担う意味でここに加えられたのでしょう。

『羔の婚姻』の「産痛」には、浄土教のことも短く歌われています。今回は詳しく論じる時間はありませんが、詩だけ見ておきましょう。

64新に見いでし真珠のごとく
　大慈大悲のおとづれを受けて
　彼女のわかき瞳は燃えた。
67うつりゆく世のものにはあらぬ
　浄土にかよふ道としきけば
　依りたのむべき光はこれと
70その手を安くかれに付《わた》して
　何処にもあれみちびくままに
　羊のごとく彼女は従うた。

73しかしそれはた「光」ではなかつた。
光について証明《あかし》をなすべき
斥候《ものみ》らのひとりに過ぎずして。　（六四―七五行）

大慈大悲《だいじだいひ》とは仏菩薩の徳の一つですが、ここではとりわけ、阿弥陀仏に一心に帰依する念仏往生極楽の信仰を指します。浄土教の経典である無量寿経や阿弥陀経は、紀元一世紀終りにインドで編まれ、やがて中国に伝わりました。四―五世紀に中央アジアで成立した観無量寿経もそれにつづき、曇《どん》鸞《らん》（四七六？―五四二？）、道綽《どうしゃく》（五六二―六四五）、善導《ぜんどう》（六一三―六八一）によって確立し、日本に伝わりました。

日本では平安末期に源信《げんしん》（九四二―一〇一七）が『往生要集』で地獄極楽の様を叙述して浄土信仰が盛んとなり、貴族の帰依もあって広まりました。平安から鎌倉への移行期に、法然《ほうねん》（一一三三―一二一二）、親鸞《しんらん》が出て、専修称名念仏《せんじゅしょうみょうねんぶつ》の易行道《いぎょうどう》を完成しました。

阿弥陀仏とは無量光《むりょうこう》、無量寿《むりょうじゅ》の意味です。この無限の光明をここ暗黒の世であこがれ、厭離穢土《おんりえど》欣求浄土《ごんぐじょうど》と念仏をひたすら称えるのでしたが、これまた真の光ではなかったのでした。藤井武はしかし、親鸞の浄土信仰をキリスト教以前のキリスト教と考え、「何を信ずるかは別問題として、如何に信ずるかの一点においては、アウグスチン、ルーテルの信仰といへども之より優るるものではない。」（全集二巻五〇七―八頁）とのべ、彼を日本の旧約の最大預言者と規定しています。

⑽　まとめ

一〇六―一四七行は、以上の旧約の日本の精神史の総括です。日本の歴史には真理探求の激しい努力がどの時代、どの階層にもあったが、その精神も結局まことの真理には至らなかったその経過を、再び要約して、今こそまことの真理を迎えるべき時である、としめくくる歌です。

106おのが理想を見いださんために
　真理に生くる子を産まんために
　長き劬労《くるしみ》を日女《ひめ》はつづけた。
109内にて継ぎしあらゆる嗣業《ゆづり》
　外より受けしすべての贈饋《おくり》
　およそ試みうべきかぎりを
112彼女は試み、而して知つた、
　真理はそれらの一つにもなく
　ゆゑに胎児は産門にいでぬを。

115いづこぞ真理は。暗黒《くらき》のなかに
　望みは燃ゆる日をまとひつつ
　彼女が探りつづけし真理は。
118いづこにもない、天地をかけて
　「我は真理」とみづから宣べし
　神の独子のそのほかには。
121父の懐裡《ふところ》にとこしへより
　相見てありしキリストこそは
　ただ一つなる真理また生命《いのち》。
124光を拒まぬ清水のごとく
　彼を受けいる所にのみ
　新しき生命《いのち》の出産はある。　（一〇六―一二六行）

この国土に民が生をうけてこのかた、営営としてつとめてきた真理探求は、その目ざす目的には達せずに今に至っているのです。では真理は、その真理はどこにあるのか、それは、ヨハネ福音書一四章六節をふまえて一一八行以下に歌われているように、「わたしは道であり、真理であり、命である」

と言われた、神の独り子イエス・キリストにだけあるのです。この光に浴し、この道をふみ、この生命に生きるときにのみ、日本の心の真理渇求はいやされるのです。

127 「律法《おきて》はモーセによりて伝はり
恩恵《めぐみ》と真理はキリストによりて
来た」と老使徒の告知のやうに
130 十字架のうへに彼が流しし
　血による新しき契約の
大いなる恩恵《めぐみ》の真理のために
133 途を備へしは旧き契約——
　罪にとぢこむる義の律法《おきて》と
陰影《かげ》ろふ信の律法《おきて》とであつた。
136 新約の日本はまだ生れない。
　しかし準備《そなへ》はすでに整ふ、
　その旧約の試煉《こころみ》は満ちる。
139 岩戸に入りし「天照す」日より

古鏡にまがふ「ふるき道」まで
ゆたかなる義の律法《おきて》のほかに
珍らし、ひとへに本願をたのみ
浄土を恋ふる信の律法《おきて》よ、
純《きよ》さは世にも類《たぐひ》なくして。
ああ産痛まさに終らうとする。
産めよわが日女《ひめ》、今こそ活ける
真理をむかへて、かがやく日本を。（一二七―一四七行）

一二七行以下は、ヨハネ福音書一章一七節をふまえての詠です。このように、藤井 武は武士道をもその内に含む義の修練と、信の予習とを総観して、希望にみちた三行で、このいちじるしい精神詩「産痛」を結んだのでした。

日本民族の義の修練はきわめて有意義でした。光そのもの、聖そのもの、真理そのものはもたらせなかったにしても、その熾烈な真理への愛求は、この民を導いてきた。そしてこの導きの中に、この民族の精神史の中にも、宇宙万有を創り支配したもう神の摂理を見出すことができる。日本人はこの旧約の日本の義の修練と信の予習のあとを知るならば、その歩みの終結点、完成点であるまことの光、まことの真理を受けいれざるをえないであろう、というのが、藤井 武の言わんとすることでした。

このような「旧約」に培われた日本は、ただ西洋の霊的植民地となるべきものではない。この国土にこの民が置かれ、このような修練・予習を受けたことは、決して偶然ではない。ゆえにキリストを受けてその真理探求を全うせよ。日本民族に与えられた歴史的使命を果せ、と結論されたのでした。

三　新渡戸稲造の「旧約の日本」観

今年は、新渡戸が英文『武士道』を刊行してから百年に当ります。それを記念してさまざまな催しや講演会、シンポジウムが各所であり、私も参りました。盛岡、札幌、水戸、広島、四国、岩手県の東山町、東和町、そして東京です。発刊百年になる『武士道』は、英語ペーパーバック版は一九六九年に出てすでに三十版以上をかぞえ、訳書は三十か国以上から出版されています。

『武士道』は旧日本の道徳思想をつちかった武士道について、その系譜、源流、特質、実態を、きわめて簡潔に、しかも西洋の騎士道との比較をたえず念頭においてのべ、武士道の未来はどうなるかにまで説き及んだものですが、その中に、じつは「旧約の日本」の思想があるのです。

1　各民族に「旧約」あり

「旧約の日本」を藤井 武において見てきたのですが、藤井があの項を「旧約と新約」誌にのせたのは一九二八年七月、「産痛」の詩を発表したのは同年九月でした。また内村鑑三が「武士道に接木されたキリスト教」についてはじめてのべたのは一九一六年一月でして、ともに新渡戸の『武士道』よりずっと後です。

「旧約の日本」という重大な思想を最初に打出したのは、新渡戸稲造で、それはこの『武士道』の初版序文の終りのところでした。そこを私の訳文で引くことにします。

> およそ宗教問題や宗教活動家にたいする私の言及が、万一軽んじているように聞こえるとしても、キリスト教そのものにたいする私の態度には、疑いをいだかれることはあるまいと信じている。私がほとんど共感をおぼえないのは、教会のさまざまな方式や、キリスト教の教えをぼやかすいろいろの形式にであって、キリストの教えそのものにではない。新約聖書の中で〈彼〉が教え、私たちまで伝えられている宗教を私は信じているし、また、心に記された律法をも信じている。さらに私は、神はすべての民族や国民——異邦人であろうとユダヤ人であろうと、キ

リスト信徒であろうと異教徒であろうと——と「旧約」と呼んで差支えない契約を結ばれた、と信じている。私の宗教観のその他の部分については、読者の忍耐をわずらわす必要はない。

（佐藤訳、教文館版29頁）

新渡戸はここで、日本でのキリスト教宣教のこれまでの仕方に、批判を浴せているのです。そして、自身もキリストの教えを信じる信徒であると告白し、ただ形式や儀式には共感を覚えないと、いかにもクエーカーらしくのべているのです。そして「さらに私は、……」以下の重要な箇所がつづきます。二十世紀初めの当時、日本でも世界でも、このような大胆な思想を正面切ってのべた人は他にありません。内村には同様の信仰はすでにありますが、まだ明確な言表をえてはいません。

ここの「旧約」とあるところが、実に大切なのです。私の訳では注をつけておきましたように、ここは原文では ‘a testament which may be called “old” ’ となっていて、契約は小文字、旧約の旧も小文字なのです。「小文字の旧約と呼んで差支えない一つの契約」というのが原意です。それは神がイスラエルの民と結ばれた契約である大文字の旧約（the Old Testament）とはちがう、別の旧約なのです。神はこのような小文字の旧約を、世界のすべての民族と結ばれた、と新渡戸は言っているのです。

これは藤井の言うところと軌を一にします。藤井は「すべての民族」とはいわず、もっぱら日本に与えられた旧約をその精神史に探ったのでした。新渡戸の文はそれをさらに広く、大きく、神は世界万民の神である以上、すべての民族にそれ特有の旧約を与えられたのだ、と言っているのです。中国人にも中国民族としての旧約があり（儒教、道教など）、インド人にも特有の旧約が授けられていることになります（ヒンドゥー教や仏教やジャイナ教）。

この考えを新渡戸は『武士道』の本文でも、少しく表現を変えてのべていますから、次にそれを見ましょう。

2　接木の理

『武士道』の終りから二章目の第十六章「武士道は今なお生きているか」の中で、新渡戸は次のように言います。

> 宣教事業失敗の一原因は、たいていの宣教師が私たちの歴史を全く知らないことにある。——「異教の記録なんか、何のかまうことがあるもんですか」と言う人もいる。——その結果、彼らの宗教を、私たちや私たちの先祖が、過去何百年にわたって慣れ親しんできた思想の習慣から、疎遠にしてしまうのである。〔一国民の歴史を嘲るとは——まるで、どの国民の経歴でも、たとえ文書記録のないアフリカの最もおくれた未開人の経歴でさえも、神ご自身の御手で書かれた、

人類の一般史の一ページではないとでもいうかのように。まさに亡び去った人種も、具眼の士が解読すべきパリンプセスト（再使用羊皮紙）なのである。哲学的で敬虔な心にとっては、人種そのものが神の手書きのしるしであって、その皮膚上に書かれたように、黒と白ではっきりとたどり読めるのである。またもしこの比喩が当てはまるとすれば、黄色人種は黄金の象形文字で刻みこまれた、貴い一ページをなしているのである。……」（同書235―236頁）

今から百年前、キリスト教宣教師の大半は、日本の歴史ことに精神史は全く無視して、西洋人が奉じている尊いキリストの福音を、無知蒙昧、未開野蛮な異教の民に自分たちが伝えに来たのだという、一種の文化的・宗教的優越感をあらわにして、宣教に当っていたのでした。新渡戸はそれを批判しているのです。（もちろん現在では事情ははるかに改善されていますが、それでもこの批判を免れないような宣教も、けっこう行われています。）〔　〕のところは第十版での増訂箇所です。

日本に伝道するのに、その日本の伝統を全く無視してかかっては、決して成功しないのです。しかも成功のためただ方便として日本の伝統を尊ぶ（ふりをする）のではいけないのでして、どんな民族の歴史も、神の御手で書かれているのだというのです。ここに、「すべての民族と神が結ばれた旧約」という思想が打ち出されているのです。

つづいて接木の理がのべられます。

……　アメリカ的またはイギリス的形式のキリスト教は――その〈創始者〉の恩恵と純粋よりもむしろアングロサクソン流の気まぐれや空想を伴っている――〈武士道〉の幹に接木《つぎき》するには貧弱な接芽《つぎめ》である。新しい信仰の伝播者は、幹も、根も、枝もすっかり根こそぎにして、〈福音〉の種をその惨害をうけた荒土にまくべきであろうか。こんな思い切った方法も、可能かもしれない――ハワイでなら。そこでは、戦闘的教会は、富そのものを略奪して集め、先住民種族を絶滅させるのに完全な成功を収めたと、つよく主張されている。しかしこんなやり方は、日本では全く断々乎として不可能である。――いな、それはイエスご自身が地上にその王国を建てるに当たって、決して採用されなかった方法である。（同236頁）

パウロがローマ人への手紙十一章一三―二四節で言うように、良いオリーブの台木に異邦人の野生のオリーブが接木されて、良い実を結ぶのです。もし良い実を結ばなければ接木された野生のオリーブは切り取られてしまいます。良い実を結べば、台木も接木もともに栄えるのです。新渡戸のいうのは、武士道の台木に接木するのには、西洋から来たキリスト教では適しないということです。ではどういうキリスト教が武士道の台木に接木できるのかというと、それは内村鑑三の無教会のキリスト教、また新渡戸の信じるクエーカーのキリスト教であります。そのキリスト教こそが、新渡戸の見るところでは、武士道をも完成し、日本をも救うのです。

3　「旧約の日本」の根拠

では、新渡戸がどうして旧約の日本、小文字の旧約ということを言い、接木の理に想い到ったかといいますと、それはクエーカー信仰によってであると言えます。

クエーカーというのは、イギリスの靴屋さんの平信徒ジョージ・フォックス（一六二四―九一）が始めたプロテスタントの一派で、司祭や儀式を否定し、平和主義に立ち、慈善や教育などの実践を重んじ、静黙の礼拝を行うものです。十七世紀のイギリスでは、まるで雨後の筍のようにキリスト教の新興教派がたくさん出来ました。そのほとんどは消滅したのですが、クエーカーは残りました。クエーカーとは「震える人」という渾名で、霊感を受けて全身が震える彼らを、他の人々が軽蔑して呼んだのが通称となったのでして、正式には「友会」と呼びます。今、イギリス、アメリカ、ケニアに信徒が多くいますが、日本では新渡戸稲造がクエーカー第一号になったのが一八八六年十二月、それから百十余年たって、現在の信徒はわずか三〇〇人ほどです。

クエーカーの中心的信仰は「内なる光」(Inner Light) です。これは真の神から発するもので、すべての民族のおよそあらゆる人に、この光は差すのです。キリスト信徒だけでなく、キリスト以前の全人類の心の内にもこの内なる光は差しこんでいる、という考えです。そういう信仰は、伝統的キリスト教から見ると異端です。ですからクエーカーは開祖のフォックスはじめ、イギリスで大迫害をうけましたし、アメリカの大陸へ渡ってからも、ピューリタンから迫害されました。それもこの内なる光という教えは正統信仰に背くという理由からです。

クエーカーはまた「種子」(Seed) ということを言います。すべての民族の中に神の種子は蒔かれており、時至ってキリストの福音に接し、芽を吹き、実を結ぶというのです。これまた「旧約の日本」と重なります。さらにクエーカーでは「声」(Voice) ということを重んじます。神の霊が、民族・時代・国をとわず、すべての先覚者、先見者、預言者の心に、一つの声となって語りかけるというのです。明確な言葉のときもあり、一つの示しのときもありますが、その霊は一つと考えます。

そしてまた、「恵みはさかのぼって働く」(Retroactive Grace) ということを言います。キリスト降誕で神の恵みは最終的に人間と世界に与えられたのですが、それより遡って、あらゆる民族に働いているという考えです。

新渡戸も内村も、若いころフィラデルフィアのクエーカーの人たちと交わり、親切にしてもらって勉学しました。二人ともクエーカーの教えに共感するところが多く、クエーカーの人たちも二人に入会を勧めました。けれども、新渡戸はクエーカーになり、内村はなりませんでした。後日アメリカの友人に書いた手紙で、「ほとんどクエーカー」だったとのべていますが、ならなかった理由の一つは、クエーカーが絶対平和主義をとるからです。当時内村は戦争反対ではなかったのでした。つよく入会を勧める婦人たちに、「リンカーンの奴隷解放戦争は悪かったのか、ワシントンの独立戦争もまちがっていたのか」と反駁して、ついにクエーカーにならずに帰国しました。新渡戸もこの問題に心のつかえを覚えはしましたが、教えの全部が判らなくても、信仰を続けるうちには示されてこようと考えて、入信したのでした。物事に徹底する内村と、包容力にとむ新渡戸の違いがここにもうかがえます。

しかし二人とも、このクエーカーの信仰なら、日本の過去の伝統にも信仰的意義を認めることができる点には、つよく同感していました。日本の精神的遺産を全く無価値として、根こそぎ取り去った更地《さらち》に、福音の種をまくのではなくて、千年亭々と空を摩す大樹は景観として残して、下草を刈って種をまく方法こそ正しいと、二人は考えたのでした。

新渡戸もキリスト信徒として、イエス・キリストにまことの光を見ます。他の宗教に輝く光も源は同じだが、はっきりした像を結ばない、鏡に映すようにおぼろな影しか見えない。キリストにおいて、初めて焦点がかたく定まって、神の姿が明確に示されたのだ、と新渡戸は述べています。

ですから、封建制の廃止とともに消え去るべき運命にある武士道も、そのキリストの教えに接がれて、生命を新たに与えられ、美質を発揮して、世界にも寄与すると考えたのでした。

「旧約の日本」の最初の首唱者は新渡戸稲造であったことをご記憶ください。

四　内村鑑三の武士道論

1　武士道に接木したキリスト教

内村は武士道とキリスト教に関していくつもの文章を書いていますが、そのうちいくつかによって、彼の考えを見てみましょう。

最初の文は一九一六年一月のもので、英文もあります。

武士道とキリスト教（三）

武士道は日本国最善の産物である。しかしながら武士道そのものに日本国を救うの能力《ちから》は無い。武士道の台木にキリスト教を接《つ》いだもの、そのものは世界最善の産物であって、これに、日本国のみならず全世界を救うの能力がある。今やキリスト教は欧州において滅びつつある。そして物質主義にとらわれたる米国に、これを復活するの能力が無い。ここにおいてか神は日本国に、その最善を献じて彼の聖業を助くべく求めたまいつつある。日本国の歴史に、深い世界的の意義があった。神は二千年の長きにわたり、世界目下の状態に応ぜんがために、日本国において武士道を完成したまいつつあったのである。世界はつまりキリスト教によって救わるるのである。しかも武士道の上に接ぎ木されたるキリスト教によって救わるるのである。

（一九一六年一月『聖書之研究』）（信仰著作全集二三巻191頁）

これは第一次世界大戦でキリスト教国が互いに戦っているときに書かれたものです。西洋のキリスト教に幻滅をおぼえた内村は、ここに、日本において「武士道に接木されたるキリスト教」を神は起こして、それによって世界を救われると述べたのです。この接木の理は十六年前新渡戸が『武士道』の中で論じていることは、さきに申しました。

2　武士の霊魂にキリストが宿る

次は二年後の一九一八年の文です。

武士道とキリスト教（四）

われらは人生のたいていの問題は武士道をもって解決する。正直なる事、高潔なる事、寛大なる事、約束を守ること、借金せざる事、逃げる敵を追わざる事、人の窮境におちいるを見て喜ばざる事、これらの事についてキリスト教を煩わすの必要はない。われらは祖元伝来の武士道により、これらの問題を解決して誤らないのである。されども、神の義につき、未来の審判につき、そしてこれに対する道につき、武士道は教うるところが無い。そしてこれらの重要なる問題に逢着《ほうちゃく》して、われらはキリスト教の教示を仰がざるを得ないのである。キリスト信者たる事は、日本武士以下の者たることではない。まず上杉謙信たり加賀の千代たりて、しかる後に、さらにその上に信望愛の美質を加えらるることである。模範的ユダヤ人たりしヨハネやパウロが、模範的クリスチャンたるを得たのである。武士道を捨て、またはこれを軽んずる者が、キリストの善き弟子でありようはずが無い。神が日本人より特別に求めたもう者は、武士の霊魂《たましい》にキリストを宿らせまつりし者である。(一九一八年一月『聖書之研究』)(同191―192頁)

この文は武士道では決して十分でないことをのべたさきの文をうけて、さらに詳しく論じたものです。内村家は高崎藩八万石の家臣で、五十石取りの武士、新渡戸家は二十四万石の盛岡藩で七百石(幕末には二百石、さらに減禄)取りの武士、藤井 武の浅村家は金沢前田百万石の家臣で、下士といいますからまず内村家並みの武士でした。ついでに申しますなら、植村正久は千五百石取りの旗本の家の出です。

内村は日常道徳のすべての点は武士道で解決しました。しかし武士道には神の義も、未来の審判も、義を全うし救いに至る道もないと言うのです。武士道はただ死ぬことを教えるだけなのです。まことの生命に導く教えはそこにはありません。キリストを宿してはじめて武士道は全うされる、と内村は考えたのでした。

3　神のたまいし貴き光

内村が「武士道とキリスト教」というテーマで最も充実した論を張ったのは、一九二八年八月二十六日、その最後の札幌行きのさい札幌独立基督教会で行った講演です。（信仰著作全集二三巻180―184頁）

ここで内村はピリピ人への手紙四章八節を引いて、武士道の意義をのべてゆきます。武士道は人の道であり、日本道徳であって、不完全であるに対し、キリスト教は神の道であり、人類の救いであって、完全である。そこに大きな違いがある。しかし、武士道は「神の日本にたまいし貴き光」であり、「夜を司る小さき光」である。日本人も神の子であるから、そこに光の一部分が与えられているのである。そして語を強めて言います――「武士道は神が日本人に賜いし最大の賜物であって、これがある間は日本は栄え、これが無くなる時に日本は滅ぶる」と。

ここで内村が挙げる武士道の特徴は、当然新渡戸の示すところと一致します。まず正直です。これは詐欺、陰険、策略、方便を斥けるもので、正直の徹底はキリストに至るのです。ついで勇気、これは卑怯の反対で、憤るべき時には怒りを発する（キリストに小羊の怒りがあるように）ことであって、愛と勇気とは一つである、そして勇気ある者は独り独立して事に対するのです。

ついで恥を重んじること、これはパウロがコリント人への第一の手紙九章十五節にいう、独立自給伝道の誇りを奪われるくらいなら死んだ方がましとの精神です。そして敵を憐れむ正々堂々の戦い――ここで内村は上杉謙信が武田信玄に塩を送った故事にふれ（新渡戸の『武士道』もこの故事を引く）、西洋の戦いが敵の糧道を断ち、乳児の牛乳をも断つという卑劣な手段をとるのと比較しています。

そして「武士道によって私どもの行路を定めてまちがいない」との持論をのべ、正義、正道、義務、責任、公明正大、弱者を憐むことにおいて、武士道は私たちに正しく教えるのであり、キリスト信者も往々武士道以下のことをなす、と批判しています。

4 武士道と宣教師

次には、右の題で書かれた短文です。

> 聞く、真の武士道は敵に勝つの道にあらず、人に対し自己を持《じ》するの道なりと。清廉、潔白、寛忍、宥恕《ゆうじょ》、勝つも立派に勝ち、負けるも立派に負くるの道なりという。もし、しからんには、武士道の、外国宣教師によりて伝えられしわが国今日のキリスト教にまさるや万々なり。宣教師的キリスト教は何よりもまず成功を欲望す。多数に信徒を作らんとし、大なる会堂を建てんとし、社会に勢力を植えんとす。聖く失敗する祝福のごときは、その全然解し得ざるところなり。余輩はナザレのイエスの弟子として、また日本武士として、外国宣教師と、その伝うる宗教とに反対する者なり。（一九〇八年四月『聖書之研究』）（同八巻244頁）

まことに激烈な文です。これは、日露戦争に非戦論をとなえて万朝報社を退き、生活の資を失って餓死をも覚悟したという、厳しい戦いのあとに書かれたものです。「聖く失敗する祝福」とはまことに武士にしてキリスト信徒である内村らしい表現で、今も私たちに慰めと励しを与えることが大きいと考えます。

5　武士たるの自覚

最後にかかげるのは、一九二七年八月に発表した「弟子を持つの不幸」という長文の末尾の文章です。当時内村は弟子たちとの考えの違いに大いに悩んでいました。中田信蔵、畔上賢造《あぜがみけんぞう》、そしてやがては塚本虎二とも離間《りかん》が生じます。有能な弟子を育てた内村は、その弟子にわずらわされました。この文では、自分には統率の才能はない、ただ十字架の福音を与えるだけであるとのべたのち、結び近くにこう言うのです。

> 余はまたクリスチャンであると同時に日本人である。しかも旧式の日本人である。小身者なりといえども武士の家に生まれ、日本武士の名を汚さざらんと今もなお努むる者である。もしキリスト教が日本武士の理想を実現するものであることがわからなかったならば、余は決してクリスチャンに成らなかったであろう。「しかり、しかり、否、否、これより過ぐるは悪より出づるなり」（マタイ伝五・37）と言い、「そは、わが誇るところを人にむなしくせられんよりは、むしろ死ぬるはわれに善き事なればなり」（コリント前書九・15）と言う。これ聖化されたる武士道であって、余はこの道に歩まんとして努むる者である。ゆえに、クリスチャンであるといえども、英米流のクリスチャンたることはできないのである。余は、神は愛なりと言いて、いかなる罪悪をも無条件にゆるせという、いわゆる町人道徳を採用することはできないのである。余は、たいていの事は、聖書やキリスト教に問うまでもなく、日本人の道徳によって決する。まず厳格なる日本人であり得ない者は、キリスト信者たるあたわずである。（一九二七年八月『聖書

之研究』）（同二三巻216頁）

ここに町人道徳という語が出ています。町人ははたしてどんな罪悪をも無条件にゆるすことを善しとするかは、別個に考えねばなりますまい。ちゃんとした町人は、その商売にあっても誠実・正直・実直を旨としますし、暮しは、質素に堅実に、約束は守り、人さまに迷惑はかけないことを第一義としますから、あながち武士に劣るともいえませんが、内村の武士気質《かたぎ》はここによく現われています。キリストの福音こそ武士道の理想を実現するとの内村の確信は、新渡戸の思想とも同じであります。

これらの内村の文章を見ますと、「武士道に接木されたキリスト教」、「武士の魂にキリストを宿らせまつりし者」、「厳格なる日本人にしてキリスト信者」こそが、日本を救い世界をも救うとの信念がひしひしと伝わってきます。

内村が最後に武士道に言及したのは、一九二八年十二月五日の日記です。

「武士道もなく、紳士道もなく、もちろんキリスト道もなく、ただ欲道と慈愛道とのみ旺盛なる今日の日本に生くることのいかに気持悪しきことよ。されども、かかる国においても遅かれ早かれ神の審判が行わるるからありがたい。」（日記書簡全集四巻374頁）、慈愛道とは義を貫き責任を問うこともせず、何でも許すこと（さきの文の町人道徳）を指すと思われます。七十余年をへた今日では、この言は一層適切で、無責任と嘘いつわりと、言い逃れと二枚舌と、貪欲と自分勝手とが、社会に充ち満ちており、気持悪いどころか、私たちは今人間の姿を失った妖怪の国に在る思いさえします。

五　むすび

今日とりあげました三人において、武士道をどう考えるかについては、根本的には共通しています。武士道とは仁を旨とし、人を憐れみ、勇気を発揮し、礼を重んじ、誠に徹し、名誉を尊び、己れに克つの道であるとは、藤井も新渡戸も内村も一致していました。

ことに新渡戸と内村にあっては、自ら武士の子であるという自覚がつよくありました。新渡戸は五歳のとき着剣の儀式をうけ、真刀を腰にしたのでしたし、晩年右翼の迫害をうけたときにも、

　我とても親が子なれば物音に
　みださざるべし心一つを

古への目ざめし人の跡見れば
踏みにし道は紅に染む

と詠んで、覚悟の程を示したのでした。

藤井 武は父が軍人であり、その父の生き方をとおして武士道の何たるかを感じたことは、先にのべたとおりでした。

三人はともに、武士道は衰えてすでに消えつつあると感じました。それは封建制の産物であり、封建制は消滅して久しく、時代の変化は武士道の存続をゆるさぬからであり、また武士道自体が不完全で、まことの真理を悟らしめるものではなかったからです。

しかし三人とも、武士道は神が日本に与えられた「旧約」であり、貴い「賜物」であるとかたく信じました。また三人とも、武士道は西洋（とくにアメリカ）伝来のキリスト教にまさると感じていました。

そして三人とも、武士道はキリストの福音に接木され、また福音が武士道に接木されて、武士道はその使命を果す、と確信しました。

三人をとおして、私たちは武士道を、「旧約の日本」の重要な一つの掟として認めることができると考えます。

今、この乱れはてた世、混迷を極める代にあって、この全面的道義崩壊、腐敗と汚辱の時にあって、このような日本を救い、世界をも救うのは、キリストの純福音であるとの信念を、いっそうかたくされるのです。そして、日本もまことの神の憐みに包まれた国であり、日本にも一つの「旧約」が恵みとして与えられていたことを知り、御旨の成就、摂理の完成を、いっそう心を熱くして待ち望むことができるのです。

すべての民に、この「旧約」を与えて、新しい契約への備えをしてくださった、天地創造の唯一の神の英知を、心から感謝してほめたたえるものです。

十二　藤井 武とフランチェスコ

この講演は、二〇〇一年十月七日、名古屋の豊田ホールで行われた「藤井 武記念キリスト教講演会」でのべたものです。司会は「ちとせのいわ聖書研究会」代表の浦部龍三氏が当ってくださり、聖書はマタイによる福音書一〇章七―一〇節をよみ、讃美歌一二一番と七五番を唱和しました。

一　はじめに

十月がまためぐってまいりました。昨年は新渡戸稲造の『武士道』の発刊百年にちなんで、「藤井 武と武士道」という題で話しました。今年はあまり堅くないテーマでと考え、「藤井 武とフランチェスコ」とした次第です。しかし準備をしていますと、中世の教会のことなど歴史上のことにもふれねばなりませず、多くの資料をそろえることになりました。

藤井 武とフランチェスコの共通点は、名前がＦで始まるほかには、一見ほとんどありません。フランチェスコはフランシスコ会の創始者で、カトリック史上名だたる人物、アウグスティヌスやトマス・アクィナスと並び称される人です。藤井 武は、内村鑑三の弟子の一人で、カトリックと無教会ほど性質を異にする信仰共同体はないのですから、正反対といえます。

藤井 武とフランチェスコはこのように、時代も国もちがい、信仰のあり方も異なってはいますが、相通う所があると考えるのです。藤井はあの世界キリスト教史上屈指の信仰長詩『羔の婚姻』の中で、教会史を歌った中篇において、中世にあてているのは、ただの四歌にすぎません。アウグスティヌスに二つ、フランチェスコに一つ、そしてもう一つはダンテです。ダンテは中世の終りとも近代の始まりとも見られますが、そのあとは、直ちに宗教改革にテーマが移ります。としますと、藤井がフランチェスコに寄せた思いはとても深いものがあることがわかります。

フランチェスコは一九七九年に、現教皇のヨハネ＝パウロ二世によって、「生態学者の守護聖者」に指定されました。地球全体の自然環境問題を考える学者たちの「パトロン・セイント」となったのです。この指定の二、三年後にアメリカでフランチェスコの生涯を扱った映画が作られました。‘Brother Sun, Sister Moon’というその映画は日本でも上映され、好評を博しました。しかし、映像ではフランチェスコの本質とその信仰のあり方を描くことは無理でした。映像は書物を通し、文字を介して学ぶのにはとうてい及びません。カトリック教徒でもない藤井が、つとにフランチェスコに着目したことに、私たちは大きな意義を見出すのです。

二　フランチェスコの生涯

フランチェスコについては、中学校の教科書にも名前ぐらいは出ていましょうし、またジョット

（一二六六?——一三三七）の画いた「フランチェスコ伝」の絵の一つが挿絵にのっているでしょう。フランチェスコの名前は日本人にもよく知られています。しかし、どういう人か、何をした人か、今私たちにとってどういう意味をもつ人かということについては、日本人はほとんど馬耳東風であろうと思います。

そこで、『羔の婚姻』中篇第二十歌「帯縄跣足《たいじょうせんぞく》」をも引きながら、彼の生涯をまず一覧したいと思います。

フランチェスコは一一八一年（または八二年）に、イタリア中部アペニン山脈南西にあるウンブリアの町アシジで、父ピエトロ・ベルナルドニとフランス人の母との間に生まれました。長男で洗礼名はジョヴァンニ（ヨハネ）といいました。しかし彼が生まれた時父ピエトロはフランスへ毛織物の商売に出かけており、母がフランス人なので、フランチェスコと呼ばれたのでした。

父は手広く商売をし、かなり欲深で金持だったといわれ、それに対し母は朗かで万事に無頓着な人だったそうです。母はフランス語で恋愛の歌などもよく歌ったといわれ、フランチェスコは明るく育ちました。母はまた店の帳場よりも野のヒバリを好んだ人で、この歌好き、自然愛好はフランチェスコの生涯に大きい影響を与えました。

さて、二十歳ごろの彼の願いは騎士になることでした。騎士になるには戦いに行かねばなりません。そこでペルージアとの戦いにおもむき、捕虜となり一年をすごし、解放されて帰郷、ついではアプリア（プーリアともいい長靴の踵のところ）との戦いに出かけましたが、こんどは病気になって帰りました。その頃から回心が始まったといわれます。

そこで一二〇五年二十四歳で、最初のローマ訪問をしました。道でハンセン病の患者が物乞いをしていて、初めはこわくて避けたがやがて病人をかき抱き、自分の衣を彼に与え、彼の衣を着て、一日乞食をしたといわれます。それまででもフランチェスコは困った人を見かけると放っておけない優しい心の持主でした。

翌一二〇六年、近くの聖ダミアノ寺院でキリスト像に祈りをささげているとき、キリストの言葉を聞きました――「フランチェスコよ、崩れた私の家を直しておくれ。」崩れた会堂の修理には石を買わねばなりません。そこで彼は家から父の商品の布一包を持出して売り、修理費にあてました。父ピエトロは大いに怒り、階段下の小部屋に彼を閉じこめました。母が隙をみて出してくれると、フランチェスコは家出をし、聖ダミアノ寺院でアシジの僧正の前で、父から勘当されました。その折、彼は上衣をも父からもらったものだとして脱いで父に返し、僧正は感動して法衣を広げ延して彼の裸をおおい、召使の衣を与えたといわれます。弟が跡継ぎになりました。

ここで『羔の婚姻』を少しみてみましょう。中篇第二十歌「帯縄跣足《たいじょうせんぞく》」（縄を帯にし、はだしで歩く）の一―二一行目までは、すでに修道会を作った後のフランチェスコの姿ですが、二二―四二行までが勘当されるまでのいきさつを歌っていますので、それを先に見ます。仮に「家を出る」と小見出をつけました。

22聖ダミヤンの貧しき寺院に
十字の像のまへに祈りて
「往け」とのみこゑを彼は聴いた。
25すなはち人の思ひおよばぬ
美しくもまた清らかなる
ひとりの貴女を伴侶《とも》としえらび
28そのゆゑに、己を生みしものの
笞《しもと》の下に身をうち曝し
しかして家よりさまよひいでた。
31父は燃えさかる面《おもて》をむけ
さつ矢たばさむ猟人《かりて》のごとく
跡をたづねて寺院に追ひしく。
34要求《もとめ》のままに父にともなひ
霊の法廷のまへにいでて

否むは一切の嗣業のみかは、
37着たる衣をさへ脱ぎて父に
をさむるを見、僧正は涙し
おのが翼もてこれをおほふ。
40かくて贈られし粗衣《あらぎぬ》を着け
世に死にしものと、雀躍《こをどり》しつつ
主に従ふみちを彼はたどる。　（二二行—四二行）

二七行の「ひとりの貴女」とは貧乏のことです。すでに家出する以前のある日、馬鹿な王の仮装をしたフランチェスコが、気落ちした様子で歩道の縁石に坐っているのをみた友人が、「どうしたフランチェスコ、お前結婚したのか」と尋ねたのに答えて、「そうだ、最も美しい花嫁〝淑女貧しさ〟とね」と言ったのでした。

一行から二一行までは、こうして世を捨てたフランチェスコの修道成った姿を歌っています。

1夕映《ゆふばえ》をいとふ二月空《にぐわつぞら》の
地平にむかぶす雲に似たる

灰色あはき外衣《うはぎ》をまとひ、
もしくは色彩《いろどり》華やかなる
多血の獣を抑へんための
羈絏《はづな》か、一条《ひとすぢ》の縄を帯《おび》し、
たづさふる金銀なく糧もなく
嚢《ふくろ》なく二枚の下衣もなく
杖なく鞋《くつ》なく、素足《すあし》あらはに、
沈黙、孤独に、伴侶《とも》もなくして
見棄てられたるかたゐのごとく
僧院の長《をさ》は衢《ちまた》をあゆむ。
途ゆく人らふりかへりて
狂者よと呼び石なげうてど
応《こた》へむともせぬは耳しひてか、
くだけてするどき瓦礫《ぐわれき》をふみ
足蹠《あしうら》あかき浸透《にじみ》に染めど
こころ地になきか、気づかぬけはひ。

19時には高らかに声をあげて
　遍歴詩人《トルーバドル》の軽き音《ね》をさへ
　　その唇に響かせながら。　（一―二一行）

一―二行は藤井の生地金沢をも含む北陸地方の冬の鉛色の空のことを言います。フランシスコ修道会の服の色は灰色です。五行目の「多血の獣」とは欲望のことです。プラトンの言うように、人間の心は理性の白馬と欲望の黒馬との二頭立の馬車のようなもので、制御ははなはだ困難なのです。それをコントロールする手綱に等しい縄を、会士は帯にしているのです。七―九行はマタイ福音書一〇章七―一〇節をふまえています。一一行の「かたゐ」とは物乞いのことです。かたゐとは片居で、道のかたはらに坐って物乞いをする者です。二〇行の「トルーバドル」とは、中世南フランスの詩人音楽家たちのことで、騎士が淑女に恋歌をうたったのに始まり、やがて職業的市民音楽家、今のシンガー・ソング・ライターのような者となりました。彼は南仏生まれの母からそれら吟遊詩人の歌をきき覚えたのです。フランチェスコは貧しくはあっても明るく生き、自ら作った詩をそれらの曲にのせてよく歌ったのでした。

修道生活に入ったフランチェスコには一人二人と弟子ができました。彼らと共に、聖ダミアノ寺院の近くに隠者として暮し、托鉢を行って四つの教会を再建しました。弟子の二、三をあげますと、シルヴェストロ司祭（?—一二四〇）はフランチェスコに石材を提供した際、その礼金に不平をとなえたところ、フランチェスコは手一杯の金を与えたので恥じ入って弟子になったのでした。ベルナルド（?）は最初の弟子で、元はアシジの富商でしたが、凡てを売って貧者に施し、フランチェスコに従いました。

こうして、一二〇九年二十八歳のとき、ポルティウンクラ教会でミサのお手伝いをしているときに（彼は生涯司祭にはなりませんでした、修道会をつくり会長にもなりましたから平信徒でもありませんが）、マタイ福音書一〇章七—一〇節を神から受けました——「行って『天の国は近づいた』と宣べ伝えなさい。病人をいやし、死者を生き返らせ、らい病を患っている人を清くし、悪霊を追い払いなさい。ただで受けたのだから、ただで与えなさい。帯の中に金貨も銀貨も銅貨も入れて行ってはならない。旅には袋も二枚の下着も、履物も杖も持って行ってはならない。働く者が食べ物を受けるのは当然である。」

そこで、この示しのままに乞食托鉢に徹する覚悟をしました。宗教家が人から生活の資すべてを受けて生きるという仕方は、彼が最初ではありません。それを始めたのは仏教です。さらに古代インドのブラフマン教にもすでに修行者の風習として乞食托鉢《こつじきたくはつ》（持鉢・捧鉢ともいう）はあり、それが仏教へ入ったのです。中国では宋代から行われました。そして禅宗とともに日本にも行われるようになったのは、ちょうどフランチェスコと同じ十三世紀初めの頃です。

その翌年、一二一〇年、フランチェスコはローマを再び訪れました。十人余りの弟子たちと共に。

当時の教皇はインノケンティウス三世（在位一一九八―一二一六）で、修道会の認可を求めるフランチェスコたちに、「豚のところへ行って説教せよ」と一喝しました。そこで一行は豚小舎へ行き、糞まみれになって再び教皇の前に戻りました。教皇も驚いて認可を与えました。「小さき兄弟の修道会(Ordo Fratres Minores)」の誕生です。

フランチェスコは十一人の弟子たちと説教し、施しをしてイタリア中を巡り、年一回ポルティウンクラの教会に集い、フランチェスコの助言を受け、新しい目標を定めました（この教会の小室でフランチェスコは死んだのですが、今は一八三二年の地震後大会堂が建てられています）。

一二一二年にはクララという金持の女性が、全財産をすててフランチェスコに従いました（一一九四―一二五三）。三年後には「貧女クララ修道会（第二修道会）」が結成され、クララが率いました。

一二一四年には、フランスを通ってスペインへ行き、北アフリカのイスラム教徒を改宗させようとしましたが、病をえて帰りました。彼は伝道心が極めて旺盛でした。

一二一六年にはシシリー島へおもむき伝道しました。また修道会の会則が都市生活者にとっては不十分なことがわかりました。そこで、翌一二一七年フィレンツェで、ウゴリーノ枢機卿と出会い助けを受けました。ウゴリーノ枢機卿はのち一二二七年に、グレゴリウス九世としてローマ教皇になる人で、フランチェスコの死後二年に彼を聖者に列することになります。

翌一二一八年にはドミニコ会の創始者のドミニクス（一一七〇―一二二一）と会います。彼はフランチェスコとちがい学問的で、異端を教理にてらして摘発する上に力があり、乞食托鉢とは正反対の傾向でした。一二一七年当時、ドミニコ会の会員はたった二十人、フランチェスコ会は数千人でした。ドミニクスは両会の合同を提案しましたが、フランチェスコは断りました。そして前と同様、町々をめぐり福音を説きましたが、侮辱、嘲笑、殴打、縄打、剥取、入牢とたいへんな目にあいました。しかしいつも神に感謝するばかりでした。

一二一九年の総会で、ウゴリーノは会則変更の必要を認めました。これまでの他の修道会と同じような伝統的な形の会則にした方がよいというのです。しかしフランチェスコはそれを拒否しました。

この年、フランチェスコは第五次十字軍に従って東方へ行きました。この十字軍はフランスの貴族のゴーチェ・ド・ブリエンヌが起こしたもので、一二一七―二一年にかけてイスラム軍と戦いましたが、敗けて全員捕虜になったものです。イスラムの騎士たちは実に厳格な道義をそなえていて、礼にかなって戦い、騎士道にそって対しました。むしろキリスト教徒十字軍のほうが道みち無茶苦茶をしますし、略奪暴行もはたらき、放恣の限りをつくしました。フランチェスコは十一人の弟子たちと共にエジプトにおもむき、スルタンのマレク・アルカメルに改宗を促しましたが、成功しませんでした。しかしスルタンは彼の誠実に感心して、十字軍まで丁寧に送り届けました。フランチェスコは十字軍の将兵に、イスラムを改めてはいけないと戒めましたが、もちろん聴き入れはしません。そのうち人が来て、イタリアではフランチェスコの留守中に、死んだとの誤報もとび、二人の司祭が会則を変えて修道会としての特権をもち、断食をも行うものにしようとしていると告げたので、一二二〇年、十字軍が全員捕虜となる前に急ぎ帰国しました。

その間、フランス、ドイツ、ハンガリーで、その国の言葉を知らぬ会士たちが殉教することも起こって、やはり教会法の下に立つ正規の修道会とすることに同意し、一二二一年の会則が成立しました。

この会則は、フランチェスコにとっては妥協の産物と思われましたが、彼の精神を十分含むものでした。全二十三章の中には、衣服はボロを修理して着よとか、労働を重んじよとか、托鉢は恥ではないとか、旅に出る時は袋も金もパンも杖も持つなとか、悪人が衣を奪っても拒むなとか、愛敵に徹せよとかいう定めがありました。第二十二章を引きますと、「我々に困難・苦悩・屈辱・不正・悲しみ・虐待・殉教・死を、理由なく課する者は、すべて我々の友であるから、心から愛すべきである。彼らこそ永遠の生命をもたらすからである。」

この会則には新約聖書からの引用が百回以上あり、のちの一二二四年の改正会則のたった五回といちじるしい対照をなします。この会則は一二二三年、ホノリウス三世教皇（在位一二一六—二七）により認められました。しかしフランチェスコはこの会則を歎き、修道会長を退き、説教もやめて、翌一二二四年アペニン山脈中の峯ラヴェルナへ退くことになります。

これより前、一二二一年にフランチェスコは「在俗修道会（第三修道会）」を作りました。これは、農業でも商業でも手職でも世俗の職業にまじめに従事しながら、ただ謙遜に、暴飲暴食をさけ、禁欲につとめ、服装も簡素に、慈善に励み、教会の義務をはたし、悔改めを行うということを奨めたもので、これによりフランチェスコ会はさらに勢力を伸ばすことになります。

一二二四年ラヴェルナ峯に引退して、フランチェスコは四十日間断食し、九月十四日に聖痕を受けました。聖痕とは、キリストが十字架上で受けた五つの傷――両手、両足、そして脇腹――が身に現われることです。フランチェスコのばあい、聖痕は消えずに留まり、肝臓や胃が痛み、目も見えなくなり、死までの二年間苦しむことになります。

一二二六年ついに危篤となり、担架でアシジへ運ばれ、ポルティウンクラの教会で十月三日夕刻四十四歳の生涯を終えました。

一二二八年、彼は死後二年にして聖者に列せられました。

しかし彼の死後フランチェスコ会はもはや彼の望んだ道から大きくそれることになります。早くも一二三八年には異端審問に手を染めます。一三一六年までには修道院の数は一四〇〇をこえ、会員は二万八〇〇〇人以上になります（ドミニコ会はそれぞれ六〇〇と一万二〇〇〇人です）。一三四〇年までには、一二二四年の会則に反対する厳格派（むしろ創始者に忠実な）はすべて会から追放されました。

他方会士の中から大学者が輩出します。ボナヴェントゥラ（一二一七頃―七四）はフランチェスコに病を癒された人、ドゥンス・スコトゥス（一二六五頃―一三〇八）、ロジャー・ベイコン（一二一四頃―九二頃）、オッカムのウィリアム（一二八五頃―一三四九）らです。

しかし宗教改革から二百年間、フランチェスコは世を惑わす者として罵られ、ヴォルテールは彼を狂人扱いし、知識人は彼を無視します。評価が変りはじめたのは十九世紀の中頃からで、十九世紀には「動物の守護聖者」とされ、今ではカトリックもプロテスタントも彼を尊敬しています。

日本へは一五八二年、二人のフランチェスコ会士の乗船が平戸に来ました。マカオからマニラへ行く途中台風にあったからです。一五九三年には宣教師が来て、禁教となる十七世紀前半まで活動しました。

イギリスのカトリックの歴史家クリストファ・ドーソン（一八八九―一九七〇）は、『中世のキリスト教と文化』（新泉社）でフランチェスコを高く評価しています――彼は「西欧キリスト教の新精神に真の肉づけを与えた人」で、「完全で有機的なキリスト教的人間像をヨーロッパで初めて作り出した。」彼によって「信仰と生活、宗教と文化は一つとなった。」「彼とともにヨーロッパは真にキリスト教化し、西欧人としてのあらたなる自覚は生み出された。」（70頁）

また、上智大学訳のあの十一巻六千頁に及ぶ尨大な『キリスト教史』（ちくま文芸文庫）は、フランチェスコにほとんどふれていませんが、それでもこう評しています――「フランシスコは周りの世界の中に、人々の心の中に、福音の中に、無数のキリスト教徒の個人個人の信仰の中に、思いがけない見晴らしを与える窓を切り開いた、全くの独創性をもった偉大な歴史的人物の一人」です。（四巻290頁）

三　清貧と人への愛

1　清貧

藤井 武はフランチェスコをのべるに当り、その観点を二つにしぼっています。「清貧と博愛」であります。そこでまず清貧を歌った『羔の婚姻』の四三行―六三行を見ます、「貧と婚す」と仮に題しました。

43 孤独をわかつ妹背《いもせ》のごとく
　手に手をかはし寄り添ひすすむ
貴女よ、その名は「貧」ととなへて
46 人の見るべき艶色《みばえ》あらねば
衢《ちまた》に鄙《ひな》に爪弾《つまはじき》うけ

世にはさながら無きごとき者、
49誰しも断えて悦楽の門を
これに開かぬは死にひとしと
大いなる詩人もすでに歌ふ。
52彼女を伴侶《とも》に、神の独子
その限なき富をなげすて
裸かにして十字架に上つた。
55羔の恩恵《めぐみ》さながらなる
おもかげを彼女に見るがゆゑに
聖者のいつくしみは比ひもない。
58キリストとともに十字架せられ
ともに世より葬られし身の
証明者《あかしびと》こそ栄《はえ》なき彼女。
61死者《しにびと》らしく地にある肢体
慾情の肉を殺す生活《いのち》の
友こそ悦楽を知らぬ彼女。　（四三—六三行）

「貴女（淑女）貧乏」、the Lady Poverty イタリア語では La Donna Povertà と彼は結婚しました。誰しも貧乏は嫌いです、貧乏神に家の門を開く人はありません。五一行の「大いなる詩人」とはダンテのことで、その『神曲』「天国篇」十一の五七—六三行をふまえて歌われています。五二行以下、キリストは何一つ持たず、衣すら剥がれて身一つで十字架につかれました。そのキリストに従う者も貧乏を友とし伴侶としなければならぬと歌うのです。

この心を文に綴ったのが「フランシス研究」の次の文です。全集第七巻にあります。

> フランシスは遂に貧を娶つた。而して日に日にいやあつく彼女を愛した。もはやわが有《もの》と称し得べき何物も彼にはなかつた。文字どほりに「帯のなかに金銀または銭をもたず、旅の嚢《ふくろ》も、二枚の下衣も、鞋《くつ》も杖も持たず」ただ灰色の上衣に縄の帯をしめ、跣足《はだし》のままに往いてキリストの嘉信を宣べ伝へた。食は折にふれての働きを成してこれを得た。働きなきときは食を乞ふことを恥としなかった。（268頁）

フランチェスコに従う人々は働いて食を得ますが、働けない時は乞食托鉢をしました。乞食托鉢は神の恵みに応じようとしない世人に対する一つの抗議でもありました。そして一日分だけの施しを受け、最低の衣をまとい、美食を施されたときには灰をかけて食べたのでした。この世の富や誉れ、安楽や誇り、力や組織など一切放棄して生きるに決心し、実行したのでした。

しかし、当時既成の修道会は、必ずしもそのような生き方をしていませんでした。

ベネディクト派は最も古くベネディクトゥス（四八〇頃―五五〇頃）に始まり、「働くことが祈ること」（laborare est orare）をモットーに、労働に精出しました――農作、牧畜、織物、山仕事など。働いて得たものは個人の物とはせず、修道院のものとします。個人は貧乏、修道会は金持ということになります。会士が増し、精出して働くほど修道院は肥え太ります。当時十二院ありましたが、皆、召使いを数名おいて、美食をとり、学問もし、一種の文化の担い手となっていたのです。

シトー派とは一〇九八年にフランク王国でロベルト（一〇二七頃―一一一一）が始めたもので、ベネディクト派と同じく労働を重んじ、ドイツ農民に影響を及ぼし、十三世紀には一八〇〇の僧院をもつ大組織となりましたが、金がたまって堕落しました。

カルトゥジオ派はフランスのシャルトルで、ブルーノ（一〇三二頃―一一〇一）が起こした会で、現世否定に徹し、瞑想・沈黙・禁欲、労働と祈りに励み、一日一食ですごしました。

プレモントル派はノルベルトゥス（一〇八〇―一一三四）が十二世紀に創った派で、清貧と説教というフランチェスコと似た主旨をもち、修道院は千以上ありましたが皆村にあり、それゆえ教会発展には余り影響しませんでした。

フランチェスコはこれらの修道会の次第に腐敗してゆく姿を目にし、伝統的特権を放棄することに最初から心を決め、キリストが生きられたままの生活を志しました。一物も保たず、死に当っても棺さえ拒み、土の上において灰をかけよと命じました。彼は制度や組織化には反対で、一切の世の配慮からの解放に社会再建の根拠を見出していました。その世の配慮の最たるものは、戦争と富であり、これを放棄せよと主張したのです。会堂建設よりも貧乏こそが平和に効果があると信じていました。

こうしてフランチェスコは、自ら都市生活の栄枯不定を見た者として、労働の果実としての富をも当然自然のものと考えず、貧中の貧の生活を生き、都市の貧困化は救いにはかえって有用と喜ぶべきを説き、都市社会の感動を呼びました。宗教が世俗的価値に呑みこまれるのに反対し、真面目な人々に手応えを見出しました。つまり社会組織の枠内に定着して、修道会自体が亡ぶのを免れようと努めたのでした。

けれども、この主旨が貫かれたかといいますと、そこには問題がありました。フランシスコ会は施しを徹底し慈善に励みます。最少限の所有以外は全部放棄します。しかし最少限のものがなければ施しもできないのです。人間は貧に喜びを見出すことができます。しかし都会生活において長期の貧しさに耐えることははなはだ困難です。職業生活にはその職業に必要な物は所有しなければなりません。フランチェスコの道は、意図としては従うことはできても、組織としては困難となったのです。貧乏は政策にはなりえない、となりました。一つの国、一つの町が貧乏を目標として努力することは、不可能でした。それでは乞食托鉢さえ成り立たなくなってしまうからです。

この問題はすでに仏典の中で釈迦が弟子に示しています。仏弟子は乞食托鉢で貧しく暮していましたが、衣が破れたので縫うために、針と小刀が必要となりました。釈迦はそれを許します。小刀は刃が鈍くなり、針も失いますので、針と小刀を入れる袋がいるとのことで、それも許しました。次は袋ごと失うので、袋を肩からつるす紐がいることとなり、それもまた許す。ということで、次々と必要物がふえ、限りがなくなるというのです。フランシスコ修道会も同じ事態に直面し、妥協点を探らなければならなくなりました。

修道士が仕事をするには道具と建物が必要ですから、これを許します。但し収入をもたらす財産はもってはいけない。定額寄付は受けてよい、但し大財産を保有してはいけない。少額寄付や遺産、葬礼や死者のミサに当っての謝礼を受けるのはよい、となりました。こうして、本来はこの世の不義への抗議として行われていた托鉢も、次第に形式化してゆきました。たとえば、フランチェスコの死後百五十年をへた十四世紀後半、イギリスのオックスフォード市民の遺産の三分の一はフランシスコ会へ捧げられました。

2　人への愛

貧乏と組織という問題は、なかなか難しいことがわかります。

まず『羔の婚姻』の六四―八四行を見てみましょう。「貧しさと愛」と題しました。

64もしくはこれを膚身にまとふ
　衣にたぐはば、さらに上より
　統べむすぶ帯も彼に欠けなく。
67死の道徳を生かし完うする
　復活の道徳、羔とともに
　よみがへりたる生命《いのち》の徴《しるし》。
70聖なる「貧」のいとも親しき
　姉妹にしてかつはその栄光《さかえ》
　神のとこしへの性《さが》なる「愛」！
73自らを貧しくするによりて
　人を富まさんとつとむる力、
　与へてやまぬゆたかなる心。
76なほ父の家にありし頃より

物乞ふ人を彼は拒まず
をしみなく財布をかたむけた。
79 或る日騎馬して野みちをゆくとき
膚《はだ》くづれたる人にいであひ
悪寒《おかん》をおぼえてたじろく。しかし
82 心いためば、馬よりくだり
平安《やすき》を問うて、手には接吻《くちつけ》
嚢には金をそそぎうるほす。　（六四―八四行）

人々の求めに応じ、己れ無にして「与へてやまぬゆたかなる心」がキリストの愛だと、彼は悟ったのです。

これを文章で見ますと、「行為による義認か」と仮に題してよい次の文となります。

斯のごときがフランシスの面影であった。自己については清貧、他に対しては博愛。貧は彼の佳耦《とも》であり、愛はその独子であった。彼のあるところに必ずこの二者はあった。然らば貧と愛とは彼の信仰生活の上に何ほどの意義を有したのであるか。中世（および現代）の多くの基督者のやうに、フランシスも亦これらの行為によつて神に義とせられんことを欲したのであるか。彼は貧と愛とを自己の功績に算へ、これに頼つて神の前に出ようとしたのであるか。言ひ換へれば、フランシスはその清貧博愛の生活に於て、天国を購はんための価を積んだのである乎。

もしさうであるならば、私は明かに言ふ、フランシスは大なる間違をなしたのであると。よしその貧がいかに清くあらうとも、その愛がいかに深くあらうとも、之を己の義として神の前に立つるに至つては、赦されがたき不遜の罪である。神は是の如き献物を受け給はない。却て之を斥け擲《なげう》ちたまふ。（271頁）

フランチェスコが貧乏に徹することにより、また愛の施しを行うことによって、行いによって神に義とされようとしたのなら、藤井はそれを認めることはできません。しかし、藤井はそうは考えないのです。貧も愛も、義認の手段ではなくて、自然であり、趣味であり、生命であったというのです。

併しながらその故に彼の生涯を以て行為による義の追求であつたと見ることは出来ない。フランシスの貧といひ愛といひ、之を何らかの目的に対する道徳的手段と見るには、余りにも自然であり、必然であつた。彼は商人のごとくに貧を資本に商売したのではない。まことに彼は貧を恋したのである。貧しき生涯ならずしては彼に適はなかつたのである。愛も亦さうである。

愛することの酬いに何かを獲ようと彼は望まなかつた、愛すること其事が報酬であつた。愛せずしては生くるに甲斐なきを彼はおもうたのである。貧も愛も彼には努力ではなくして趣味であつた。外より迫らるる律法《おきて》ではなくして内より湧きいづる生命《いのち》であつた。（272頁）

さらに、フランチェスコにおいて、貧しさと愛はキリストの霊感であるといいます。

然り、キリストの霊感である。救はれんが為に力めて貧しくなり且つ愛したのではなくして、救はれたるが故におのづから貧しくなり且つ愛せざるを得なかつたのである。フランシスの清貧と博愛とに確かにこの信仰的必然性がある。

蓋し信仰の途《みち》はキリストと共に死に、またキリストと共に生きるの途である。キリストはみづから世に死んだ。十字架はその死の総括であつた。しかし十字架に上る前よりして彼は日々に死につつあつた。始に神の貌《かたち》に於てありし彼が、己を虚しくして人となつて降つたときに彼の死は始まつたのである。聖書はこの事を説明して、「即ち富める者にていましたれど、汝らのために貧しき者となり給へり」といふ（後コリント八の九）。死は即ち貧である。世に最も貧しかりし人はイエスであつた。彼と共に死ぬものは彼と共に貧しくならざるを得ない。キリストを愛することの深きものほど彼の貧に与かることも亦深い。フランシスは人にまさりて主を愛し

た。故に彼は人にまさりて貧しくあつた。（273頁）

これは、藤井の故郷金沢をも含む北陸地方で熱く信じられる浄土真宗の「報恩念仏」の考えと通じます。念仏を称えて浄土に生まれると信じれば、念仏はあるいは浄土へ往生する手段ともなりかねません。しかし真宗ではそう考えず、極楽往生はすでに阿弥陀仏の本願で決定《けつじょう》している、信徒はこの世ながらもう仏の本願で救い取られている、有難くて仕方がない、それ故その恩をおぼえ感謝をこめて念仏を称えるのだ、というのです。フランチェスコの貧乏も博愛もキリストへの報恩だと考えたのです。

趣味といい、自然といい、生命といい、霊感というのは、努力の反対です。頌め歌いつつ貧しさの道に歩んだフランチェスコをよく知る人の言葉と、これは言ってよいでしょう。

3　禁欲主義者か

貧乏に徹するフランチェスコは、では禁欲主義者かという問題を呈示して、藤井 武は「否」と答えます。

修道院では貧しさと貞潔と愛と服従を中心として生活は行われます。紀元三世紀中ごろから、まずエジプトの沙漠で始まり、各地へ及んでゆきました。祈りと仕事が重んじられました。初めは農業はじめいろんな手仕事、ついで聖書などの筆写、教育、芸術活動から学問研究などに及びました。

　修道院に禁欲主義的傾向が強かったのは、プラトンの二元論の影響のもとにキュニコス学派の禁欲傾向をうけて、紀元前後あたり地中海東部で盛んだったグノーシス主義の、霊肉分離思想の影響があったと思われます。霊を尊び肉を卑めるゆえ、肉にかかわる衣食住を徹底して切りつめるのです。たとえばシリアにいた柱上聖者シメオン（三九〇頃―四五九）は、この世から離れることを願い、二メートル位の太い柱の上に小屋を作ってそこに住み、更に地を離れたいというので、柱を段々高くし、しまいには二〇メートルの高さで暮したのでした。食物や水は人々が施します。それを紐につけた籠で吊り上げて用いたのでした。

　こういう行いの底には、身体は無価値、いな悪いものであり、霊魂のみが善であるという思想があります。すでにヨハネの手紙にもその批判がありますが、こういうグノーシス的な考えはキリスト教と根本から異なります。パウロもいうように、私たちの身体は聖霊の宿る宮であり、身体の価値と意味はきわめて大きいのです。身体も神によって創られ備えられたものです。その身体を卑しめ、いじめることで霊が向上することは絶対ありません。ですから貧乏にしても、一切の欲を悪とみて我慢し、人から与えられても断わるのが神によみせられるのではありません。世人はそのような並外れた禁欲行に驚き、行ずる者自身もそれを誇りとし、己が義にかぞえる気持が起こりやすいのです。しかしそれはキリストの福音ではありません。

イエスご自身は人がもてなせばどんなごちそうも喜んで召し上がりました。「大酒飲み」（マタイ一一の一九）と渾名されました。しかし無ければ断食もし、野宿もなさいました。パウロもその精神を体して「私は富における道を知り、貧しさにある道を知る」（ピリピ四の一二）と言っています。禁欲主義は決して福音ではないのです。

ではフランチェスコはどうかといいますと、禁欲主義者ではありませんでした。道を歩むときにも、フランスの吟遊詩人の恋歌のメロディーを口ずさむのです。彼はこの世を楽しみ、世俗の生活を肯定しました。彼はたえず歓喜にみちあふれ、詩を作り自らメロディーをつけて歌い、弟子たちにも歌うようすすめました。死の床にあっても自分も歌い、弟子にも「太陽の歌」を歌わせようとしました。山中を歩いていたときも、木を拾ってヴィオラと弓になぞらえ、フランス語でキリスト讃歌を歌って涙したといわれます。そのことを伝える藤井の文を見ましょう。

> フランシスは禁欲主義者のごとく厭世悲観の徒ではなかつた。却て彼の人生は歓喜の人生であり、彼の宗教は歓喜の宗教であつた。彼は灰色の衣に縄帯を締めながら、途ゆくとき屡々高らかに歌うた。それは内なる歓喜の自然の発露であつた。その若き日よりいはゆる遍歴詩人《トルーバドル》の恋愛歌を愛したる彼は後年に至ても、歌詞はとにかくとして少くともその歌曲はなほこれを吟誦したらしい。或る権威たちによれば、彼はイタリアの俗語詩の開祖であるとまで言はれる。赤

貧の侮蔑と迫害との中にありてキリストの愛のゆゑに完き悦びを見いだすのが彼の宗教であつた。彼にとつては世界はその何処にも神の姿をやどせるいとも愛すべきものであつた。かがやく日と月と星と、用おほき空気と雲と水と、力ある火と、そのほか万物の故に彼は神を讃美した。（275頁）

フランチェスコは貧しくともこの世を愛し、この世に在りながらこの世に死んだ人、さらにいえば俗世にあってキリストに従う道を徹底して歩んだ人といってよいでしょう。このことが次のテーマにつづきます。

4　世俗の福音

一二二一年、フランチェスコが在俗《ざいぞく》修道会（第三修道会）をつくったことは前にのべました。これに関連して『羔の婚姻』の一〇六―一二六行を見ることにします。

106　一投げにして全地を籠むべき
　大網をかかげ、今や打たんと

きよき野心の漁人《いさりびと》は立つ。
いかなる網か、死のしるしなる
灰色の「貧」と復活のきざし
「愛」の金色の織り成しのもの。
人といふ人を区別《わいだめ》なく
みな修道の僧となすべく
世をさながらに僧院と化すべく
第三教団の使言をたづさへ
あまねく津々浦々にむかうて
跣足托鉢の組はすすむ。
市場にとどまり野みちに立ち
かれらは呼はる、「なんぢらすべて
途ゆく人よ、兄弟、姉妹よ、
なんぢらまことの生命《いのち》を恋はば
家はた業《わざ》を棄つるに及ばず、
世にゐながら世に死にて生きよ。

124 物乏しきをもて足れりとせよ、
吝《をし》みなく施せ、とにかくにも
キリストの愛を胸にやどせ。」（一〇六—一二六行）

全世界に真の福音の大きな投網を打とうというのが、フランチェスコの素志でした。そのためにはエジプトのスルタンにも福音を説きましたし、また都会の人々にも家業に従いつつ福音に生きる道を用意しました。それゆえフランチェスコは最晩年以外隠遁生活をせず、たえず出かけて福音を運びました。市へも町へも村へも、外国へも歩みに歩み、動きに動いて、たえず唇に歌をのぼせつつ、彼は人々のもとへおもむきました。まことに彼は、「神の吟遊詩人」でありました。

文章ではこれは次のように書き表わされています。「世にありて世に死ぬ」と題してよいでしょう。

彼は世を避けて僧院にひそむを理想としなかつた。人と断ちて専らおのが霊魂の安全を図るがごときは彼には思ひよらぬ事であつた。まさしくその反対に、フランシスの目標は僧院より世へであつた。彼はおのが霊魂にも劣らずすべての悩める人々をおもうた。真実なる生活は少数同志に限らず万人に妥当であるべきを彼は信じた。故に従来の僧院主義の退嬰的態度を棄てて、彼は最も痛快なる進撃的態度に出た。フランシスは万人を悉く彼のごとき僧徒たらしめ、世界をさながらに一大僧院化せんと欲した。何となれば彼は貧と愛との生活が人の真実なる生活であることを信じたからである。この理想のもとに生れたものがいはゆる第三教団（the Tertiaries）である。それは世のあらゆる男女をしてその家庭と職業との中に留まりながら貧愛の生活を実行せしめんとするの試みであつた。まことに雄大なる理想である。我らは茲に凡ての基督者を祭司と見るところの宗教改革の思想の先駆を見る。フランシスの生活はその宗教的意義に於て近世清教徒のそれと多く異ならない。（275―276頁）

藤井 武はフランチェスコを宗教改革の先駆、僧院を脱して世俗の只中へ福音の種をまく者、無教会の精神と相通うものと見たのでした。さてこそ中世のキリスト教徒の名だたる人々の多数の中で、『羔の婚姻』にはただアウグスティヌスとフランチェスコ、それにダンテの三者だけを歌って、トマス・アクィナスもドミニクスもベネディクトゥスもグレゴリウス教皇も、その名さえあげなかったのでした。

四　自然への愛

フランチェスコはキリストへの愛にもえ、キリストの貧にならいました。キリストと同じく神の創りたもうたすべてのものを愛しました。すべての人を愛し、自然の万物を喜びとしました。ジョットの画くフランチェスコの生涯で最も美しいのは、彼が小鳥の群に説教している姿です。彼は生きとし生けるものすべてに愛をはこびました。

『羔の婚姻』八五―一〇五行を見ましょう。

85充ちまた満つる酒杯《さかづき》のごとく
おのづから溢れていつくしみは
あらゆる造られしものに及ぶ。
88「ちさき姉妹たちよ」と、梢より
地に飛びかよふ小鳥らを呼び
「なんぢら常にその造主を
91たたへよ、彼はなんぢらを自由に
飛ぶことを得させ、二重三重《ふたへみへ》の
衣《きぬ》もてうつくしく飾りたまふ。

またなんぢら播《ま》かず、刈らぬゆゑに
　野山と樹々とをそなへたまふ。
　忘れずつねに彼をたたへよ。」
猛《たけ》き貪婪《どんらん》の獣にむかひ
「兄弟、狼よ、ここに来よ、
　なんぢの餌を取れ、人を害ふな。」
「日と光とをわれらにおくる
　兄弟太陽よ、なんぢのゆゑに
　讃美はつくりぬしわが主にあれ。
澄みて優しく空にほほゑむ
　われらの姉妹、月、星のゆゑに
　万物のゆゑに讃美わが主にあれ。」　（八五―一〇五行）

フランチェスコの美しい愛は、ツバメにも通い、牛にもロバにも注ぎ、猛き狼さえその愛に従いました。右の詩をさらに詳しく述べた文章も引いておきましょう。

然のみでない、フランシスの愛はなほもゆたかに溢れて万物に及んだ。すべての造られしもののの要求に彼は触れた。動植物をも無生物をも各々その理想の姿に於て彼は眺めた。或る時かれの周囲につどふ小鳥にむかうて彼は呼びかけた、「小き姉妹たちよ、なんぢら造ぬし神の恩を蒙ること多ければ、到るところ常に彼を讃美せよ。彼はなんぢらに思ふまま飛び翔るの自由を与へたまうた。また二重三重の衣を与へたまうた。且また汝らの種をノアの方舟《はこぶね》の中に保ちてなんぢらの種族の滅亡を防ぎたまうた。更になんぢらのために備へたまへる空気について汝ら深く彼に負ふ。殊になんぢらは播かずまた刈らぬゆゑ、神はなんぢらを養ひ、流や泉を飲料に与へ、山や谷を隠所《かくれが》に、高き樹々を巣に与へたまふ。またなんぢら紡ぎ縫ふことを知らぬゆゑ、神はなんぢらに着せたまふ、汝らにも汝らの子孫にも。神はかくも多くの恩沢を汝らに与へて深く汝らを愛したまふ。故に小き姉妹たちよ、忘恩の罪を慎めよ、而して常に讃美を神にささぐることを学べよ」と。一度びかれの説教し居るとき、燕の群があまりに騒がしく囀るため聴衆に聞こえなかつた。彼はいうた、「小き姉妹、燕たちよ、今度は私の番である。神のみことばを聴け。私の終るまで沈黙して静粛にせよ。」或る時のことばに、「もし私がいつか皇帝に謁見し得るならば、私は神の愛と私の愛とのために彼に乞うて、わが姉妹なる雲雀を捕へ又は閉じこむることを禁じ、またすべて牛、驢馬などの所有者がクリスマスには特別によき待《あしら》ひをなすべきことを命ずる法令を発布して貰はう」と。一疋の狼がグビオの郊外に出没して人を傷うた。

住民たちは戦慄した。フランシスは何とかせずにはゐられなくなつた。彼は兄弟の或る者を伴うて出かけた。彼らが直に恐怖に充さるるを見てこれを後にのこし、独り獣穴の途に進んだ。狼は彼を見て顎を開きながら飛びかからうとした。フランシスはいふ、「此処に来よ、兄弟狼、キリストの名において私はなんぢらに命ずる、私にも人にも害をなすな。」狼は来て彼の足下に伏した（と物語は伝へる）。彼はなほ狼にむかひ、今後人々の備ふる餌を食うて人を傷ふなからんことを命じた。而して狼はよく之に従ひ、爾来日々にグビオに来りて餌を食ひ、二年間生存したといふ。

有名なる「太陽の歌」（或は「被造物の歌」）に於て彼は太陽、月、その他の無生物をさへ兄弟姉妹の名を以て呼んでゐる。フランシスの口よりこの呼び名を聞くとき、何人もそれが尋常《ただ》の形容であるとは思はない。（270—271頁）

日本では人は野の鳥や獣を見ると、すぐ石を投げたりしますから、人かげを見れば彼らはいち早く逃げ去ります。欧米の公園でリスが人の近くへ来、コマドリが歌い、少しも人をこわがらないのを見るとき、自然への愛の乏しいことを痛感します。（奈良公園の鹿は例外で、神の使いとして久しく禁猟でしたので、人に親しむに至ったのです）。年に一度クリスマスには、日頃荷物運びに追い使っている牛やロバを休ませ、良い待遇を与えるよう皇帝に告げたいというのは、さすがに「動物の守護聖者」です。

これは日本人には、とくに農民にはよくわかる心です。岩手県の盛岡に「チャグチャグ馬っ子」という習わしがあります。六月十五日、田植も終り春の農作業でよく働いた馬を、滝沢村の馬の守護神を祀る蒼前《そうぜん》神社から、十二・五キロメートル離れた盛岡八幡宮まで、美しい色とりどりの衣の飾りをつけ、大き目の鈴をチャグチャグ鳴らして引いてゆき、馬に感謝する祭りです。

終りのところでふれている「太陽の歌」はフランチェスコが作詞作曲したもので、彼は死の床でも口ずさみ、看まもる弟子たちにも歌うように促した歌です。フランシスコ会の司祭の庄司篤訳で引きます（『アシジの聖フランシスコの小品集』聖母文庫、49—54頁）。

いと高い、全能の、善い主よ、
　讃美と栄光と誉れと、
　すべての祝福は
　あなたのものです。

いと高いお方よ、
　このすべては、あなただけのものです。
　だれも、あなたの御名を

　呼ぶにふさわしくありません。

私の主よ、あなたは称《たた》えられますように、
　すべての、あなたの造られたものと共に。
　太陽は昼であり、
　あなたは、太陽で
　私たちを照らされます。

太陽は美しく
　偉大な光彩を放って輝き、
　いと高いお方よ、
　あなたの似姿を宿しています。

私の主よ、あなたは称えられますように、
　姉妹である月と星のために。
　あなたは、月と星を

　天に明るく、貴く
　美しく創られました。

私の主よ、あなたは称えられますように、
兄弟である風のために。
また、空気と雲と晴天と
あらゆる天候のために。
あなたは、これらによって、
御自分の造られたものを
扶《たす》け養われます。

私の主よ、あなたは称えられますように、
姉妹である水のために。
水は、有益で謙遜、
貴く、純潔です。

私の主よ、あなたは称えられますように、
　兄弟である火のために。
　あなたは、火で
　夜を照らされます。
　火は美しく、快活で、
　たくましく、力があります。

私の主よ、あなたは称えられますように、
　あなたへの愛のゆえに赦し、
　病いと苦難を
　堪え忍ぶ人々のために。

平和な心で堪え忍ぶ人々は、
　幸いです。
　その人たちは、
　いと高いお方よ、あなたから

栄冠を受けるからです。

私の主よ、あなたは称えられますように、
私たちの姉妹である
肉体の死のために。
生きている者はだれも、
死から逃れることができません。

大罪のうちに死ぬ者は、
不幸です。
あなたの、いと聖なる御旨のうちにいる人々は、
幸いです。
第二の死が、その人々を
そこなうことは、ないからです。

私の主をほめ、称えなさい。

主に感謝し、
深くへりくだって、主に仕えなさい。

フランチェスコは神の憐れみの対象である全被造世界のありとあらゆるもののゆえに、主をほめたたえます。日月星辰はもとより、風も大気も、あらゆる天候も、水も火も、病気や艱難に耐える人も、そして肉体の死すらも、讃美の理由にかぞえるのです。神の愛を感じ、全被造世界から湧き上がる、大火山の噴煙のような頌えの響きに、フランチェスコの胸はゆたかに共鳴していることがしのばれます。

五　修道の新精神

フランチェスコまで、修道といえばこの世を捨てて籠ることが主でした。もちろん神の為に何事かを行いはするのですけれど、世とは関りを少くするのでした。そのような道に入った人々は、一般世俗人より一そう神に近いとしていました。フランチェスコはそういう修道観を打ち破ったのでした。

ここに新しい修道の精神が生まれました。『羔の婚姻』の一二七行―一四七行を見てみましょう。

127「棄てよ」と一語を旗章《はたじるし》に
灰白の旗たかくかかげて
僧道の徒のつよき潮《うしほ》は
130つとに中世の黎明《しののめ》より
聖潔《きよき》を慕ふ魂《たま》をうごかし
欧州の野を巻いてながれた。
133その源は神知らぬ国
神のわざなる身をいやしめて
霊の自由をもとむる哲学。
136さはれ僧院の長《をさ》はあらはれ
世より僧院への古き流を
かへしてふたたび世におくるや
139僧道ここに生命《いのち》あらたに
中世敬虔のこころはここに

　　おのが理想のすがたを見いでて
142 全教会の熱血とわきたち
　脈々たがひに相こたへつつ
　一しきりその高鳴りをなす。
145 ケルブの智慧の神学の父と
　ならびて暗黒《くらきよ》の代の燈火《ともしび》
　燃ゆるセラフの僧院の長《をさ》よ。　（一二七―一四七行）

初め六行は、エジプトから始まった修道院の姿をうたいます。一三三行の「神知らぬ国」とはギリシャまたエジプトで、そこにグノーシス主義の哲学　霊肉分離の誤った思想が行われていたのでした。一三六行の「僧院の長」とはフランチェスコのこと、「世より僧院へ」という旧い修道観が彼によって逆転させられました。それはやがて宗教改革を招くことになります。

終り三行にあるケルブ（複数はケルビム）は智天使と訳され、楽園の番人、聖箱の守護者で六翼です。「ケルブの智慧の神学の父」とはドミニクス――フランチェスコに修道会の合同を提案して拒否された――のことです。彼は学問に長じていました。「燃ゆるセラフの僧院の長」とはフランチェスコのことです。セラフ（複数はセラフィム）は熾天使と訳され、燃えるがごとき愛の天使です。セラフとケルブは座天使と共に、上級天使の三隊をなし、他に中級・下級各三隊ずつがあると信じられていました。

藤井はフランチェスコを天使第一位にある愛の天使になぞらえ、その改革の精神に強い共感を覚え、この中篇第二十歌「帯縄跣足」の詩をうたったのでした——たとえフランチェスコの死後、早くもその精神はまた組織の黒雲に包まれたとしても。

六　藤井 武がフランチェスコを高く評価した理由

藤井 武のフランチェスコに対する共感の理由を、簡潔に言いそえておきたく思います。

まず第一に、フランチェスコは四十四歳で死にました。藤井も四十二歳で死にました。藤井がこの「帯縄跣足」を歌ったのは一九二七年十月、その三十九歳の時でしたが、持病の胃潰瘍は治らず、齢の永くないことを藤井は悟っていたにちがいありません。これが理由の第一です。

次に、藤井 武が自分を記念する日として指定したのは、喬子夫人が召された十月一日でした。他方フランチェスコは十月三日に死にました。フランチェスコを記念するカトリック教会の祭日は十月四日です。藤井 武が召天日をとても大事にする人だったことは、中山博一先生がいつも言っておられました。内村鑑三を記念する講演会を、一九三〇年五月二十八日と二十九日（ともに平日の夜）青山会館で開くことを主張して、実行しました（内村の召天は三月二十八日です）。喬子夫人とフランチェスコの召された日の近接は、藤井の心に何がしかの影響を及ぼしたと思われます。この詩の掲載も十月号でした。

第三に貧しさです。藤井も貧しくありました。伝道一筋に生きる者は貧しいのです。内村鑑三は別格ですが、内村とて四十歳すぎにはまだまだ貧しかったのです。フランチェスコは清貧に徹底しました。そのことも共鳴をよんだでしょう。

第四に、藤井は世を憤り、身体は病にむしばまれ、伴侶にも先立たれましたが、決して陰気な人ではありませんでした。いつも明朗で、心に歌をもっていました。塚本虎二と相訪ねて談笑する時は、笑い声が戸外まで聞こえたといいます。フランチェスコがつねに唇に歌をもっていたことはさきにのべました。明朗歓喜は両者に共通です。

第五に、フランチェスコは平信徒の生き方を徹底しようとし、在俗修道会を作りました。藤井は彼に宗教改革の先駆者を見出しています。

そして自然への愛があります。藤井は自然が好きでした。武蔵野を毎日散歩しては、自然の中で自然を創造された神をほめたたえました。フランチェスコの自然愛は、藤井の心に響かずにいなかったでしょう。

第七に、フランチェスコは難行苦行をしませんでした。キリストにならい、福音を伝えることに最大の使命をおぼえていました。カトリック教会一般の儀式中心とは違っていました。藤井はそこに真にキリストに従う人の姿を見たでしょう。

このようにして、藤井は心の深い奥底でフランチェスコを敬い、愛し、その信仰と生活の純粋を正しく受けとめました。カトリック信徒の中でも、これほどまでに彼を受容評価した人はほとんどありません。

七　現代的意味

1　貧富の問題

藤井 武は物事の本質を洞察するのに、特別の直感力をもっていました。何を筆にするにも、余分なものは省いて、本質と原理を的確におさえ、緊密な文章に表わしました。フランチェスコの信仰と生涯からも、貧富と自然観をとくに重視して述べたのもその例です。

フランチェスコは教会も修道院も富み栄え、それゆえに堕落している姿を目にしました。一般の教会堂は崩れはてても修理する費用さえありませんが、教皇庁はじめ中心的教会は贅を尽くしていました。修道僧の豊かな安楽な生活にひき比べて、病者、貧者、乞食、孤児がちまたに満ちていました。しかし教会は彼らに救いの手をさしのべていない。そこでフランチェスコは自ら清貧の極みに徹し、すべてを施す道を歩んだのでした。

現在、世界の貧富の格差は激しいものとなっています。とくにイスラム圏——西アジアからアフリカにかけては、生活レベルは格段に低いのです。アフガニスタンの国民の年間収入は八万円です。アメリカはその四十倍です。中世末期では、イスラム圏の方がむしろ学問的にも西欧にまさっていました。医学でも、数学でも、哲学でも。プラトンの原文は西欧には伝わらず、イスラム圏で保たれて、ルネサンスになって西欧に紹介され、西欧のプラトン研究が始まったのでした。それが近代西欧の発展と侵略により逆転したのです。

今、南の国々では食糧が足りません。水も不足です。ことに衛生的な水がありません。水は健康の最も基本的な要素です——飲料水でも、洗濯用でも。そして教育です——教育こそはその地域の国民のレベル向上に最も資するものです。自主、自立は教育によって成就されます。外からの援助ではだめです。医療よりも大切です。日本では学校へ行きたくないドラ息子、ドラ娘が親のすねをかじっていますが、南の国々では小学校さえ行きたくても行けない子供がたくさんいるのです。医療では日本はアメリカ以上に先進国です。国民すべての加入する健康保険があります。東南アジアやアフリカでは、一本二百円のＢＣＧが打てないために死ぬ子供がたくさんいます。この状況をそのままにしておいて平和が保てるはずはありません。このような不平等の現状維持にあぐらをかいている先進国の独善的平和は、いつか必ず破れます。ニューヨークの九月十一日の事件からも、私たちは一つの警告の徴を受けとめねばなりますまい。

　この状況を少しでも改善しようと、各国にさまざまの非政府組織（ＮＧＯ）があって、活発な活動を展開しているのは嬉しいことです。——ＪＯＣＳ、アジア協会、アジア学院、ＪＬＭ、アジア教育基金、韓国原爆被爆者救援会、国境なき医師団、台日キリスト者の会、シャプラニール、日韓友和会等々。これらのグループを支えている人たち——しかもそのいくつもを——はたくさんいます。

　けれどもこれらの活動もごく一部の救い——貴重な——にしかなりません。先進国がその経済の根本方針を変えなければ、本当の解決には至りません。それには、富の均分です。人権というなら、年に二千万人が餓死する現状を打破するため、富の再配分を本気で考えなければ、平和はありえないでしょう。そのためには国内での消費を過剰にすることを抑えねばなりません。フランチェスコほどの清貧はむりでしょう。けれども、地球上五分の一の人間が、資源とエネルギーの五分の四を独占消費する（じつに十六倍）ことがいつまでも続くことはありえません。温暖化防止のための二酸化炭素排出削減を自国の利益のために拒否するアメリカは、人類と全生命に対し罪を犯しているのです。

経済の無限の成長（じつはそんなことは不可能です）をやめて、一挙崩壊をさけつつ安定に、ついで節約に導き、途上国の生活水準引上げに努力することが必要です。政府開発援助（ODA）のように、自国企業の紐付き援助ではなく、現地の人々が本当にうるおう支援を考えなくてはなりません。

そのためにも平和がじつに大事です。途上国がなけなしの外資をはたいて、先進国の造った武器を買っています。――アメリカ、ソ連（ロシア）、中国、スイス、スエーデン、フランス、ドイツ等。途上国の農業も先進国の無しですませる（かつては無かった）贅沢品・嗜好品を作るのでなくて――例えばタバコ、コーヒ、バナナ、パイナップルなど――、自国民の食糧をまず生産する方向へ切替えねばなりません。そこには、新しい全地球的な農業（食糧）計画が実行される必要が起こります。それは先進国に少しく貧しくなることを求めるでしょう――飢えて病む兄弟姉妹に分かつためです。

フランチェスコが中世に試みた清貧は、現在大きな意味をもつのです。

2　自然観

ユダヤに始まったキリスト教は、パウロ、ペテロらの働きにより、まずギリシャ、ついでローマに入り、西方へ伝わりました。その地域では当時ストア哲学やエピクロス哲学が盛んで、また霊肉分離、物質と身体を蔑視するグノーシス主義も行われていました。それらが初期のキリスト教にも大きな影響を及ぼし、すでに使徒が警告を発していることは、さきに述べました。

そこから西洋のキリスト教に根深く宿る、自然蔑視という非聖書的な考えが、歴史を支配してきました。環境問題の底にはこの教理的誤りがあるのです。その克服が何より大切です。環境問題は技術上の問題ではなくて、思想問題なのですから。

聖書の自然観は上の図で示すことができます。少し説明を加えます。

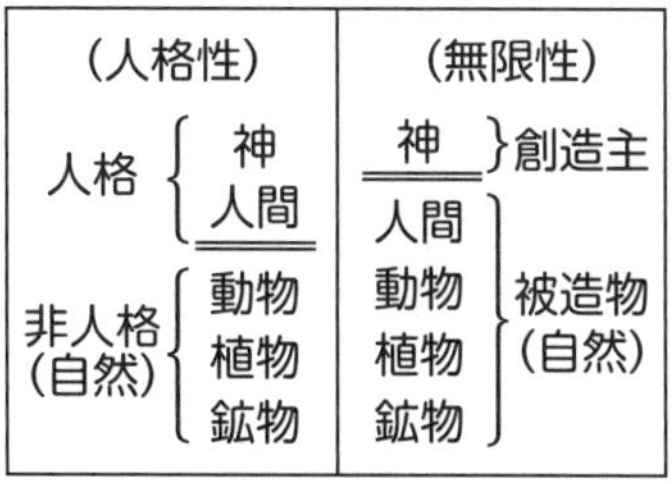

聖書の神は無限なる人格神です。そこにこの図の左右両面が考えられます。人間は神の似姿として創られ、神に似た人格をもちます。名があり、個性があり、一回限りの生を生き、かけがえのない存在です。動物以下は人格をもたず、人間とは比べものになりません。どのように貴重な動植物も、一人の人間の尊厳には代えられません。それらは自然として一括されます。しかし右側があります。無限なる者はただ神のみです。他のあらゆる存在は、宇宙にみちる星や星間物質から深海生物、はては人間にいたるまで、みな有限な被造物です。人間は右側では他の被造物と同列に在ります。左側では他の自然と隔絶して、神に近くあります。人間は自然存在（被造物）であるとともに、自然を超えた存在（人格）でもあります。聖書は創世記から新約に至るまで、この両面から人間

を見、自然を見ます。

　ところで自然を蔑視する思想に立つと、聖書のこの両面のうち、左側だけをキリスト教の教えと考えます。人間は高められますが自然は低められます。そこから自然機械論や唯物論も出、自然搾取・自然支配をキリスト教は肯定しているという誤った理解が生まれます。西洋のキリスト教にはこの左側だけの考えが主流となってきました。半面の真理は真理そのものではありません。

　人間は右側の示すように、動植物とは被造物仲間です。犬とも心を通わせ、大樹の声をきき、富士山の美と崇高、荒海の怒涛の力強さ、広大な宇宙の前での微小感をおぼえることができます。この面を忘れるとき、人間は傲慢となり、やがては神になり代ろうという大それた考えをいだくに至ります。

　西洋のキリスト教史上、詩人は別として、この右の面を正しく受けとめた人は、フランチェスコただ一人です。あの、「太陽の歌」ひとつだけでも、それがわかります。自然との平和に立つ、すべての人との平和を、彼は神への讃美のゆえに、身をもって行い、人々にも説いたのでした。今緊急の問題として人類に課せられている、正しい自然観確立は、フランチェスコの信仰と実践から大いに学ばなくては可能ではありません。

　藤井 武が、このフランチェスコの信仰と思想を深く理解し、その『羔の婚姻』で、中世のキリスト者としてはアウグスティヌスと並んでただフランチェスコだけを歌ったことの意味は、今日、どんなに強調しても強調しすぎることはありません。

十三　藤井 武とマルクシズム

以下は二〇〇二年一〇月六日、名古屋国際センターで行われた「藤井 武記念キリスト教講演会」でのべたものです。聖書はマタイ福音書四章一―四節をよみ、讃美歌は二二八、二七六、二三四番をうたいました。

一　はじめに――今なぜマルクスか

一九八九年十一月のベルリンの壁の崩壊にはじまり、九〇年には東西ドイツが四十五年ぶりに統一し、東ヨーロッパ諸国では、その前から萌していた体制変革が一気に進み、いわゆるドミノ現象で、またたくまにさしたる流血をみずに、共産主義政権が亡びました。そしてついに、九一年十二月二十五日にはソ連が解体し、第二次大戦後四十六年間つづいた東西対立の冷戦は終り、世界は新しい秩序を模索する時期に移ったのでした。このことは後世にも残る歴史的大転換として、皆さまのご記憶にも新しいことでしょう。

その背景には、鉄の圧制をつづけ、一切の自由を抑圧する共産主義に反対して、国内で自由の回復につとめてきた多くの人たち、その中で命を失った何千万という人の悲願、キリスト者の祈りがあり、神がその歎き呻きに応《こた》えて、歴史の中に介入されたとしか思えない出来事でありました。

この出来事は世界全般では、経済体制においては資本主義的自由経済が社会主義的統制経済に対しておさめた勝利であり、政治的には一党独裁の共産主義に対する民主主義の優位と受けとられました。その結果として、アメリカの一極支配体制がつよまったのでした。以後十年余、今やグローバリゼイションを錦の御旗として、世界経済一体化がほとんどの部面で押し進められてきました。グローバリゼイションというと何だか良い響きにきこえますが、これは全地球独占資本主義の別名で、アメリカの一国支配を美化するものです。

自由貿易に立つ関税撤廃、金融情報の世界化は、やがて政治・文化の画一化を招きます。関税障壁を取り払えば、大量に安価に生産できる国の製品は、そうでない国の市場へどっと流れこみ、後進国の産業に壊滅的打撃を与えるのです。とりわけ農業への圧迫はひどいものがあります。今日本でもすでに小麦は国産はわずか九%、大豆は三%です。一〇〇%自給できる米さえ五%は輸入させられており、肉と果物の自給は五〇%、飼料を含む穀物全体では二八%自給という情ない有様で、日本の農業（ひいては農村と農民）は衰退いちじるしいものがあります。

東南アジアの国々へアメリカの金融会社がコンピュータを操って株価を人為的に高下させ、売逃げして巨利を博しその国の経済を破壊したのも、ついこの間のことです。

だいたい、世界に二百ある国々の、地域経済の発達段階の差を無視して、みな同一のレベルで取引きをするところに、不合理があります。同じルールなら富国が有利に決っています。富国の中でもアメリカが最も有利となり、ドル万能の一国支配がつのり、世界中にアメリカ式生活を目標とさせ、アメリカ式政治を強制することになります。北京にもモスクワにもマクドナルドの店が栄え、コカコーラは全世界で泡を立て、ジーパンが白黒黄・長短さまざまの脚を包むのです。

途上国は先進国に工業で太刀打できません。提供できるものは労働力だけです。人件費の安さだけが唯一の売物です。そこで、富国は途上国の安い労働を活用（搾取）して、ますます富み栄えるのです。アメリカのスーパーマーケットは、メキシコ、中国、南米製の商品であふれ、日本の百円ショップには中国や東南アジアの製品ばかりが並んでいます。

自由主義的資本主義経済が地球全体に野放しとなったばあい、その弊害ははかりしれぬものとなります。巨大な資本をもっている多国籍企業に世界の富は集中し、貧富の差はひろがるばかり、富国の資源とエネルギーの大量消費は地球環境の悪化を増進し、とどまる所を知りません。

ソ連で七十余年実験されたマルクシズム流の社会主義は、資本主義の害を除く建前だったのですが、あまりにも多くの欠陥をさらけ出しました。権力闘争の陰湿さ、政治の腐敗、産業不振、国民生活の低迷、民生を省みない軍備拡大等々、そのゆえにこそドミノ現象も起こったのでした。

しかし、社会主義の理想と、社会主義が歴史上成立した理由とには、今なお聞くべき多くのものがあると思われます。今日考えてみたいのはそのことです。

藤井武（一八八八—一九三〇）は一九二八年九月号の「旧約と新約」誌に、「唯物史観の研究及批判」をのせました（「全集」第六巻245—274頁）。この前後藤井は「哲学研究」の文をたくさん書いています。今改めてこの藤井の一文を取り上げてみたく思うのです。

二　時代背景

まず藤井 武が信仰誌にマルクシズムのことをどうして取り上げたかを知るために、時代背景を年表によって見ておくことにしますが、その前に、日本人のマルクスとの関わりを少し申しのべましょう。

日本でマルクスの名が初めて現れたのは、一八八二（明治一五）年九月、西川通徹訳『露国虚無党事情』の中で、バクーニン、クロポトキンと並んで登場したのです。マルクスの生没年は一八一八―八三ですから、当時はイギリスで在世中でした。

日本人でマルクスの学説を最初に学んだのは新渡戸稲造で、アメリカのジョンズ・ホプキンス大学で経済学のイーリー（Ely）教授から教わりました。新渡戸のアメリカ留学は一八八四―八七年のことで、イーリーはドイツの大学で学んだ新進の学者です。新渡戸はつづいて一八八七―九〇年ドイツへ留学しますが、その間マルクスの『資本論』の原著（第一巻は一八六七年、第二巻は一八八五年、第三巻は九四年刊、新渡戸の入手したのは前二巻と思われる）を買って読みました。後年の講演中で、ドイツの学問は体系的で理路整然としているが、マルクスの経済学も現実の経済には合致しない、と述べています（ちなみに、新渡戸の買った『資本論』はその死後東大に寄贈され、戦後中国の北京大学に寄付されて、今はそこにあるはずです。）。

以後マルクスは日本ではほとんど顧みられずに来ましたが、一九一七年十一月ロシア革命が起こり、共産主義ソビエト政権ができて、にわかに脚光を浴びました。年表にも（二八年四月一〇日）名の出る西雅雄（一八九六―一九四四）らが、一九二四年五月に雑誌「マルクス主義」を創刊し、二九年四月まで五六号を出しました（西は山川均の水曜会会員で、二二年共産党に入り、翌年投獄、二八―三一年まで入獄、のち満鉄調査部につとめましたが、四四年獄死しました。）。

一九二六年三月には弘文堂から「マルキシズム叢書」が刊行されました（全二二冊）。ここで年表に移ります。

年表にいくつか説明を加えておきます。一九二七年四月二十日に成立した政友会内閣首相の田中義一は陸軍大将で、かねてから大陸進出を主張していました。二八年の第一回普通選挙（納税額に関係なく二五歳以上の男子は選挙権をもつ）には田中内閣は大干渉を行いましたが結果は与党の負け、にもかかわらず議員買収で過半数を占めたのでした。

二八年一月の東大新人会とは学生の進歩的グループで、七生会は楠木正成の七生報国にちなむ右翼学生グループです。

時代背景年表

1927.（昭 2） 3. 15	京浜の銀行に取付起こり、恐慌始まる／ 4.20 ～ 29.7.2　田中義一内閣（政友会）
11. 20～29. 3. 25	「マルクス主義講座」（13 巻河上肇・大山郁夫監修）
1928.　1. 2.　1	東大新人会（18.12. 結成）と右翼の七生会で学友会支配をめぐり対立。 『赤旗』創刊 2/20　第一回普通選挙・政友会 217、民政 216、無産派 8、etc
3.	コミンテルン「日本問題に関する決議」（27 年テーゼ）発表
3. 15	共産党大検挙 488 人起訴（内学生 132 人・28%）　4.11 記事解禁 / 幹部は逮捕免る。
3. 13	神田巌松堂で少年店員 43 人奉公制反対争議（玄米食；～どん呼称、殴る；積立金）
3. 13	岩波書店で店員 70 人余、労働条件改善で争議。
4. 10	河上肇『資本論入門』（8 分冊、～ 29.2.25） 佐野学・西雅雄編『スターリン、ブハーリン著作集』（16 巻、白楊社、～ 30.2.1）
4. 17	文部省は学生生徒の思想偏向の匡正、国民精神の作興を訓令。
4. 18	河上肇依頼免職（京大）、ついで大森義太郎（東大）、向坂逸郎（九大）、佐々弘雄も。
5. 20	三木清『唯物史観と現代の意義』
6.　5	『マルクス・エンゲルス全集』（27+ 別巻 + 補巻、改造社、～ 35.8.20）
6.　4	張作霖、関東軍の謀略で列車爆破され死亡。
6. 29	治安維持法改正令を公布、即日施行（死刑・無期刑を追加）
1928.　8.　1	文部省第 1 回思想問題講習会を高等諸学校職員に実施、'29 から中小校にも。
10.　1	三木清・羽仁五郎ら「新興科学の旗のもとに」創刊（～ 29.12）
10. 30	文部省思想善導のため官立大学、高専に学生課をもうけ、学生主事をおく。
11.　2	日本基督教連盟総会、「社会信条」を発表、社会主義反対、人権尊重、不戦を訴う。
11. 10	天皇京都で即位礼を挙行 / 記念に 10/12 平安神宮大鳥居、11/18 高山彦九郎像。
1929. 2. 22	貴族院、優諚問題につき田中首相問責決議案可決；主要法案多く審議未了。
7.　2	田中内閣総辞職、浜口雄幸民政党内閣成立。
この年	朝鮮疑獄（6/24）、和歌山遊郭疑獄（6/25）、鉄道疑獄（8/ 下）、売勲疑獄（8/ 下）

同三月のコミンテルンとは一九一九年レーニンの下で組織された国際共産主義組織で、世界各国共産党を指導し、その運動の成否を決めましたが、四三年に廃止されました。日本共産党にもつねに強力な指示が発せられたのでした。

同六月四日の張作霖爆殺は、満州軍閥の首領でなかなか関東軍の意のままにならない彼を、北京から特別列車で奉天へ帰る道すじで、線路に爆薬をしかけ、殺したうえ、それは中国軍の仕業であると嘘をついたのでした。張作霖の子の張学良は日本軍閥を敵《かたき》と見、のち、蒋介石と毛沢東とを共同して日本軍に対抗させるべく、西安事件を起して（一九三六年十二月）、抗日民族統一戦線を構築します。

同十月に「新興科学の旗のもとに」という雑誌が刊行され、一年あまり続きます。新興科学とは共産主義、マルクス＝レーニン主義の別名です。三木清と羽仁五郎が中心でした。三木は敗戦時獄中にあり、釈放されぬまま九月に獄死します。共産主義者の脱獄囚をかくまったという嫌疑でした。

同十一月には日本基督教連盟（ＮＣＣ）総会で「社会信条」が議決採択されました。これは、人類を兄弟と考えキリストの愛と正義を実現することをのべ、一切の唯物的教育、唯物的思想、階級闘争、革命による社会改革を排し、また反動的弾圧にも反対であるとして、人権尊重、人種平等、婚姻神聖、公娼廃止、最低賃銀法制定、軍備縮小など十四項目を訴えたものでしたが、ほとんど実効を見ぬままに終りました。

こえて一九二九年二月には、貴族院で田中首相問責決議案が可決され、主要法案の多くが審議未了となり、田中内閣は大痛手をうけました。ことは優諚問題、つまり天皇の特別の配慮を田中首相が偽りつくり、内閣延命をはかったことでした。文相水野錬太郎が首相と意見が合わず、天皇に辞表奉呈に行ったとき、先手をうって天皇に会ってきた田中首相が「天皇は水野文相はよくやるから内閣に留るように」と言われたと嘘をつき、水野は天皇の御言葉に恐懼感激して、辞表は出さず、天皇に御礼を言上したのですが、天皇は狐に鼻をつままれた思いをされ、水野ものち田中の嘘とわかり、結局辞職したのでした。当時は大臣は直接天皇に責任を負っていて、一人の閣僚がやめても（死亡は別）閣内不統一で内閣は総辞職するきまりになっていたのでした。

この年一九二九年には日本の政界を汚職事件の嵐が吹き荒れます。六月には朝鮮疑獄があります。これは当時の京城（今のソウル）に米穀取引所（米相場）を開設する認可をめぐって、時の総督山梨半造に贈賄が行われたというものです。同月には和歌山遊廓疑獄が明るみに出ます。これは遊廓設置認可権をもつ警察への賄賂で、時の警視総監宮田光雄がかかわったとされます。八月下旬には鉄道疑獄と売勲疑獄が発覚します。前者は大阪電軌鉄道（大軌、今は近鉄に合併）の新線開設にからむもので、元大臣が収賄し、後者は上位の勲章を与えるよう手加減をして賞勲局総裁が金品を受けたもので、これらはいずれも政官財の底しれぬ腐敗を示すものでした。

このことがやがて政党政治を終焉に追い込む一つの理由となり、極右軍人の跳梁をゆるす大きな原因となります。マルクス主義者はこれら政官財の腐敗をきびしく批判していました。青年ことに大学生を中心とする知識層がマルクシズムになびき、「マルクス主義者に非ずば人に非ず」とまで言われたのもよく肯けます。

藤井 武が「旧約と新約」に唯物史観をとりあげなければならなかったのは、以上の時代背景においてでありました。

三 マルクシズムの全体像

1 マルクシズムと社会主義と共産主義

これら三つの思想は重なり合うところが大きいのですが、それぞれ異なる意味内容をもっていますので、まずそれぞれについて一言しましょう。

(1) マルクシズム

これはマルクス（一八一八―八三）の思想です。またその友人でマルクスの死後遺稿を整理して『資本論』の二、三巻を完成したエンゲルス（一八二〇―九五）が形成した学説の全体をさします。それは哲学と経済学と社会主義の三つを一体としたものです。

哲学はドイツ哲学で、ヘーゲルの弁証法をとり、それをフォイエルバッハの唯物論と結びつけ、さらに十九世紀前半の物質科学をふまえて、史的唯物論＝唯物史観としました。

経済学は十八世紀イギリスの経済学者リカードから労働価値説を受け入れて、剰余価値説の基礎としました。

もう一つはフランスの社会主義です。フランスでは十九世紀に入ってサン＝シモンとフーリエの理想主義的社会主義が主張されました。資本主義・産業主義の弊害を矯めようとする試みですが、実行には移されませんでした。これからそのユートピア性（空想性）を取り除き、経済学と哲学の筋金を入れ、衣をきせて仕上げたものです。

つまり英独仏の西欧三主要国のそれぞれが産んだ最も秀れた学問を原料として綜合したものでした。

(2) 社会主義

社会主義とは広義には、生産手段の社会的所有にもとづく社会をうちたてようとする思想を指します。土地、工場、機械、エネルギー、運輸機器など物を作り出す手段は、資本家ではなくて、国家・社会全体の所有とし、したがってそこから得られる利益も国家・社会・国民全体のものとするという主張です。

しかし狭義には、「社会主義体制の崩壊」という語にあるように、ソ連を始めとする資本主義とは異なる、資本主義社会の次にくる社会の低い階段を指します。これは必ずしも全生産手段の社会的所有を行っているわけではありません。

第三には、イギリスのフェイビアン社会主義のように、マルクス主義とは一線を画した非マルクス的社会思想を指すばあいもあります。例えば、社会民主主義も社会主義ですがマルクス主義とは違います。

(3)　共産主義

これは必ずしも近代においてだけ現れた思想ではありません。生産財の共同所有と消費の平等を原理とする思想はみな共産主義です。たとえば使徒言行録二章四五節にある原始キリスト教の生活の仕方は共産主義です。財産や持物を売った金は共有とし、必要に応じて各々に分け合ったとあるからです。

またプラトンが『国家』の中で描いている理想国も、一種の共産主義です。哲人支配の全体主義的な階級国家ではありますが。

しかし、マルクス主義的共産主義は、社会の良識者の良心的運動によって社会改良を求めるのではなくて、全面的変革をもたらす革命を目指します。プロレタリアの解放を目指すのです。

したがって、共産主義とは、広義には資本主義の次に来る社会を目ざし、社会主義をも含みます。ここでは各人は能力に応じて働き、労働に応じて得ることになり、これは低次の共産主義です。

しかし狭義には、高次の共産主義を意味し、これは、各人は能力に応じて働き、必要に応じて得るというのです。これはすべての人間がその欲求のままに与えられるという完全欲望充足の状態です。はたしてこんな状態が歴史の中で実現するものかどうか、それはまた別個の問題です。

2　マルクシズム理論のあらまし

マルクシズムは一種の包括的世界観、人間観として、きわめて広範な分野にわたりますが、その主なものを簡潔に摘記しましょう。

(1)　哲学

マルクスは、さきにものべましたように、ヘーゲルの弁証法を取りいれました。ヘーゲルは精神が実在であって、その実在（理性）が歴史や文化を形成してゆくときにたどる運動の筋道を弁証法としました。マルクスはヘーゲルの実在観を逆転して、物質こそが実在だとする唯物論とこの弁証法を結びつけたのでした。物質だけが実在ですから、心とか精神は物質の運動に伴う現象にすぎず、もちろん神などは存在しません。

マルクス主義の認識論はきわめて素朴なもので、私たちが物事を知るのは外なる物質世界の反映であるというのです。外界の運動（光・音・香など）が私たちの感覚器官に刺激を与え、そこに感覚がうまれ、その感覚がまとめられて知識となるというのです。ですから外界に無いものは人間の意識の内にも存在しません。常識的にはこれでよくわかるのですが、これでは外界にはなくて人間の心の内にあるもの——たとえば幾何学的図形や数、物理法則や道徳的善——については説明できぬこととなります。

科学論でも同様の不備がみられます。科学的真理も実在する物質世界の反映だと考えるのですが、たとえば科学で最も基本的な因果性必然性も、すでにカントが論明しているように、外的感覚経験だけでは説明できません。必然性というのは一〇〇%、絶対、例外なしにある事が生起するのを指すのですが、感覚の反映では、とうてい絶対ということにはならず、せいぜいそうなるだろうという蓋然性にとどまります。マルクシズムの科学論はカントの認識論さえ汲みとっていない浅薄なものといえましょう。

自由論についていえば、マルクス主義は人間の道徳的自由を認めません。決定論をとります。私たちがある行為（善であれ悪であれ）をしたりしなかったりと決定するのは、私たち自身の心（意志）ではなくて、外的条件や状況の強制・決定による、というのです。盗みをはたらく人は、貧困や飢餓などの外的経済的（物質的）条件に拘束されて盗むのであって、彼の意志には自由はないというのです。〝渇《かっ》しても盗泉《とうせん》の水を飲まず〟というような、また〝闇で食料を入手するくらいなら餓死をえらぶ〟というような、崇高な心の在り方は、マルクス主義の自由論では説明不可能です。

宗教論については、マルクスの「宗教は人民の阿片である」という言葉に尽きます。精神もなく神も仏もないのですから、宗教はすべてまやかしであり、この世の苦しみを人間自身の努力で改善する試みを諦めさせる麻薬だ、ということになります。

(2)　経済学

商品のもつ経済的価値はどこから生まれるのか、価値の根源は何か、ということが最も大事な問題となります。およそ何かの品物（たとえば腕時計）を造るには、原料（このばあいは金属）、加工機械、工場、土地、エネルギー（電力あるいは石油）、そして機械を動かす労働者、商品を設計し計画する技術者など、さまざまな要因がいります。まだこの外にも、土地や機械や原料を買うのにいるお金を出す資本家もなければなりません。

しかし、これらすべての要因の価値を総計したものよりも、そこから造り出された品物の価値は高いのです。そうでなければもうけがないことになります。ではその差額を生み出すのは何かということが問題となり、自由主義経済学では需要（その品物がほしいという人々の欲求）が価値を作り出すとします。マルクス主義は、リカードの説を採用して、この差額を生み出すのは労働であるという労働価値説をたてます。これは、十八世紀フランスで唱えられた、農業だけが価値を生み出すという重農主義の労働価値説とも並行するものです。

労働者は生活するのに自分の労働を売る以外にすべがない。ゆえに工場（事務所、商店、学校その他）で働いて賃金をもらう。その賃金は、妻子を養い、自らも生活し、衣食住をととのえて、明日また働け、さらに多少の貯えもできるだけの額である。つまり労働再生産を可能にする正当な賃金をうける。しかし、人間の労働はまことに貴いもので、この賃金以上の価値を造り出すのだ。その余分の価値（剰余価値といいます）を資本家が独占する。それが搾取である。資本主義社会ではこのように、資本家はますます富を増し、労働者はいつまでたってもただ生きるだけとなる。これは個々の資本家の善し悪しの問題ではなくて、体制そのものの問題である。

資本家は増大した富を用いて、生産規模（質的・量的）の拡大をはかる。そして製品は大量に市場に出ることとなる。技術が向上すると、一人の労働者の生み出す剰余価値は増し、労働力よりも土地建物機械への投資の割合が増す。労働者が余ってくる。失業者がふえ、産業予備軍を形成する。

彼らは収入がなく物が買えない。そこで商品は造っても売れなくなる（商品過剰）。すると不況が起こり、各方面にみな同様のことが起こりはじめると、恐慌ということになります。

造った商品を売って利益を確保しようとすると、市場を獲得しなければなりません。国内で得られなければ、国外でということになり、この国際市場獲得競争が資本主義国間の戦争となる、というのです。植民地を得て、そこの住民に本国の商品を売りつけるのです。イギリスはフランスを破ってインドを植民地として獲得し、そのマンチェスター、ランカシア製の綿布を、インド民衆に大量に売りさばいたのでした。

これらのマルクス経済学の一々の論点が正しいかどうか、経済の実態に合っているかどうかは、なかなか議論の喧しいところです。さきにものべましたように、自由主義経済学では価値は需要によって生まれ、価格は需要供給の関係で決まる以上、マルクスのいう搾取などは存在しないという立場をとります。学説上立場が違うので、両学説の当否は学問上結着はついていません。

しかし公平に考えて、事実を省みて、搾取はあるといえます。『女工哀史』に描かれている女工さんたちに、資本家は労働再生産に十分な、正当な賃金を払ってはいませんでしたし、今百円ショップに並んでいる中国やインドネシアの商品を造っている彼地の労働者に、正当な賃金を私たちが支払っている（労働に見合う賃金を出している）とは、とうてい考えられません。搾取という語を使うかどうかは別として、他人の労働を不当に安く使っているという事実は、今も存在しているのです。

(3) 革命理論

これについては、ボルシェヴィキ（多数派）、メンシェヴィキ（少数派）ということが言われました。これは一九〇三年ロンドンで開かれた、ロシア社会労働党大会（もちろん亡命者からなる）で、革命路線をめぐり両派対立し、投票の結果二五対二三で多数を得た方を多数派と呼んだのでした。主張内容はボルシェヴィキはむしろ少数精鋭による革命を主張し、ブルジョアとは一切妥協せず、革命の準備をととのえ、少数エリートの強力な指導で革命が成功すれば、中央集権的政府をつくり、一党独裁を行い、産業国営化を強行するというもので、ロシア革命はこの路線どおりに行われました。レーニンがその代表です。メンシェヴィキのほうはマルトフが代表で、むしろブルジョアとも協力して市民革命を行い、民主的な政治経済の運営をめざそうとするものでした。

(4) 支配体制

一党独裁で国家と党とは同一ということになり、徹底した中央集権、計画経済をとります。この点ではナチスも同じです。独裁体制で支配を国の隅々にまで及ぼそうとすると、ピラミッド式の権力機構をもつ官僚制に頼ることになり、役人・党員幹部天国になります。

どんな政治支配にも必ず反対派が生まれます。その時には警察網によって早期に摘発し、密告制をも用いて、少しでも怪しい者は逮捕投獄することになります。一党独裁の維持が至上目的となると、市民的自由は一切抑圧され、人権は無視されます。出版、印刷、集会結社、信教、思想の自由は法の文言に残るだけとなり、裁判も形式だけ、あらゆる拷問は公認となります。

マルクス主義の中には、搾取をやめさせ、労働の産んだ価値を労働者自身に還元せよという、人道主義的な主張もある一方、支配体制となると鉄の規律で締めあげることになります。その理論の各部面は互いに相関連して、マルクシズムの主張と実際を形づくっているのです。

四　藤井 武の唯物史観批判

藤井 武が「旧約と新約」誌一九二八年九月号に、「唯物史観の研究及批判」として、全集本で三〇頁（第六巻245―274頁）にわたる論考でのべたところを、一覧表に整理してみました。藤井は何事もきわめて組織的に、体系化して考えますので、まとめやすいのです。

初めに、藤井の論考の出だしの文をみてみます。

マルクスは現代の世界的偶像である。純真なる青年たちの数へがたき大集団が日夜彼の前に跪《ひざまず》き彼の名を崇めつつある。パウロ、ヨハネの書を棄てて顧みざるものも、彼の著作は争うてこれを繙《ひもと》き読む。その全集の発行は出版界における空前の競争であるといふ。今やイエスの名のために迫害をうけるものは稀有《けう》であるが、マルクスの名のためには喜んで獄に下るもの、夏の日の蟻のやうに相尋《つ》ぐ。彼の主義、彼の主張を実現せんとするの努力は野火のやうに全地に燃える。而してこれら勇敢なる彼の使徒たち、彼の名のための若き殉教者たちをいかにして掃蕩《そうとう》すべきかは、現代文明諸国政府の苦心に係る重要政策の一つに算《かぞ》へられるのである。

かくも力づよく人々の心を捉へつつあるところのマルクスの主義主張の核心は何である乎《か》。彼が多くの犠牲を払うて獲得し、而して一旦これを獲得したのちは彼の「研究の指南車となつた」と彼みづから公言するところのその観念、彼に追随する使徒たちがマルクス主義の「あらゆる根柢の根柢」と呼んで金科玉条のごとく奉ずるところのその理論こそは、いはゆる「唯物史観」である。これを了解し批判することなくして現代に棲息《せいそく》することは難《かた》い。（245―246頁）

唯物史観を研究批判し、その功罪を明らかにせずに、ただ聖書を講じても、現代の青年には聖書の真理が伝わらない、と藤井は考えて、この一文を書いたのでした。

藤井によると、唯物史観とは「歴史に対する特殊の見方」であり、一種の人生哲学であります。

藤井は、マルクスがその『経済学批判』の序文の中で公式化したところをまとめて、番号をつけています。

一覧表により、番号順に説明をします。

「輪郭と構成」の1.「必然的社会関係」でマルクスの言うのはこういうことです。人間はすべてある社会のある時代に生まれてくれば、その社会の主な生産関係の中へ、本人の意志にかかわりなく入りこむ。例えば、農業中心の社会では農業の中へ、工業社会では工業に関係したかかわり

唯物史観批判の一覧

（全集VI . pp. 245 ～ 274 の要約）

	社会生活の進化的説明 （時間的）（経済生活そのものの考察）（歴史学的）	精神文化の物質的説明 （空間的）（精神生活との関係の考察）（社会学的）
輪郭と構成	1.　必然的社会関係 …物質的生産力の発達程度に応ず。 3.　生産力と社会組織の調和 …崩れると社会組織は桎梏となる。 6.　変革は備え有り、時みちて成る …問題提出は解決の時至りししるし。 7.　階級闘争の歴史→無産者の勝利 →人類の新世紀	2.　土台と上層建築…存在が意識を決定 4.　経済生活の変動 →文化と社会全体の革命 5.　社会革命の中心は物質 …関係の衝突・存在の矛盾が革命を醸成
哲学的基礎	ヘーゲル弁証法 論理的…反対観念の伏蔵 必然性と進化性 実在的…理念は絶対者→外化して自然 →自己に還り精神；宇宙の進化過程	唯物論 ヘーゲル左派→フォイエルバッハ 物質世界こそ実在、史的唯物論
真理の片影	1.　必然性（静態・動態とも）の重さ ――法則 2.　歴史進行は人類の意思以上の力 ――摂理 3.　社会生活維新の原理―備え、時みちて ――秩序 4.　前紀歴史―理想社会 ――終末・来世・天国の待望	迷謬 1.　存在が意識を決定する ↔イエス、ソクラテス、モーセ、パウロ、イザヤとミカ；イスラエル 2.　物質生活の矛盾意識の変革 ↔ヨセフ、ダビデ；イスラエル 根本的誤謬は神の紛失

の中へ生まれるのです。その関係は生産力の発達程度に応じるのです。

2.「土台と上層建築」。戦後は下部構造と上部構造ともっぱら呼んでいます。土台とは物質的生産力（作って、食べて、生きる）、上層建築とは政治、法律、宗教、芸術、哲学、その他文化全般です。文化そのものよりもその土台にある生産関係が大事であって、上層建築は土台が変ればそれに応じて変る、つまり存在が意識を決定する、というのです。

3.「生産力と社会組織の調和」。生産力は発達変化します。農業から工業へさらにそれ以上にと。それに見合う社会組織が作られてきます――しかしもし現存の生産関係（たとえば土地所有）と生産力との間に矛盾衝突が生じると、今ある社会組織は生産力の邪魔をするものとなり、したがって新しい生産関係へと発展してゆくか、さもなければその社会組織は滅ぶことになります。

4.「経済生活の変動」。土台である物質的生産力の進展に社会組織が調和しないとなると、土台に適合した上層建築を求めて、社会全体は、ゆっくりとまたは急激に変革してゆくことになります。急激に起これば革命です。文化革命も当然ふくまれます。

5.「社会革命の中心は物質」。革命は一人の思想家や政治家の考えで起こるのではなくて、社会生活の矛盾の積み重なりによって到来します。生産力の発展がもはやそれを包む生産関係と合わないとき、それを破って新しい生産関係へと飛躍するのです。下部構造に鬱積した矛盾が、不安定のガスをかもし出し、それが耐え切れぬ圧力に達すると、爆発して不適合な上部構造を一挙に吹き飛ばすのです。

6.「変革は備え有り、時みちて成る」。これは弁証法と関係します。社会変革が起こるとき、その変革は何の備えもなしにいきなり起こるのではなくて、必ず旧い社会組織の中に矛盾が生じ、それを打開するに足る新しい生産関係が旧い社会の中に妊まれて、はじめて現出するのです。いいかえると、問題が社会の中に発生したときは、必ずすでにその問題を解決する条件が存在しているか、または生成中であることを示すのです。資本主義社会の諸矛盾――搾取、生産過剰、産業予備軍、恐慌など――は、それが耐え切れなくなった時には、すでにその矛盾解決の条件は用意されている、しかも資本主義社会自体の中に準備されているということになります。

7.「階級闘争の歴史」。人類の歴史は階級闘争の連続であるというのが、唯物史観の看板です。これまでのどの時代でも社会には敵対する生産関係があった、古代では奴隷と自由民、封建時代には領主貴族と農奴、親方と徒弟、要するに支配する者と支配される者の間に、対立があり、近代ブルジョア社会にいたったと見るのです。権力と金を持つものと持たない者との間に、どの社会においても対立がみられたのです。しかしブルジョア社会が階級闘争としては最後の社会であって、プロレタリア無産階級が勝利して、闘争は終る。搾取もなくなり、労働力の作り出す富は、作り出した労働者自身の所有となり享受される。そこにいたるまでは、人類の前紀歴史である。階級が消え去ってはじめて人類の本当の歴史が始まるというのです。その人類の新世紀は必ず来る、それも遠い未来ではなくて近い将来に、プロレタリアの闘いによってきっと来る、人間すべてが幸福な社会がまちがいなく来ると主張します。

これはユダヤ＝キリスト教の終末観の世俗版といってよいでしょう。今の社会の終りは近い、今苦しむ者が喜び楽しむ世界はすぐそこだ、その到来を信じ戦おうという熱烈な終末観がそこにはみられます。

皆さんもご承知の労働歌「インターナショナル」の冒頭でも「起て、飢えたる者よ、今ぞ日は近し、覚めよわがはらから、暁は来ぬ、……」と歌います。

前紀歴史のうちは世界に平和は来ない、資本主義国は市場を得ようとして必ず相争う、本紀歴史に入って（共産主義社会になって）はじめて本当の平和が来る、というのですが、これまた半面の真理でして、社会主義国も戦争は好きです。

次に「哲学的基礎」に入ります。マルクスは『資本論』を書くに当って、亡命先の大英博物館の厖大な資料をくわしく調べ、統計、古文書にも目を通してまとめました。ですからその経済学的主張は、全体の当否は別として、厳密な学問的方法に則っています。例えば『資本論』には日本の封建制こそ唯一現存する封建制だとの記事があります。しかし哲学の方ではヘーゲルとフォイエルバッハを結合したままでです。ヘーゲルからは弁証法をとりました。弁証法とは、およそすべての観念はその内にそれ自身と矛盾対立する契機を含み、両者の対立から一段高次のものへと発展をとげる。その高次のものの内にも、またそれと矛盾する契機が含まれていて、さらなる発展へと導くという、運動の論理、発展の論理です。

藤井はこれを「反対観念の伏蔵」ということばで示しています。一つの例で説明してみましょう。生きるということを考えてみます。生の中に私たちは今あります。しかし、一日生きることは一日死へ近づくことです。生はその中に自らの反対である死をはらんでしか成り立ちません。死もまたその対立観念である生なしには存在しえないのです。生ける者は、花も虫も魚も鳥も、みな必ず死にます。それで終り、死という状態でしまいと考えれば、運動も発展もありません。一切の静止・静寂が全存在をおおい尽すのです。しかし、生と死という対立矛盾が一段高次のものへ発展をとげると考えることもできます。それは弁証法的思考です。唯物論では死で終りですが、というより始めから生（物質の運動ではないもの）はないのですが、私たちには生死を超え、死を克服した、一段高次の生命（永遠の生命）があります。その永生は生死対立からの発展と考えられます。永生は必ず死を経過しなければ与えられません。復活は死の彼方にあるのです。

藤井はこの発展を必然性と進化性と記します。そうです。生は必ず死を含み、生死をこえた永生へと進み発展してゆくのです。進歩です、マルクスもヘーゲルも進歩主義者という点は共通で、キリスト教こそは、最も高く、深い意味での進歩主義です、神の国へと導かれるのですから。

さて実在的の方へ移ります。ヘーゲルにとって理念（精神）こそ実在中の実在であり絶対者でありました。それが外に現れたものが自然です。その自然と自己との対立が克服されて自己に還れば、一段高い精神の次元に達します——弁証法的な発展です。そのようにして、宇宙全体は実在である理念の自己開展の過程として、進化してゆくのです。

この弁証法にマルクスが唯物論を結びつけたことは、前にも申しました。ヘーゲル死後、ヘーゲル学派は左と右に分かれました。左派は唯物論、右派は唯心論です。ヘーゲルの弁証法に従って発展展開してゆく実在は何であるかについて、それを精神（ひいては神）に求めるのと、それを物質と断定するのとに分かれたのです。マルクスはヘーゲル左派から出たフォイエルバッハの哲学的唯物論を採用したのでした。

フォイエルバッハはなかなかの学者で、もとはヘーゲルとも同じように神学を学び、のち哲学に転じたのでした。彼の有名なことばに「人間とはその食べる《イスト》ところのものである《イスト》」というのがあります。人間の本質は精神や心ではなくて、その身体であるというのです。したがって神は存在せず、神は人間が自己の想像を反映したもので、宇宙には人と自然があるだけで、超自然はないというのです。思想もまたこうして自然の一属性にすぎず、芸術も科学も宗教も人類の本質に付属する現象にすぎないというのです。

マルクスはこの唯物論をとり、実在である物質世界が弁証法的に発展するという史的唯物論を唱えたのでした。

このような唯物史観に、藤井 武は真理の片影をみとめるとともに、またその迷謬をも鋭く見ぬいたのです。

藤井が唯物史観及びその信奉者に、一種の尊敬の念をいだいていたのは公平です。

ただし我らの批判はもちろん経済学上の立場からするものではない。一個の経済学説としての唯物史観の批判は他にその人があるばかりでなく、現にマルクス学の講ぜられる所、到るところにおいて繰返されてゐる。併しながら唯物史観の本領は疑もなく冷静なる学説としての方面にあるのではない。唯物史観は学説であると共に、或はそれであるよりも寧ろ、一種の信仰箇条である。その語調には熱情がある。その行間には闘志がある。偉大なる社会主義者らは、意識的にせよ無意識的にせよ、来るべき対有産階級の世界戦争において、幾千万の労働者らの戦闘的意気と勝利的確信とを鼓舞し激励すべき力の源を、ここに求めたことは確かである。けだし社会主義的戦争は、ゴルテルのいふやうに、唯に生産機関の公有を政治運動によつて実現せんとする経済戦および政治戦であるばかりでなく、更にそれ以上の重要さにおいて、人生の考へ方を争ふ哲学上の思想戦であるからである。従てこの大なる戦争を担当すべき労働者らにとつて、組合組織または政党組織にもまさりて必要なるものは、彼らの主義の合真理性とその努力の合目的性とを闡明《せんめい》し、仍《よつ》て彼らの戦闘の終局的勝利を保証するところの、簡潔遒勁《しうけい》なる哲学的宇宙観でなければならない。而して実際においてこの重要なる任務を果しつつあるものは実に一篇の「唯物史観」である。これあるがゆゑに社会主義者らは縲紲《るいせつ》をも意としないのである。これあるがゆゑにマルクスの徒は死してなほ叫ぶのである。我らは批判に入るに先だちて、おのづから禁じ得ざる一種尊敬のこころをまづこの史観に対して表明しておく。（259—260頁）

ここにゴルテルとあるのは、正しくはホルテル（Hermann Gorter 1864-1927）で、オランダの詩人で社会運動にも尽した人です。

藤井はマルクス主義の中に真理の部分的表われを認めました。

1.「必然性の重さ（静態・動態とも）」。人間は生まれたときは必ず一定の社会関係の中へ生まれるのでして、共産主義にしようか資本主義にしようかと選んで生まれるのではありません。社会経済の発展段階の特定のものの中へ生まれ、すでに必然的社会関係の中に入っている、というのです。その社会関係の運動・変化・発展も、弁証法に従って必ず起こるのです。

このことは、歴史を動かすものは個人ではなくて、個人を超えた、偉大なる実在の法則が歴史を動かす、という考えと通じるのです。ゆえに人間はその法則を究め、歴史の行手を見ぬいて、自らもその目標に少しなりとも力を添えるよう考える、歴史をつくるのは偶然ではなくて人間である、との考えです。

2.「歴史進行は人類の意思以上の力」。人間が歴史をつくるといっても、英雄豪傑や一握りの人がつくるのではなく、個人の意思や人類の意思を超えた力が働いて、歴史はつくられるというのです。したがって、革命が起こり、社会主義社会から共産主義社会になることは、もう必然的に決まりきったことである。それは法則の支配であり、その人間以上の力をマルクスは神とは呼びませんが、そこに個人以上の、すべてを動かす一種の摂理をみとめているのです。ルターがウォルムスの国会で、聖書を指さして「我ここに立つ」と叫んだのも、ルター個人というよりこの摂理が歴史を進行させる働きであったと見るのです。

歴史を動かす根本的な力を神とは呼ばぬにしても、人間を超えた力をそこに置くことによって、マルクスは、神を入れてこなくては説明がつかない所まで、その歴史観を進めているのです。摂理に触れ、神をかすっているということができます。

3.「社会生活維新の原理」。これはさきに「輪廓と構成」の6でのべた、備え有り、時みちて成るということです。神の脳中には、歴史の遠大かつ緻密なプログラムがあり、それを神は、準備をととのえつつ、徐々に実現・展開してゆかれるのです。この秩序正しい業を、唯物史観はおぼろに知ってはいるものの、ただ、神の手を知らないのです。神ぬきで神の業を理解しようとするのです。

神は天地万物を創り、人間をご自身の似姿として万物を司らせ、その人が堕罪を犯すや楽園から追放し、やがて地にはびこった人間が罪にまみれると洪水を起こしてその多くを滅し、人間が力を合わせて神と並ぶものとなろうとしたとき、言葉を乱してバベルの塔を崩し、義人アブラハムと契約を結び、カナンの地に導き、イスラエルの民を奴隷となっていたエジプトからモーセによって脱出し自由の民とならせ、シナイ山頂でモーセに律法をさずけ、ヨシュアをして民を率いて約束の地に入らしめ、やがてダビデの王国を建て、国が乱れ外患が起こるや預言者を召し出してその御旨を伝えさせ、捕囚の民には慰めと希望を与え、人の罪を一挙最終的に取り除くためには、独り子を人の姿をとりイエスとして世に降し、十字架上に救いの業を完成されたのでした。

神は、順序にかない、時みちて歴史を動かし運んでゆかれるのですが、それを、神を離れて、しかし歴史をただの偶然気侭にゆだねずに、一つの秩序あるものと見たのが唯物史観でした。そこに真理の片影がみられる、と藤井は言うのです。

4．「前紀歴史」。プロレタリア革命以前の歴史である前紀歴史は終って、階級闘争のない理想社会が実現するというマルクスの夢想は、科学的と自称しているものの、これは終末論的な来世の待望を言っていると藤井はいいます。唯物史観は、未来の地平線上に、夢のように暁の光がきざし、新しい輝かしい日が来ることを予見し夢見ているのです。これは科学的よりは理想主義的ですが、マルクスも人間である以上、夢なしには生きられなかったのです。

> 来るべき日の大なる社会革命、涙にまみれたる前紀歴史の終結、ふたたび闘争あることなき新しき世界の出現。是はこれさながらにヘブル預言者たちの幻、もしくはイエスの使徒たちの声にまがふ。我らは今しばらくその社会革命の内容とその前紀歴史の特徴とその新しき世界の性質とを問ふまい。それらのものの実体としてたとひ彼らが何を想像したにもせよ、とにかく彼らは歴史の前途にあたつてそれらの大なるものの影像を展望し認識したのである。何人も現世の終末または来世天国の実体を鮮明に見きはめることは出来ない。歴史開展の法則の問題として先づ重要なる事は、何時か如何にかして前紀歴史が終結し、而して新しき天と新しき地とが之に代り出現すべきを予見すること、その事である。何となれば、これは歴史の創造者にとつては適《ふさ》はしい事であるからである。彼はアルパであるが故にまたオメガでなくてはならぬ。彼は始であるが故にまた終でなくてはならぬ。歴史の創造者がまたその完成者であるべき事ほど当然なるはない。（265頁）

マルクスはこの歴史の創造者にして完成者である神を外して、しかも終末・来世の待望を主張したのです。根拠を取り除いて結末だけを主張したのは紛れ当りだが、紛れても当っている、少なくとも触れている所はある、と藤井は評しています。

次に唯物史観の迷謬に移ります。

1.「存在が意識を決定する」。まず食べ、まず飲み、まず着なければならない。これが人間の基本条件であって、政治とか宗教とか、道徳とか芸術とかは上層建築にすぎず、土台が変れば変る、と唯物史観は主張します。しかし藤井はそれに反証を示して言うのです。

イエスは荒野の試みのときサタンに対して、「人はパンだけで生きるものではない。神の口から出る一つ一つの言葉で生きる」（マタイ四・4）という申命記八章三節を引いて撃退されました。これはイエスが唯物論を否定されたことを示す。サタンはまず経済生活の充実、物質的不満を解消せよと誘ったのを、イエスは一言の下に退けられたのだ、と藤井は言います。イエスは四十日の断食で飢えておられたが、その物質的存在に心を決めつけられることなく、イエスの心（意識）がその存在を決定したのでした。生命は糧にまさるとイエスはおっしゃったのです。野の百合のように、食い飲むことに心を労せず、また何を着ようかと思いわずらわず、経済第一とは考えず、まず神の国と神の義とを求めるよう、イエスはさとされたのでした。

次にソクラテスです。彼は真理を唱えてうまずたゆまず青年に教えましたが、恨まれて有罪となり、毒杯を仰いで死にました。しかしその死によって真理に奉仕し、彼を死に追いやった人たちの俗論を打ち砕いたのでした。単なる都市国家アテナイをこえて、その死によって不朽の真理を証明したのです。これまたその意識が存在を決定した例です。

　またモーセがいます。モーセはエジプトのファラオの宮廷で育ち、その息子たる王子の友人でありました。けれどもその王家の一員たる身分をかなぐりすてて、貧しい奴隷イスラエルの民を率いて、荒野を四十年さまよったのでした。モーセにおいてはエジプトの肉鍋よりも神の掟に生きる方が大事でした。モーセの信仰（意識）がその苦しみの生涯を決定したのでした。

　パウロにおいても同じことが言えます。

　さらにイザヤとミカという境遇（存在）の異なる預言者がいます。ともに前八世紀終り近くの人で、イザヤはエルサレムの貴族、それも先帝の甥（日本でいうなら今の天皇に対する高円宮の関係）で、支配階級に属する人です。これに対しミカは、ユダのモレシテという田舎の小自作農で、被支配階級の人です。その存在は全く異なるにもかかわらず、その信仰と使信は相通うのです。二人の預言者をして語らしめた神が彼らの存在を決定したのであって、貴族あるいは農夫という存在がその信条を決定したのではないのです。

　民族でいうならイスラエルの民がそうです。四十年モーセの下で荒野をさまよって、モーセが受けた律法を守ることによって、イスラエルの民は一つに形成されたのです。しかしその信仰を受けたとき、彼らは荒野をさまよう乞食のような存在であって、何らの物質的経済的基礎（土台）を欠いていました。農業もせず牧畜もできず、ただ日毎に天から降るマナで生きていたのです。存在はゼロだったが意識において一つの民として結集したのでした。イスラエルの民の存在こそ、マルクスの主張を真向から否定するものです。

2.「物質生活の矛盾が意識の変革を起こす」です。いいかえると、土台の変化が上層建築の変化をもたらすか、あるいは、精神的生産は物質的生産に伴って変化するか、生活の境遇が変れば思想も変るか、ということです。藤井は反論として三人をとり上げます。

一人はヨセフです。ヨセフの物質生活は大変化をへました。ヤコブの特愛の息子でしたが、兄たちに妬まれて奴隷に売られました。エジプトの王の役人に買い取られ、重用されて家令になりました。しかし彼の妻の誘惑を斥けて逆に囚人に落されました。ところが王の夢を解釈してついにエジプトの宰相にとり立てられました。奴隷から宰相へと生活は激変しました。しかしヨセフの信仰（意識）は少しも変らなかったのです。マルクス主義ではこれは説明できません。

次にダビデがいます。ダビデは羊飼の少年でした。やがてサウル王に仕えて武人となり、功をたてて宮廷人となり、王の息子のヨナタンと親友になりました。ところが王に妬まれて殺されそうになり、放浪者となって他国へ出ました。やがてサウル王が戦死すると帰国して王になりました。このように境遇は大変化をとげたが、その信仰は一貫して変ることがなかったのです。

あるいはまたイスラエルの民もその反証の好例です。イスラエルの民の生産手段は大きく変化しました。最初彼らは遊牧民でした。しかしやがて飢饉をさけてエジプトに寄留し、奴隷となりました。その後カナンの地に定住して農業を営み、さらにのちには商業にも手を出しました。このように物質生活はころころ変ったけれども、イスラエルの律法尊重の心は少しも変らなかったのでした。

マルクスのいう唯物史観は、このように真理の片影を蔵しながらも、それに上まさるいちじるしい誤りを露呈しています。その根本的誤謬を、藤井は「神の紛失」と呼びます。

> ここに至て最後に問はう、唯物史観の根本的誤謬は何処にあるかと。それは一つの事にある。神の紛失！　是である。彼ら社会主義者らは総じて賢明かつ勇敢なる人々であるが、併し彼らは申し合はせたやうに、一つの偉大なる忘れものをなした。彼らは地上一切のものを科学的精密さを以て観察しながら、天に坐したまふ者だけを見逃してしまつた。神は彼らに紛失した。故にこそ必然、度外なる迷謬は発生した。
>
> 「ヱホバ神、土の塵を以て人を造り、生気をその鼻に噓《ふ》き入れたまへり。人すなはち生霊《いけるもの》となりぬ」（創世記二・7）。肉体は土の塵より、併し霊魂は神の生気よりである。二者はその故郷を異にする。人の生命は二元である。この故に彼の生くるはパンのみに由らずして、神の口より出づる凡ての言に由るのである。而して言ふまでもなく霊魂は主であつて肉体は従である。

> 何となれば神の生気は土の塵よりも勝るからである。精神は物質を支配し、意識は存在を決定する。我らは既にイエスにおいてその証明を見た。而して彼の場合におけるごとく物に対する霊の支配が完全に達するとき、そこに人類の理想の社会は出現するのである。然るに「愚者はその心のうちに言へり、神あるなしと」（詩篇一四・1）。かくて彼らは霊魂の故郷を忘れて愚かにも之を物質に隷属せしめ、野の獣のごとくに己が腹を神として崇める。何らの迷謬ぞ、何らの浅ましさぞ。（273―274頁）

藤井 武がここにいみじくも喝破して唯物史観を評した「神の紛失」ということは、キリストを信じる思想家のともに着目するところです。そして、今や歴史の歩みはその誤りを明らかに世界に示したのです。

しかし藤井はマルクス主義に真理の片影を公正にも認めました。私たちも、今ここに、藤井が召されてのち七十年の歴史をもふまえて、マルクス主義の真と偽を総括しておきたいと思います。

五　マルクシズムの真理と虚偽

はじめに、ロシアの思想家ニコライ・ベルジャエフ（一八七四―一九四八）の文を引きたいと思います。

ベルジャエフは青年時代カント哲学を学ぶとともに、やがてマルクス主義に移り、革命思想をとがめられてロシア北部の炭鉱町ヴォルグダに追放され、同地でカント哲学をさらに研究し、聖書に学んで宗教哲学者となりました。一九一七年のロシア革命後一時はモスクワ大学の哲学教授となりましたが、共産政権の下でやがて大学から追われ、裁きを受けてモスクワの街路の清掃作業に従事、一九二二年亡命してドイツからパリへ移り、その地で死ぬまで執筆活動をつづけました。彼が机に向ってペンを手にして死んだとき、机上には聖書が開かれてあったといいます。

マルクス主義の理論をよく知り、また革命政権の虚偽をもつぶさに体験した人として、ベルジャエフの言葉には他の批評とは比べられぬ重味があります。英訳『ロシア革命』（アナバー・ペーパーバックス）に収められた一文から引きます。

> 共産主義には、一つの大きな嘘がある、すなわち、キリスト教反対の嘘である。しかし、共産主義にはまた大きな真理も含まれており、多くの真理さえある。共産主義には多くの真理があり、われわれはそれを一連の文章に表わすこともできようが、しかしそこにはただ一つの嘘

がある。そしてこの嘘たるや、まことにとほうもないもので、共産主義の全真理に上まさり、そのすべてをだめにしてしまうほどの嘘である。（「共産主義という名の宗教」、英訳本50頁）

藤井 武の「神の紛失」の指摘と、ベルジャエフの「一つの大きな嘘」との主張をむねに、マルクシズムを全体として、その理論と現実から考えてみたく思います。

1　真理

(1)　資本主義の矛盾・疾患の指摘

産業革命の結果、農村を追われて大都会に集り、工場労働者として日日の暮しをかつかつたてていたプロレタリアの悲惨な状況を、単に個人としての資本家・経営者の資質にもとづくものでなく、資本主義体制そのものの構造の中にその原因があることを剔抉したことは、マルクスのヒューマニズムに立つ学問業績として、不朽の価値があります。

自由主義的放任経済は、労働者の貧困と失業をまねき、生産増大による商品過剰の結果、恐慌によって崩壊するとの警鐘は、制度改革をつよく促す叫びとして、心あるすべての人に深い影響を与えました。

(2)　資本主義とブルジョワに迎合的なキリスト教の批判

マルクスは宗教を（といっても西洋ではキリスト教を）民衆の阿片として斥けました。飢える者、貧しい者、苦しむ者を救うことをせず、富み栄える人たちを喜び迎える十九世紀西洋のキリスト教を、きびしく批判したのでした。

西欧でも、とくにロシアでも、キリスト教の体制密着は目に余るものがありました。国王が教会の首長である英国教会、君主がその領邦の宗派を決定し、教会をその管理下におくルター派教会、フランスの国家教会主義、教会を世俗国家の一機関とする宗務院制のロシア正教——いずれも支配者側の宗教となっていました。

これに対しては、マルクス以外にも、キルケゴールやダーウィンが神学、生物学の面で批判を浴びせていました。

日本でもすぐる第二次大戦中、キリスト教会はほとんど軍国主義国家の言いなりになっていました。マルクスが教会の腐敗を鋭く指摘したその点は正しかったといえます。

(3)　経済の計画化・合理化

社会主義国は徹底した計画経済をとります。けれども、現在では資本主義国も計画経済を部分的に採用しています。日本でもこの前の戦争中は計画経済をとり、物価を統制し、物資を配給制にしました。マッチ、砂糖、米、酒、タバコ、菓子、魚、野菜、炭、糸、布、衣服など皆統制されました。物価も自由に決められず、公定価格（公）や停止価格（停）などで制限されました。ドイツではナチスが政権をとると、経済全体を厳密な計画で統制しました。——なにしろ国家社会主義ですから。

経済を自由放任すれば暴利を貪る者がでてきますし——とくに災害などで一定の物が不足したときなど——、必要な部門に必要な資源がまわりません。ですから市民の生活を守るため、また経済の健全な発展のためには、部分的に計画経済を行うことは、国家の一つの義務といえましょう。

(4)　労働者・農民の生活向上

このことをマルクス主義が主張したことは確かです。またある程度実現しようと努めたことも認められます。剰余価値が資本家だけに独占されていたのを（搾取）、労働者・農民に還元するということです。公平な分配は真理と正義にかなうことでした。

労働者は決して軽蔑すべき人たちではなくて、社会を支えている土台として、その生活を保障し、その地位を高め、その福祉を充実せねばならぬという主張も、正しいものでした。

資本主義国にもこの主張は影響を及ぼし、団結権も公認され、福祉も顧慮されるようになりました。これもマルクスの功績です。

(5)　搾取の罪悪性の指摘

搾取の有無は今なお経済学上議論のあるところですが、労働価値説に基くかぎり、また現実の世界経済を偏見なく見わたすかぎり、搾取は現に存在すると言わざるをえません。その搾取は罪であることを、マルクシズムは指摘したのでした。

とりわけ、資本主義が世界全体に包むにいたった帝国主義段階において、先進国が後進地域を植民地として、その地の人たちを搾取した実態をえぐり出して批判し、民族独立、植民地解放の旗印をかかげたことは、歴史の向うべき正しい方向を示したと言わねばなりません。

マルクシズムのこの主張なしに、第二次大戦後の植民地地域の独立が、あれほど速やかに行われたかどうかを考えるとき、このことの真理が肯けるのです。

(6)　人類全体を包む組織結成による平和、超個人・超国家的目的の呈示

マルクシズムは国境を撤去します。それは一国だけに当てはまる思想ではなく、全世界の労働者に団結を呼びかけます。そしてその団結によって、平和を確立することがはじめてできると主張しました。その崇高な目的のために人類の各員は尽さねばならぬとの奉仕の要請は、まさしく若人の心に響くものがありました。青年に一つの使命感を与えたといえます。

もちろん実態はどうだったか、社会主義国は戦争をしないかというと、現に戦争をしましたし、今も軍備をととのえています。しかし少なくとも、平和の主張は正しかったのでした。

2 虚偽

(1) 精神の否定、神の否定

唯物論に立つマルクス主義は精神を否定し神を否定する結果、人間が自ら神となり、人間集団が至高の位置に立つことになります。さきに引いたベルジャエフの本の先の所には次の言葉があります——

「生ける神を拒否すれば、必ずつねに、偽りの神々を創り出すことになる。神のようにほめたたえられる社会集団が、神と人にとって代る。」（前掲書79頁）

社会主義国における個人崇拝——スターリン、毛沢東、金日成など——はまさしく一つの国家擬似宗教の観があります。巨大な像を随所に建て、指導者讃美を強制し、その絶対無謬をむりにも信じさせ、その文章を聖典扱いさせるのです。

(2)　神の似姿の否定による非人間性

神を否定した以上、人間が神の似姿であることも否定します。人間の人格平等の基礎は、この神の似姿であることにあるのですから、マルクス主義は人格の尊さを無視し、人権をふみにじって意に介しなくなります。

党、国家、社会、集団が神になり代って中心となり、それを守りその支配を維持するためには、どんな非人間的なこともあえてしました。ソ連時代、人口の一割は収容所の中にいました（日本では年間総犯罪件数が一五〇万件で人口のわずか一・二％にすぎず、その犯人が皆刑務所に入るわけでもありません。）。人権尊重の度合はこの数字一つでも明らかです。

(3)　暴力革命肯定

マルクスの主張ですと、革命は資本主義が爛熟して、もうそれ以上発展できなくなった社会段階で起こるとされました。資本主義の矛盾が行きつく所まで行った社会で、革命は起こるはずでした。とするとイギリスが第一の革命適地ですが、イギリスで革命など起こりませんでした。ではどこで革命は起こったのか、それはロシアであり、中国であり、ヴェトナムであり、東欧であり、北朝鮮でした。それらの国は例外なく、資本主義においてはたちおくれている国です。まだ封建時代の殻をひっぱっている国です。

ではそんな国で、マルクスの理論とは逆に、どうして革命が起こったかといいますと、それは戦争のどさくさにまぎれてでした。ロシア革命は一九一七年、第一次大戦末期の閉塞状態で起こりました。レーニンは当時スイスに亡命していましたが、ドイツ参謀本部が敵国ロシアを弱体化させようとして、封印列車でスカンジナヴィア経由で、彼らをロシアへ送りこんだのでした。中国革命の成功も、日本が中日戦争で中国に侵略しなかったらありえなかったでしょう。ヴェトナムも北朝鮮も同様です。

革命は暴力をもってするもので、それは最大の暴力である戦争のときに、それにまぎれて起こるのです。革命は戦争を肯定するのです。暴力で成立した国は必ず軍事国家になります。ロシアも中国もそうです。

戦争は人命を奪うことを何とも思いませんが、革命は戦争以上に人の命を奪います。ロシア革命以後七十年でソ連で革命政府が奪った人命は六〇〇〇万人とソルジェニツィンが記しています。第二次大戦で死んだソ連人は二〇〇〇万人といわれますから、革命はその三倍の自国民を殺したのです。中国革命でも二〇〇〇万人が命を失ったといわれます。

暴力肯定は最大の誤りといってよいのです。

(4)　少数権力者の支配

レーニンが言いかつ実践したように、革命を起こすのは少数のエリートです。そして一旦権力を掌握すれば絶対離しません。警察国家にして、中央集権の官僚制国家をつくり、一党独裁を強行し、党中枢に特権階級をつくり、革命指導者への個人崇拝を助長します。密告とスパイによって国民を見張り、言論を圧制し、反対を唱える者は容赦なく収容所に入れ、ときには抵抗する民族全部を荒涼の地に移します。

一九三七年から三八年にかけての大粛清では、スターリンによってかつての盟友ブハーリンを含む数百万人が殺されました。

資本家は消滅しましたが、代って党中枢部の人たちが特権階級を形成し、一般市民とは比較にならぬ贅沢な暮しを保証されます。モスクワにも党幹部とその家族しか入れない百貨店があり、そこでは輸入品をふくめて、何でも豊富に、しかも安く入手できたのです。一般人のゆく国営百貨店が品薄で高価なのと大違いでした。ソ連の物価は幹部には安く、市民には高いのでした。

そして、衛星国が少しでもソ連の路線から離れようとすると、軍隊で制圧して、傀儡《かいらい》政権をたてます――ハンガリー、チェコ、ポーランドその他。

少数権力者は、真理を独占している（つまり自分たちは神である）と信じ、最悪の非人道的行為を、国家ぐるみで行ったのでした。

(5) 教条主義、国家独占資本主義

革命国家がその体制をあくまで維持しようとすると、革命の指導者——レーニンや毛沢東など——の言葉を金科玉条視せねばならなくなります。それを批判、変更、修正することを許せば、体制の全体が崩れてしまうからです。教条主義に陥ることは避けられません（キリスト教の教派だって似たことは起こりますが）。

しかし、経済は進み、技術は発展し、国際関係は変化します。にもかかわらず旧い思想にしがみついていると、体制自体が制度疲労をおこします。なおかつ変化を拒みつづけると、ソ連解体や東欧のドミノ現象のように、みじめにも一挙崩壊となるのです。

独占資本主義はたしかに悪い経済制度です。少数企業に富は集中し、公正な分配が行われません。しかし、国家が全生産機構をすべて独占的に握っている制度は、独占資本主義以上に悪いのです。資本主義は金と物を握っているに対し、国家は法律を握り、人民の生殺与奪の権限を手中にしています。国家独占資本主義（ソ連その他の）は最悪の制度と言ってよいでしょう。

そこでは農業をはじめとして、一切の生産は低下します。ソ連の末期にはアメリカから穀物を年二〇〇〇万トン輸入しました。あの広大な国土に人口密度は日本の二七分の一だのに、いかに寒冷地とはいえ、革命後五十年もして食糧自給ができないのは、農業政策の失敗としかいいようがありま

せん。ほぼ同緯度にあるカナダは、穀物自給率は一七三％なのと比べてそう言えます（一九九七年）。政策は硬直化し、独裁者の意向にそって、必要のない事業に厖大な投資を行って破綻するのです。スターリンが企てた白海＝バルト海運河は、莫大な国費をついやし、多くの人命を失って（多くは囚人）完成したものの、開通後その運河を利用した船は極めて少数だとソルジェニツィンは書いています。

マルクス主義はこのようにして、「神の紛失」、「キリスト教反対の嘘」のゆえに、その企図した歴史的使命を果しえず、無残な失敗に終ったのでした。

六　むすび

では、このマルクス主義の失敗と、その批判の対象である資本主義の退廃という現状を打破する力はどこにあるのでしょうか。

それは今勝ち誇っているブルジョア原理や単なる自由主義ではありません。また人間中心の域を出ないヒューマニズムでもむりです。

それはマルクス主義も資本主義もヒューマニズムもがともに見失った神を本当に見出し、その神に従うキリスト教です。ベルジャエフの言葉をかりれば「生れかわった完全なキリスト教」のみです。神の似姿としての人間をしかとふまえ、人格と正義と、平和と愛を真に尊ぶキリスト教であります。この現状を打開するキリスト教こそは、マルクス主義の唱えるすべての真理を受けいれ、そのすべての虚偽を拒否するキリスト教、真に再生をとげたキリスト教でなければなりません。

今日、アメリカの一極支配に具現化している全地球独占資本主義が、戦争と、環境破壊と、南北の生活格差の増大を促すとき、マルクス主義の真理を改めて再確認しなければなりません。そしてその上にたって、キリスト教の再生・復活がなければなりません。

そのキリストの福音こそが、二十世紀に地球全体で行われた、何千万人何億人をまきこんだ悲惨な歴史的実験の犠牲を無にすることなく、新たなまことの生命へと結ぶ唯一の道であると信じます。

十四　藤井 武とルーテル

以下は二〇〇三年十月十二日、名古屋国際センターで開かれた、ちとせのいわ聖書研究会主催の「藤井 武記念キリスト教講演会」でのべたものです。司会は加藤正夫氏がしてくださり、聖書はローマ人への手紙三章二一―二四節、讃美歌は一〇一、四九九、二六七番をうたいました。

一 はじめに

一年がめぐってまいりまして、今年もコスモスが秋の陽に映える頃となりました。一昨昨年は「藤井武とカント」、一昨年は「藤井 武とフランチェスコ」、昨年は「藤井 武とマルクシズム」について話しました。『羔の婚姻』の詩をできるだけ学びたいとのご要望をも、かねて耳にしていましたので、今年は中篇第二十三歌と第二十四歌のルーテルを歌ったものを中心に、ご一緒に学ぼうと存じます。

それに先立ち、その二つの歌に詠まれている時に至るまでの、ルーテルの生涯を見ておくことにいたします。

二 藤井 武のルーテル重視

このことは、藤井 武が亡くなる前の年に岩波から出した『聖書より見たる日本』の中で、世界史全体を将来をも含めて眺め渡して、四つの大きなテーマに絞っているところに見られます。

第一が神の問題で、神の本質、とりわけ三位一体の弁証、これを担ったのはギリシャ・東欧で理知の領域、代表者はアタナシウスです。

第二は人間の問題で、人間の本性とりわけてはその罪と自由、これを担ったのは南欧ラテン民族で情緒の領域、代表者はアウグスティヌスとダンテです。

そして第三が救いの問題で、これは神の義と聖、罪のあがないと救い、担うのは北欧ドイツ民族で意思の領域、代表するのはルーテル、ミルトン、カントです。

最後の第四は来世の問題で、天国の到来、主の再臨、万民の復活と万物復興、これを担うのは東洋の民でなかんずく日本民族、代表者は藤井はあげていませんが、内村鑑三、藤井 武らが担当しましょう。これは直観の領域です。

これら四大真理、四大民族、四大文明の中で、ルーテルは楽園回復、Soteriology（救済論）の局面を打開したもので、現代もなおこの時代の夕暮にある、と藤井は見ています。

そして、キリスト教会史を詠じた『羔の婚姻』の中篇三十六歌のうち、二歌以上をあてた人物は、パウロ（九、一〇、一一歌）、アウグスティヌス（一八、一九歌）、そしてルーテル（二三、二四歌）の三人です。一昨年お話ししたフランチェスコも、また予定論で今なお影響の大きなカルヴァンも、ただ一歌でよまれているに留まります。よってもって、藤井のルーテル重視が知られるのです。

さらにもう一点あげるとしますと、藤井 武全集第八巻には、藤井の訳した、トマス・マーティン・リンゼイの『ルーテルの生涯及び事業』が入っています（Thomas Martin Lindsay, *Luther and the German Reformation*, 1900）。リンゼイは一八四三年生れで一九一四年に亡くなっています。スコットランドの教会史家で、グラスゴウ大学、エジンバラ大学で学び、一八六九年にスコットランド自由教会に叙任、七二年にはグラスゴウ・カレジの教会史教授、一九〇二年同校長となった人です。‘History of Reformation in Europe’（1906-7, 2vols.）が主著で、「エンサイクロペディア・ブリタニカ」や「ケンブリッジ近代史双書」にも寄稿しています。

藤井はこのリンゼイの本を一九一六年に岩波から出版しています。一九一七年が宗教改革四百年に当り、それをにらんでの訳出でした。時に藤井二十八歳、二六二頁の大冊をこんなに見事な訳文に仕上げたその語学力は大したものです。ただ一つ困る点は、リンゼイは英語で書いているため、固有名詞も皆英語綴りとなっており、藤井もそのまま英語風に訳していることです。たとえば、カール五世はチャールズ五世となっていますし、フリートリヒはフレデリックとなっております。ルーテルに関する一般人向けの書物は、ベイントンの『われここに立つ』などたくさん出ていますが、このリンゼイの本は非常にバランスのとれた好著で、全生涯をおおうと共に、ルーテルの個人生活にもふれており、ドイツの当時の社会情勢も背景として十分書いてあります。

藤井がその短い生涯に訳したのは、このルーテル伝とミルトンの『楽園喪失』の二つだけです。藤井がどんなにルーテルに関心を寄せたかが知られるのです。

三　ルーテルの生涯

年表をしるべに次にルーテルの生涯をたどることとします。

1　エルフルト大学卒業まで

ルーテルは一四八三年十一月十日、ドイツ中部のアイスレーベンで、父ハンスと母マルガレーテの長子として生まれました。父親はもう少し北のマグデブルクの農夫の子でしたが、末子相続のため家を出て、この鉱山町で鉱夫として働き、やがて熔鉱炉を賃借して自営して産をなし、人を雇うまでになり、一四九一年には四人の村会議員の一人に選ばれました。

子供は七人で、母親は詩人肌で、少しく神秘的傾向があったとのことで、これはルーテルに伝わっていましょう。父親はカトリック教会には批判的で、僧を「虚偽・偽善の塊」と呼んでいました。

一四九八年十五歳で、生地から西南百キロにあるアイゼナハの高等学校に入りました。この学校の校長は一風変った人で、生徒は成長してどんな偉い人間になるかもしれぬというので、会う生徒ごとに頭を下げてあいさつをしたといいます。

一五〇一年には故郷から西南七〇キロのエルフルトの大学に入りました。当時この大学は評判がよく、「学問したいならエルフルトに来い」と諺にあったくらいです。在学中大学図書館で初めて聖書を手にしました。それはサムエル記でした。グーテンベルグの印刷術発見以後すでに半世紀、聖書の印刷も行われていたといっても、個人が所有できる程安くはなく、まだまだ目にふれにくくありました。

ルーテルは法学を専攻し、十七人中二位で卒業します。父親はルーテルを弁護士にするつもりでした。ところが卒業まもなくルーテルは修道院に入ってしまうのです。それにはいろいろ言い伝えがあります。

アレクシスという友人といっしょに野を歩いていると雷にあい、樹の下に避けたが恐ろしく「どうか雷から助けてください、助けてくだされば私は修道士になります」と聖アンナに誓ったところ、助かったので修道院に入ったといいます。その時友人は雷に打たれて死んだともいいます。或いは雷の事はなく、病気をしたので治ってから入ったともいいます。

いずれにせよ、一五〇五年七月十七日、ルーテルはエルフルトのアウグスチヌス修道院に入ったのでした。

2　修道院にて

修道院は入ってきた者に一年間修道生活を経験させたうえで、正式の宣誓をして修道僧とするのです。本心を見極める見習期間です。それが終りルーテルは立誓しました。一五〇六年のことです。ここから『羔の婚姻』第二十三歌「義人は信仰によりて生くべし」に入ります。

藤井は各歌を二十一行（三行七連）ごとに一行あいだを明けています。そこで仮にその一区切ごとに小題を私がつけてみます。

まず「立誓」です。（一―二一行）

1「来ませ、造主《つくりぬし》、霊《みたま》のかみ！」
　大石のごとき空気をゆりて

らうらうと唱歌隊の合唱。　（一行—三行）

一行目は、Veni Creator Spiritus で始まるラテン語の讃美歌で、現行讃美歌の一七八番の歌詞です。Rabanus Maurus（776~856）の作で、これは重要な歌とされ、叙階式や教会会議、聖霊降臨主日の晩祷には歌われます。ルーテルの立誓式もこの讃歌で始まったのでした。

4 ほのかなる燈明の火《ほ》かげに
くまどらせて物暗さまさり
浮びいづる画像もしめやか。
7 祭壇の下《もと》いかめしく立つ
修院長のまへにぬかづきて
誓を宣ぶる新僧《にひそう》マルチン、
10「全能の神に、処女《をとめ》マリヤに、
院長なんぢに服《したが》ひ、死にまでも
貧窮、貞潔に生くるをちかふ。」（四行—一二行）

ろうそくの灯がほのかにゆれる会堂の、祭壇下に威儀を正して立つ修院長ヴィーナント・フォン・ディーデンホーフェンの前にルーテルはぬかづいて誓いをのべました。詩では簡潔ですが、実際のべたのは長文で、「我れ兄弟マルチン、茲《ここ》に宣誓して、全能の神、処女マリヤ、及び我兄弟なる貴下、即ち監督聖アウガスチン並に其正継承者に属する隠者の総主長の名に於て、当僧院の院長なる貴下に服従し、死に至るまで右聖アウガスチンの規則の下に貧窮貞節の生活を為さん事を誓ふ。」（全集八巻707頁）

13纏《まと》はせらるる黒衣、黒帽、
　肩より垂るる法帯白く
　手には燃えあがる蝋燭をとり。　（一三行—一五行）

それまで着ていた服をぬぎ、アウグスチヌス修道会の正服である黒ずくめの衣と帽子をつけ、肩からは法帯（ストラ、正式には襟垂帯《きんすいたい》といい、真中と長い帯の両端に十字架が縫いつけてある）を垂らし、手には新しく燃え上った良心のしるしであるろうそくを持つのです。

16ささやくごとき院長のいのりに

祝福をうけ、みちびかれつつ
きざはしを壇に昇れば、僧たち
19接吻《くちつけ》をもてこれを迎へて
しづらにひきゆく、帷《とばり》のかげへ、
世には姿をまた見せまじく。　（一六行—二一行）

いったん修道院へ入りますと、余程の事がないかぎり、世俗社会と縁を絶つのは、仏教のばあいでも同じです（苅萱《かるかや》道心が慕ってきた石童丸《いしどうまる》を父親として受けいれなかったように）。

次は「修行」（二二—四二行）です。

22ひとへにただ平安を求めて
黒雲になやむわかき霊魂《たましひ》は
疑ふことなく港に入った。
25縛《いま》しめらるる絆《きづな》の
負わせらるる重荷の数々
価とあらば何か拒まう。

28一点画まで闕《か》かず律法《おきて》を
満たすと励む新僧を見ては
インドの行者も避けたであらう。　（二二行—三〇行）

修道院の規律はまことに厳しくありました。院長には絶対服従、規則的に断食、日に七回祈祷、鞭打、不眠、耐寒などです。ルーテルはこれらの掟を人にまさって厳格に守ろうと努めたのでした。それはインドのヨーガの行者の難行・苦行にもまさるものでした。その結果ついに気絶するまでに至ります。次の十二行がそれを歌います。

31一杯の冷水、一片《ひときれ》のパンも
摂《と》らずして過すひと日ひと夜、
さらに明くる日も、暮るる夜も。
34きよき処女《をとめ》の名をくりかへし
ひれ伏し、あふぎ、胸うちながら
心をそそぐ、日ねもす、夜すがら。
37もろもろの悪のこの砦よと

詛ふ者のごとく鞭をふるひ
撻《う》ちてまた撻《う》ち、わが身をさいなむ。
ある朝、礼拝《つとめ》にすがた見えず、
さぐれば、小さき房《へや》の片すみ
床《ゆか》にまろびて屍《しかばね》のごとく。　（三一行—四二行）

ルーテルは三昼夜断食しました。そしてついに遂に卒倒してしまったのでした。聖処女マリヤの名をくりかえし唱えて祈り、おのが肉体を悪の巣窟とみて、鞭打ちの行をあくまで行い、苦しみ痛みを通して救いにあずかろうとしたのでした。ルーテルは若い時にアンハルト侯が、皮の一本一本に鉄鋲をいくつもはめこんだ鞭で、自分の裸の上半身を打ち叩き、傷つき血を滴らせながら道を行き、人々がそれに手を合わせて拝む様子を見たことがありました。修道院でルーテルは一心に苦行に励んで、気絶するほどであったのです。

ルーテルはその『卓上談話』で、このころのことを思い出してのべています。「修道院の生活によって天国に入れる修道僧があったら、私も天国へ行けると思う。……私の修道院生活がもっと長く続いたら、不眠と祈りと読書と労働、その他あらゆる責苦のために死んだであろう。」（藤田孫太郎編訳『ルター自伝』19頁）

そのように苦行にいそしんでも、自分の罪の救いが与えられたとの実感は少しも与えられませんでした。ルーテルの悩みはいっそうつのるばかりでした。次の七連は「煩悶」（四三—六三行）です。

43むさぼればなほ空しさつのる
わが霊魂《たましひ》のかぎりなき饑《うゑ》を
満すべき糧は何処にあるか。
46天にもあらば天に私は昇らう、
または底なき所にあらば
底なき所に私は降らう。
49もしくは人の書《ふみ》にもあらば
紙魚《しみ》となりて私は蝕《くら》はう、
その一《ひと》文字をも遺さぬまで。
52まことに彼は虫のごとくに
紙また紙の中に巣くひて
数なき文字の餌をぞ食《は》んだ。
55中んづく一折《ひとつをり》の幾葉《いくひら》を

呑みて諳《そら》んじた。それは神への
知識を否むオッカムであった。　（四三行—五七行）

ルーテルは修道院にある多くの書物を貪り読んで、そこから救いの鍵を得ようとしました。とりわけオッカム（Wiliam of Occam, 1285~1347/48）を耽読しました。オッカムは中世と近代の橋渡しをしたとみられるスコラ学者で、フランチェスコ会士、イギリス人でした。一般概念はただ名称にすぎない、人間が本当に知っているのは個々のものであり、個々の物の知識は偶然知で、その認識は直覚知にのみ基くという唯名論を主張しました。神の直覚知が得られぬとすれば、神は認識できないのです。これはのちのイギリス経験論の先駆となりました。オッカムはペトロの権能は霊的なことに限られ、その世俗権は堕罪後成立したものだととなえ、ローマ教皇権の絶対性を否定し、それからの独立を主張しました。霊的共同体としての教会（真の教会）と現行制度教会とは異なる、後者は俗界の中にあり、誤りと罪を免れないと論じました（このことはルーテルの教皇批判にも影響します）。しかし、オッカムの哲学・神学にも救いはありませんでした。

次にルーテルは聖書をよみました。

58 鎖《くさり》して書房につながる

赤革装《あかがはさう》の大冊ひとつ、
ラテン平語の旧約新約。
61古き音づれを怪しみながら
読んだ。しかし饑ゑたる霊魂は
ここにも糧を見いださなかった。　（五八行―六三行）

修道院にも聖書は一冊ありました。それはヒエロニムス（Hieronymus, 340~420）が通俗ラテン語に訳したもので、ルーテルはそのサムエル記上にハンナとサムエルの事を読んだのです。それでも心の平安を見出すことはできませんでした。それは、ルーテルが神を恐るべき者と信じていたからです。「義の神への恐れ」（六四―八四行）がつづきます。

64ヱホバわが神、嫉みのみかみ、
罰《つみ》すべき者を断えて赦さず
むくいて子の子に及ぼすもの。
67その曇りなきするどき聖眼《みめ》は
照りて萎《し》ひさす夏陽《なつび》のごとく

私の上にそそぐを感ずる。
70わがもろもろの罪を私は
分厘までも償はねばならぬ、
ひとしき数の善き業をもて。
73たれか心の深渕をさぐりて
芥《あくた》を量らう、たれか功《いさを》の
笊《ざる》をもちゐてこれを浚《さら》はう。
76最終《いやはて》の日に審判《さばき》するもの
きたりて計算《かぞへ》もとめたまはば
何を私は提出《さしいだ》すべきか。　（六四行—七八行）

当時のカトリック教会の信仰では、個々人がその罪の一つ一つを事こまかに、自分の善行でつぐなわねばなりませんでした。ことに修道僧は修道院の細則に少しでも違反しても、それは罪なのです。食事の作法や、儀式のさいの手足の姿勢位置を違えても、罪に数えられるのです。神はどんな小さな罪をも見のがしはされぬ恐るべき方です。

79義の神とこしへに生きています、
その聖怒《みいかり》は地獄の焔と
燃えて罪びと私をぞ待つ。
82ああ憐むべき人よ、私よ、
夜昼やまぬこの戦慄《をののき》より
わがたましひを救ふは誰か。　（七九行―八四行）

この煩悶の底に呻きに呻くルーテルに、先輩の修道士は助言を惜しみはしませんでした。「先輩の勧め」（八五―一〇五行）がつづきます。師の一人ウジンゲルは聖書は只の歴史書と考えて読まなかったのですが、ルーテルに勧告しました。「マルチン君、聖書はどういう本か、昔の教師の書を読むがよい。彼らは真理の汁液を聖書から汲み尽している。聖書は混乱を惹す原因になる書だ。」（『ルター自伝』20頁以下）また、

85血の気うせたるわかき修士は
或る日心なく信経を誦《じゅ》して
いふ、「われは罪の赦しを信ず」と。

88「なんぢ信ずるか、さらばかく言へ、
『われはわが罪の赦しを信ず』と。」
白髪の僧が心していふ。（八五行—九〇行）

この老僧は聖書を知らず神学を学ばず、ただ使徒信経だけで魂の平安を得ていたのです。しかしルーテルはこの親切な忠告でも満足しません。赦しの資格とは何か、赦しが与えられる理由は何かと思い悩むのです。

一五〇七年四月四日、ルーテルは叙品されて司祭となり、五月二日には初ミサをあげるというので、父ハンスは怒りつつも二十騎を率いて、二十グルデンの礼物を捧げにエルフルトの修道院へ来ました。ルーテルは父に「父さん、怒らないでください」と言いましたが父は、「お前は『父母に従え』ということを聞かないのか。悪魔のたぶらかしでなければ仕合せだ」と答えたのです。初ミサには身内が献物をするきまりだったのです。ルーテルは後日父の考えが正しかったことがわかりました。

初ミサをあげながらルーテルは畏れ震えました。罪人で信仰もないくせに、キリストを天から招き、パンはその肉にブドウ酒はその血に変り、多くの金品が捧げられ、ゴルゴタをくりかえして浄罪界から魂を救いうるというのです。ルーテルは恐しさに死にそうになりました。後日「ミサは残忍な冒涜以外の何ものでもない」と述懐します。

その悩みを見かねて、ヴィッテンベルクの司教代理でトマス主義者かつ神秘家のヨハン・フォン・シュタウピッツ（Johann von Staupitz, ?~1524）がさとします。シュタウピッツは業より恵みを重んじる人ですが、しかし恵みは業となり功となると考えるのでした。

91またの日おなじ蒼き面《おもて》に
　春陽《はるび》にまがふ瞳を投げて
　かたるは教団の副僧正。
94「わかき兄弟よ、あふぎて見よ、
　イエスの傷《いたで》を、なんぢのために
　流したまひしくれなゐの血を。
97かしこに神の憐憫《あはれみ》を見よ、
　贖主《あがなひぬし》のみうでに己れを
　委ねよ、彼の義に頼りたのめ。
100彼まづなんぢを愛したまうた、
　さればなんぢも愛せよ彼を、
　棄てよなんぢのもろもろの業を。」

103 最終《いやはて》に一段と力をこめ、
「脅かすものはキリストでない、
慰めんためにこそ彼は来た。」（九一行—一〇五行）

「おまえは愚か者だ、神ではなくお前が神に対して怒っているのだ」とも、「もし赦して頂きたいなら、そんな微罪でなくて、親殺しか、涜神か姦淫といった大罪をもってきたまえ。」「告白すべき真の罪あるまで告白は止めたがよかろう」とも言うのですが、シュタウピッツもついに「お前の悩みはわからない、諦めなさい」と言うほかないのでした。

しかしシュタウピッツは親切にも、ルーテルにヴィッテンベルグ大学で聖書講義をするように勧め、ルーテルはこれを受け入れ、一五一三年から着手するのです。詩編、ローマ書、ガラテヤ書、ヘブル書とすすみました。すでに五年前の一五〇八年からルーテルは同大学で道徳哲学を講じていたのでした。このように聖書にすがり、魂の深渕を掘り探るうちに、ルーテルには光がさしこみます。「啓示」（一〇六—一二六行）です。

106 一語、丈夫《ますらを》の矢のごとくに
心をつらぬく、すなはちなほも

その消息をさぐるは聖書《みふみ》。
109「義人は信仰によりて生くべし！」
信仰によりて――行為《おこなひ》ならぬ、
功績《いさをし》ならぬ、信仰によりて！
112遁世ならぬ、修道ならぬ、
ただ信仰により、恩恵《めぐみ》のゆゑに
キリストが遂げし贖罪《あがなひ》のゆゑに！
115何ら奇《くす》しき音信《おとづれ》ぞ、こは、
絶えいるばかり義に饑ゑかわく
霊魂《たましひ》をその髄まで満たし。（一〇六行―一一七行）

ローマ書一章十七節、三章二十一―二十四節、ガラテヤ書三章十一節、ヘブル書十一章七節に表明された「義人は信仰によって生きる」（ハバクク書二章四節）という句を、それまで誰も読まなかったわけではありません。たくさんの神学者が読みました。しかし、ルーテルが読んだようには読まなかった、ルーテルが己が罪のあがないを悶え求めに求めて読んだようには、読まなかったのです。罪を深く深く掘り下げるほど、湧き出ずる恵みの泉は豊かなものとなります。ルーテルはこの泉源を掘り当てたのでした。

ルーテルは大学でのローマ書の講義の中で言います——罪人にも義人にも二種ある。一は、罪を告白しながら義とされることを願わず、絶望に陥り、世人よりも多くの罪を犯すこととなる。他は罪を告白し、悩み、罪の己れを憎み、義を熱望し義とされることを呻き求める。同様に、義人にも二種ある——一は自ら義と宣し、ゆえに義とされることを熱望せず、褒賞と栄冠を待ち受ける人。他は、自己の義を否定し、罪に定められることを恐れ、義とされることを熱望する人である。義とされることを望んでいる人がどうして義人なのかについては、興味深い例を引いています。

神は医者であり、罪人は病人です。病人は健康人（罪なき人）ではありませんが、医者を信じ、その命令に従って養生節制するなら、約束においてはすでに健康である。すでに健康への途上にあり、死ではなく生命をすでに与えられている。これが「義人にして同時に罪人」（Justus et peccator simul）であり、義人も罪人もともに動的プロセスである。罪人でありかつ義人であることこそ、本当の信仰者の姿である。その義は人間の側にはなく、キリストが一方的に与えてくださるのだ、とルーテルは信じたのです。

118「求めし真珠は見いだされた、
神のみまへに値うごかぬ

　まじりなき義はつひに獲られた。
121たちまち私は生れかはるを
　おぼえた、楽園の戸はひらかれ
　私は過ぎて入るをおぼえた。
124みづから我らを義としたまふ
　神の義の神酒《ネクタル》の甘さよ、
　その音信《おとづれ》こそ楽園の門《かど》。」　（一一八行―一二六行）

そこで第二十三歌の最後の七連「純福音の再発見」（一二七―一四七行）です。

127門《かど》を過ぎて暗黒《くらき》より光明《ひかり》へ
　律法《おきて》の業《わざ》より恩恵《めぐみ》の信へ
　ひとりのたましひは躍り入った。
130修院のをぐらき壁の内に
　ひそかに成りしこの出来事を
　ありともいまだ世は知らなかった。

133 人々はただ何かは知らず
　おほひなる時の潮《うしほ》にうかび
　西に東にものを求めた。
136 大西洋の濤《なみ》また濤を
　超えてはるかに地平をおほふ
　新大陸を或るものは見いでた。　（一二七行―一三八行）

当時は大航海時代です。コロンブスは一四九二年にアメリカ大陸沿岸の島に至り、ヴァスコ・ダ・ガマは一四九七年に喜望峯をまわる航路を見つけ、アメリゴ・ヴェスプッチは一四九九年にブラジルに歩を印しました。ヨーロッパは外へ外へと、拡大しつつありました。

139 さはれいかなる驚異の発見か
　このひそかなる所に成りし
　砕けし魂《たま》のそれに及ばう。
142 ここに弟子らがかつて聖墓《みはか》に
　尋ねて得ざりし生命《いのち》の君を

人はあらたに見いでたのである。
新しき代はここに芽生えた。
今こそ羔の新婦《はなよめ》は
その熟睡《うまい》より目さめはじめた。　（一三九行—一四七行）

ルーテルがこの啓示の光に接したのは、一五一〇年といわれます。一五一二年ルーテルは神学博士となりました。一五一〇年にはローマへ使しました。当時アウグスチヌス会修道院は会議派と戒律派に分れ、シュタウピッツが統合を計ったものの、反対派がローマへ訴えたので、ルーテルと友僧ヨハンが派遣されたのです。

時あかたもルネサンス盛期、ダヴィンチは五十六歳、ラファエロは二十七歳、ミケランジェロは三十五歳ですでにシスティン礼拝堂天井画を完成していました。このようにローマ法王庁の諸堂が美しく飾られる費用は、全ヨーロッパで売られた免罪符の金でまかなわれたのです。当時全ヨーロッパの富の三分の一はローマに集まるといわれていました。

初めてローマの都を遠望した時は、ルーテルも喜んだのですが、実際訪ねてみて失望しました。「もし世に地獄があるとするなら、ローマはその上に建っている」とまで言ったくらいです。

多くの寺院の蔵する遺物を拝観しました。ローマは聖遺物の宝庫でした。たとえばモーセがミデアンの地で初めて神と出会ったとき、火が燃えてもなくならなかったその柴、ベツレヘムでヘロデに殺された幼児の遺骨三百、イエスが嘆きの道を十字架をかついで歩まれたとき、その血と汗を拭ったヴェロニカのハンカチ、パウロが繋がれた鎖、ユダが主を売って得たがのちに聖所に投げこんだ銀貨、そのユダが首を吊った梁、ペトロとパウロの遺体などです。これらに賽銭をあげて拝すれば、地獄の苦しみが軽減されるというのです。

ラテラノ会堂前の二十八段の階段は、ピラト宮殿から移したものというので、四つ這いになり一段ごとに主の祈りを唱えて上れば、煉獄（浄罪界）にいる魂を救うことができるというので、ルーテルもそうしたのですが、上り切ってから「果してそれが本当かどうか誰が知ろう」と言ったのです。ルーテルはローマで教会の迷信と豪奢と腐敗を眼のあたりにし、それはやがて改革へと突き動かされる一布石となったのでした。ルーテルは帰って時の至るを待ちつつ働いていました。

3　「ここに私は立つ」（第二十四歌）

ウォルムスの議会のことに入るに先立ち、免罪符のことを述べておきましょう（これは贖宥状とも言います）。どうしてローマ教皇庁がそんなものを売り出したのかです。

当時の教皇はとても金使いが荒かったのです。ローマは教皇領の中心となる一つの都市国家でし

表面に ご住所・ご氏名等ご記入の上ご投函ください。

●今回お買い上げいただいた本の書名をご記入ください。

書名：

●この本を何でお知りになりましたか？

1. 新聞広告（　　　　）2. 雑誌広告（　　　　）3. 書評（　　　　）
4. 書店で見て（　　　　　書店）5. 知人・友人等に薦められて
6. Facebook や小社ホームページ等を見て（　　　　　　　　）

●ご購読ありがとうございます。

ご意見、ご感想などございましたらお書きくだされぱさいわいです。
また、読んでみたいジャンルや書いていただきたい著者の方のお名前。

・新刊やイベントをご案内するヨベル・ニュースレター（E メール配信・不定期）をご希望の方にはお送りいたします。

（配信を希望する／希望しない）

・よろしければご関心のジャンルをお知らせください
（哲学・思想／宗教／心理／社会科学／社会ノンフィクション／教育／歴史／文学／自然科学／芸術／生活／語学／その他（　　　　　　　）

・小社へのご要望等ございましたらコメントをお願いします。

自費出版の手引き「**本を出版したい方へ**」を差し上げております。
興味のある方は送付させていただきます。

資料「**本を出版したい方へ**」が（必要　　必要ない）

見積（無料）など本造りに関するご相談を承っております。お気軽にご相談いただければ幸いです。

＊上記の個人情報に関しては、小社の御案内以外には使用いたしません。

郵便はがき

113 - 0033

恐縮ですが
切手を
お貼りください

東京都文京区本郷 4-1-1-5F

株式会社ヨベル YOBEL Inc. 行

ご住所・ご氏名等ご記入の上ご投函ください。

ご氏名：　　　　　　　　　　　　（　　　歳）
ご職業：
所属団体名（会社、学校等）：
ご住所：（〒　　　-　　　　　）

電話（または携帯電話）：　　　　（　　　　　　）
e-mail：

た（江戸時代の尾張藩のようなものです）。教皇はカトリック教会の首長であるとともに、世俗国家ローマの君主でもありました。軍隊もおり戦争もします。建築好きの教皇は巨大な建物を次々と建てます。芸術家はそれを彫刻・絵画で飾ります。それにいる費用は教皇領の僅かの税金ではまかなえません。全ヨーロッパのカトリック教会からの献金の何割かが教皇庁へ流れこむ仕組みとなっていました。各国の君主領主としては、領内の金がローマへ流出し、ローマは栄えても自国は貧しい現状に不満をいだいていました。

この金の流れの途中には司教・大司教がいて、中間搾取をします。収入増をはかって教会の役や職階を売ると、将来の収入減につながります。役職を買った方は中間搾取でそれを取り戻そうとするからです。また銀行から借金しますと、これも上納献金から返さねばならず、ついに聖職者の蓄妾を公認してそれに課税するところまで落ちました。それでも教皇庁の年収はヴェネチア共和国の半分位でした。

銀行は金を貸すと口も出します。貸した金が確実に返るよう手段をとれと強要するのです。その手段の一つが免罪符でした。

免罪符はもともと十字軍の兵士に故国での贖罪の務めを免除するため発行されました。その金は教皇庁の入費のほか、病院、橋、大学の建設にも充てられたのです。ルーテルの奉職したヴィッテンベルグ大学は、一五〇一年、教皇ユリウス二世が対トルコ戦のため売出した免罪符の金を、ザクセン侯が国内に保留して建てた大学です。また、ルーテルが博士になる時の費用も、侯が負担しました。大学も教会も免罪符の金に負うところ大なるものがあったのです。

免罪符にも聖書的根拠があるのです。コロサイ書一章二十四節でパウロは「今わたしは、あなたがたのための苦難を喜んで受けており、キリストのからだなる教会のために、キリストの苦しみのなお足りないところを、わたしの肉体をもって補っている」と記しています。パウロが苦しみ悩むことで他の人々は悩まずにすむのです。とすれば他の聖人も自己の救いに必要な以上の功徳をもっていることになり、教皇はその諸聖人の功徳の貯えを配分することができるというのです。

この功徳の背景には善行が救いに導くという積善説があります。寄付も施しも、巡礼も祈祷も善行であり、免罪符も寄付の一つの形として、罪の赦しにつながるのです。

ドイツの諸侯は聖職者を兼ねていました、もうかるからです。ブランデルブルグのアルブレヒトはマインツの大司教になるのを望んでいました。教皇レオ十世（在位一五一三―二一）はアルブレヒトに、教区から集めずに自弁するなら願いをかなえてやるといい、アルブレヒトは八十余都市を結ぶヨーロッパ最大の国際金融業者フッガー家から一万ドゥカトを借り、八年間領内で免罪符を売る権利を認められました。売上の半分は教皇に、半分は借金返済にあてるのです。ルーテルの教区はフリートリヒ侯の自前の免罪符販売に差支えるので販売は拒否され、民衆は近隣の町へ買いに出かけ、戻ってルーテルに見せて赦罪宣告をしてほしいと頼んだのですが、ルーテルは拒みました。「免罪符販売行列」（一—四二行）です。

1市々邑々《まちまちむらむら》、遠く近く
旋風のごとく人浪をあげ
怪しき行商人《たびあきびと》は歴《へ》めぐる。

開店を知らせるチンドン屋の行列さながら、賑やかに、歓迎の僧、議員、教師、学生、男女が行列をなし、おそらく子供たちも騒いであとにつき、免罪符販売行列は進みます。

4先だちすすむ十字架一基
くれなゐの地《ち》に刺繍《ぬひとり》しろく
揚げしめすは何の呪言《まじごと》か。

真赤な布に白く十字架を刺繍し、この度の免罪符の効能をも示してあるのです。

7百足《むかで》のさまに列《つらな》りあゆむ

男女の群衆、小旗をかざし
蝋燭をたもち、歌ひながら。
10いんいんとひびく鐘また鐘の音、
さうさうと高くオルガンの奏《しらべ》、
寺々すべて節《せち》会《ゑ》のいとなみ。
13うねりを打ちて衢《ちまた》ぬひつつ
市《まち》に名たかき会堂にまで
大虫に似たる鹵《ろ》簿《ぼ》がたどれば、
16堂のまなかにうち立てらるる
その赤十字、また色添へて
美々しく翻《かへ》る法王の旗。
19祈の家をかくもあやしき
市場となして民をまどはす
行商人《たびあきびと》の商売《あきなひ》は何か。

免罪符を売るときには、教会の祭壇で、教皇庁さしまわしの代表が、効能の口上を一席ぶつのです。

この時その役に当ったのは、ヨハン・テッツェル（Johann Tetzel, 1465?~1519）です。彼はドミニコ会士、ポーランドとザクセンで異端審問をつとめたのち、免罪符販売に入りました。のちルーテルに対し百六ヶ条の反論を書き、名誉博士号をもらいました。

22口上は祭壇より伝はる、
「神のもろもろの賜物のうち
赦罪にまさりて貴きはない。
25見よ、法王の紋章映《は》ゆる
この赤十字を。功徳はまさに
主キリストの十字架をしのぐ。
28赦罪の恩恵《めぐみ》に蔽《おほ》ひあたはぬ
いかなる深き罪咎《つみとが》あるか、
よしや神の母を犯ししとも。

口上のすべてをテッツェルが述べるのでなく、一緒に来た下役が一そう下品な言い方で買気をそそるのです。

31生者のみかは、また死者のため。
櫃《はこ》に貨幣の鳴るとひとしく
霊魂はたちまち獄《ひとや》より飛ぶ。
34貴顕よ、商賈《しょうこ》よ、妻よ、処女《をとめ》よ、
なんぢらの父が焔の中に
叫ぶを聴かぬか、『我らを救へ』と、
37わづかに十グロシエン、一飯の料、
よりて購《あがな》ふ恩恵《めぐみ》の大いさ！
之《これ》をしも吝《しは》むは何の痴者か。
40また巡り来ぬ機逸《をりそら》すな、
天国の門《かど》の閉《とざ》されぬうち
いと善き業《わざ》をすべく、買へ！　買へ！」

中世ではダンテの『神曲』にあるように、天国と地獄の間にもう一つ煉獄（浄罪界ともいう）があり、善悪両方の事をした人々、またソクラテスやプラトンのように、学者であってもキリストを知らなかった人たちは、地獄へ投げこまれるのではなく、煉獄で修行をつみ罪滅しをしてから上の世界へ行くというなかなか親切な考えがありました。ですから、今煉獄で苦行している死者の霊魂も、身内の人が免罪符の代金を箱に入れれば、チャリンと音がするとたん、煉獄からとび出て天国に入るというのです。セールスマンとしてはそうとうの腕前の勧め方です。

ルーテルの心には「聖憤」（四三―五七行）がもえ上りました。

43受くるは虚《むな》しき風と知らず
　飽き足らふ饗《あへ》を心あてに
　おろかなる客は筵《えん》にむらがる。
46ウィッテンベルヒの町教会に
　義人の生くるは行為《おこなひ》ならぬ
　信仰によると日ごろは学び
49イエスにむかうて「なんぢはわが義
　我はなんぢの罪」と告げつつ
　一すぢ天への途をたどれる
52その祝福《めぐ》まれし羊たちさへ

今さらにまた死かげの谷に
誘《いざな》はれゆくは何の態《さま》か。
55大いなる手は牧者の心に
触れた。義による憤恚《いきどほり》の火は
燃えた。動かされて牧者は起《た》った。

ルーテルはついに、一五一七年十月三十一日、万聖節（十一月一日）の前日、城教会の門の扉に、ラテン語で記した「九十五か条提題」（五八—八四行）を打ちつけたのでした。この文はのちドイツ語も印刷され、二週間内に全ドイツに、四週間で全ヨーロッパに流布したのでした。

58けふ晴れの時、諸聖徒の節
かつは献堂《みやささげ》の年回の日
人々つどふや雲のごとく。
61その城教会の門の扉に
見よ、釘《くぎ》せられて白紙一葉、
墨痕したたる宣言の条々——

九十五か条は三種に分かれます。（一）は罪と赦しの十字架の福音、（二）は出費目標への異議、（三）は煉獄にある魂に対する教皇権力の否定と、免罪符の救いについての無効です。（一）が十六提題、（二）が四提題、（三）が七十五提題でした。（三）の影響が大きく、（二）は民衆の共感をよびましたが、（一）こそが宗教改革の源でありました。それは十字架のあがないという救いの原点をのべているからです。

藤井は九十五か条中（一）に相当するものを四つ、（三）に相当するものを三つ歌っています。（二）のはとりあげていません。好選択です。

64「悔改めよと、我らの神
　キリストは言ふ、信ずる者には
　悔改こそ全き生涯《いのち》。

これは第一提題です。「私たちの主であり師であるイエス・キリストが『悔い改めよ』と言われたとき、彼は信ずる者の全生涯が悔い改めであることを欲したもうたのである。」（『ルター著作集分冊1』聖文舎による）。マタイ福音書四章十七節の「悔い改めよ……」をラテン語訳では'Penitentiam agite...'

（悔悛を行え）としており、この悔悛とはカトリック教会の七つの秘跡《サクラメント》の一つで、使徒以下の司教、司祭には洗礼後に信徒が犯した罪を赦す権が与えられているとするのです。元のギリシャ語ではこれは一語で Metanoeite... なのです。

67 「言ふこころ、かの外がはの典《のり》
すべて僧侶の執成《とりなし》になる
懺悔、賠償のたぐひではない。

これは第二提題で「このことばが秘跡としての悔悛（すなわち、司祭の職によって執行される告解と償罪）についてのものであると解することはできない。」イエスはそんな告白と償いの業《わざ》のことを言ってはおられない、というのです。

70 「法王はおのが計らひにより
特《こと》に負はせし罰《つみ》のほかには
何の罪をも赦しあたはない。

これは第五提題、「教皇は自分自身または教会法が定めるところによって課した罰を除いては、どのような罰をも赦免することを欲しないし、またできもしない。」です。

73「愚かにして悪しき教師かな、
　死にたる者の浄罪の火を
　僧侶の手にて消し得ると言ふは。

これは第二十一提題です。「したがって、教皇の贖宥によって、人間はすべての罰から放免され、救われると述べるあの贖宥説教者たちは誤っている。」

76「おほよそ赦罪の書《ふみ》のゆゑに
　天の福祉《さいはひ》を信ずるものは
　教師とともに永劫《とは》に滅びる。

これは第三十二提題です、これら三つは（三）に属します。「贖宥の文書で自分たちの救いが確かであるとみずから信ずる人たちは、その教師たちとともに永遠に罪に定められるであろう。」

79「人のむなしき功徳にあらぬ
神の栄光《さかえ》と恩恵《めぐみ》につける
嘉《よ》き音信《おとづれ》こそまことの財宝《たから》。

これは第六十二提題「教会の真の宝は、神の栄光と恵みとのもっとも聖なる福音である。」

82「平安《やすき》はなきに、平安《やすき》、平安と
キリストの民に呼はり告ぐる
預言者たちを悉《ことごと》く葬れ。」

これは第九十二提題で、「キリストの民に、『平安、平安』という、かのすべての預言者たちは立ち去るがよい——そこに平和はない。」

ルーテルはこのように、冷静にしかし熱信にもえて、整然と、免罪符の無効ひいては教皇庁の権威の誤りを述べたのでした。この九十五か条提題の衝撃を藤井は歌います。

85さながら終の日のあけぼのに
　中空よりして響きわたる
　天使《みつかひ》の長《をさ》の高きラッパが
88天をも地をもゆるがすごとく
　新しき世界の選手《えらびびと》の
　一聲《ひとこゑ》、全地を衝き動かした。
91大いなる戦闘《たたかひ》は始まった。
　高嶺《たかね》とかまふる律法の国に
　迫るは海のごとき恩寵の国。
94此方《こなた》が掲ぐる旗印の
　蝋燭の火なる「己が義」にむけ
　彼方は翳《かざ》す「義の太陽」。
97懺悔、賠償、断食、祈祷よ、
　人の手に成る数多《あまた》の矛に
　応へて唯一《ひとつ》の信頼の盾。
100たとへば両の極にむきかふ

涯《はて》なき密雲の軍団ふたつ
裏海の空にまともに出あひ
103 今か嵐の合図をまちて
まさに天堂を焼き落さんずる
その凄まじさも何か並ばう。

「義の太陽」とはマラキ書四章二節にいう、すべての悪の力を終の日に焼き尽し、主を畏れる民に平安を与えるキリストの象徴です。一〇〇行以下の比喩は、ミルトン『楽園喪失』第二篇七一五行以下で、天より落されたサタンが地獄の勢力を集めて、天なる神に反抗しようとする様をうたった所をふまえています。教皇庁の強大な権力と比類ない富と教会法に対するに、「信仰による義」との闘いを描いているのです。

教皇側も九十五か条を放置しはしません。一五一七年には早速かのテッツェルとウィムピナの反論が寄せられます。一五一八年にはルーテルは南独アウグスブルグ議会に出頭し、教皇使のカエタヌスの審問をうけ、九十五か条の取り消しを求められるもこれを拒否し、脱出してヴィッテンベルグへ帰ります。教皇側はミルティッツを派遣して捕えようとしますが失敗します。

ついで一五一九年六月二十七日から七月八日まで、ライプチヒでヨハネス・エック Johannes Eck

（1486~1543）と対論するため赴きます。エックはドイツ有数のカトリック神学者で、インゴルシュタット大学教授、太った体格で角張った顔、錆びたドスのきく声で一見屠殺者風兵士風でした。対するルーテルは痩身で、高く澄んだ声で、菫《すみれ》の花束を手に時おりその香をかぎつつ論争をしたのでした。ていねいに、愉快に、冗談もまじえ、生々した様子で。ルーテルは教皇の至上権を批判し、万人祭司を唱え、信徒の自由と個人の権利を主張しました。しかしエックの巧みな誘導訊問にのって、ボヘミヤの宗教改革者で異端として焚刑に処されたヤン・フス（Jan Hus, 1370?~1415）の主張にもキリスト教的・福音的な所があると肯定する言質をとられました。フスは身の安全を保証されてコンスタンツの宗教会議へ赴いたのに、そのまま火あぶりにされたことを思い、ルーテルは学生二百人に槍をもたせてライプチヒへ出かけたのでした（あのジャンヌ・ダルクが焚刑にされたのが一四三一年、まだまだけわしい空気がありました）。

一五二〇年にルーテルはいわゆる三大文書を出版します。一つは『キリスト者の自由』で、キリスト者は自由な君主でありかつ奉仕する僕であるとするもの、二つは『教会のバビロン捕囚』で、カトリック教会の制度そのものを批判し、七つの秘跡を洗礼と聖餐の二つに減らす主張、三つは『キリスト者貴族に与える書』で、万人祭司主義を力説し、ローマから独立せよと告げた文書です。これらの及ぼす影響は巨大なものがありました。

グーテンベルグが印刷術を発明したのが一四四〇年、以後聖書や聖者伝など出版物は次第に数を増しましたが、まだまだ少ないものでした。しかし、ルーテルが改革ののろしをあげ次々とパンフレットを出版しますと、ドイツの印刷物は急増します。一五一八―二三年の間に全ドイツの出版物は七倍に伸び、ルーテルの著作はその内じつに四三・五%を占めました。三大文書の出た一五二〇年には全ドイツで二〇八点中、ルーテルのものは一三三点（六四%）にのぼったのです。

この年一五二〇年十二月十日、ルーテルは教皇の破門令書と教会法を焼いて、ローマ教会からの断絶を明確に表しました。宗教改革はいよいよその歩度を早めることになったのです。ドイツ領邦諸国の君主たちも、ルーテルを支持してゆきます。

神聖ローマ帝国皇帝でスペイン王をも兼ねるカール五世（在位一五一九―五六）は、教皇庁の求めに応じて、ハイデルベルグとマインツの中間の町ウォルムスで、一五二一年四月十七―十八日、ルーテルを審問する議会を開きました。

呼出状を受けたルーテルは、或いは出頭すれば捕えて殺されるかとも思い、友人も行くのをとどめましたが、敢然、人々に守られて現地に赴きました。馬で四〇〇キロ旅してウォルムス近くへ来たとき、シュタウピッツの密使が来て、焚殺されるから来るなと知らせましたが、ルーテルはそれを拒み、「たとえウォルムスの屋根瓦の数ほど悪魔がいても、私は行こう」と言って町へ入りました。町では二千人の人々が宿舎までルーテルを守り送りました。いよいよ「ウォルムスの議会」（一〇六―一二九行）です。

106 玉座に明星、わかき皇帝、
　かこみ群がる無数の星々、
　　公侯、僧正、領主、方伯。

四月十七日午後六時、司教邸大広間で議会は開かれました。カール五世は若冠二十一歳でした。

109 夜陰にとざさるる大広間の
　静けさ、山上の森にかよひ
　　炬火《たいまつ》、音をたてて輝く。
112 沈黙は沈黙と、眉は眉と
　相呼びかたらひ、墓地に似たる
　　満堂の空気、嵐をはらむ。
115 壇に焼かるる犠牲《いけにへ》のさまに
　卓上うづたかき文書《もんじょ》の群は
　　こよひ凄まじの気圧のもとか。

118 項《うなじ》をたかめ、眸《ひとみ》をはなち
起たば星々を呑むべき陽《ひ》と
いきほひ示す法王使節、
121 曳きいだされて囚人《めしうど》のごとく
前にたたずむ貧しき僧よ、
紛《まが》ふかたなき論題の著者。

教皇庁が派した使節はジロラモ・アレアンデル（Girolamo Aleander, 1480~1542）です。イタリア生れ、パリ大学で学び、同大学学長もつとめる激烈な人物で、のち二一年ブルッセルで二人の僧を焚刑に処しています。

124 大獅子今ぞ鬣《たてがみ》ふるひ
煩はしの仇を羔《こひつじ》と見て
一踏み微塵に砕かうとはする。
127 「之《これ》らの書《ふみ》みな汝の筆か、
その言《ことば》をなほなんぢは守るか、

あるひは取り消すこともあるか。」

壇上積まれた二十五冊以上の著作を指して、アレアンデルに代って下役が問います。ルーテルは一夜の猶予を乞いました。これは決して臆したとかひるんだとかではなく、彼は元々謙遜な人ですから、確信もって断言もしますが、これらの書物に取り消し相当の部分もあるかもしれぬと良心的に考えたのでした。

そこで翌日午後四時から同所で議会は再開されました。「ここに私は立つ」（一三〇―一四七行）です。

高嶺《たかね》のいただき千古湛ふる
　湖《うみ》をわたりて、狭霧《さぎり》おひつつ
　梢かなづる風のごとくに、
「角また牙をつくることなく
　使節の問に答へよといま
　陛下は求めたまふがゆゑに
わたしは言ふ、私を撃つには
　聖書をもてせよ、もしくはせめて

白日のごとき論証をもて。
139有謬《うびう》の法王、何の権威か。
聖書に私は縛られてある、
げにわが良心は神の言に。
142私は取消をなすべきでない、
またなさうと思はない、良心に
そむきて直さ安けさはない……

議論が長きにわたり、ルーテルの弁論は二時間に及び、ドイツ語での返答をドイツ語を知らぬ皇帝のためにラテン語に訳すなどしたのち、皇帝が若者らしく、短く明快に結論を述べることを求めました。ルーテルはそれに応じて答え、その結びに、千古に響くあの言を口にしたのです、聖書を指さしながら、

145このほか私は何ごとをも
能《あた》はない、此処《ここ》に私は立つ。
ああ神よ、助けたまへ、アーメン。」

Hier stehe ich. Ich kann nicht anders. Gott helfe mir! Amen. この言を叫ぶとき、ルーテルもさすがに興奮したか、退場のさいはゴールインする走者のように両手を上に挙げて出てき、宿舎に帰っても「やった、やったぞ！」と叫んでいたそうです。

ぐずぐずすると捕って殺されます。四月二十六日ルーテルは帰途につきますが、途中誘拐され、ワルトブルグの城中に幽閉されます。危険を察したザクセン領主フリートリヒ侯がかくまったのでした。ここで約一年、騎士ゲオルクと名も変えて、城中で新約聖書のドイツ語訳に従事します。翻訳中現れたサタンにルーテルが投げつけたインク壺のインクの跡が今も残るといわれます。

4　ウォルムス以後

ルーテルは一五二二年九月に新約聖書の訳を完了し、旧約は友人と協同して一五三四年に完成します。ルーテル訳は、平民の子ルーテルにふさわしく、平民の用語に訳されていて、民衆の日用使うドイツ語と変らず、広く受けいれられました。

ルーテルは二二年三月にヴィッテンベルグへ帰り、留守中に暴改革をしていたカールシュタットの行きすぎを改めました。カールシュタットは大学を封鎖し、聖像を破壊し、ミサも悔改めも廃止し、僧も平服を着るようにしたのです（ちょうど文化大革命当時の中国紅衛兵のしぐさのように）。

翌々年二四年には最初のドイツ讃美歌集が出ます。ルーテルは詩人的素質があり、音楽の素養もありました。それまでの讃美歌はラテン語で、歌うのは聖歌隊員に限られ、信徒は聴くだけでしたが、これで礼拝に信徒も参加することになりました。

この年ドイツで農民戦争が起りました。虐げられていた農民の権利主張に端を発するものでしたが、やがて暴徒化し、当初支持していたルーテルも非難ついでは弾圧賛成に移り、暴徒殺害を聖書で弁護しました。藤井 武も「不幸なる農民戦争はルーテルをして平民の友たることを辞させた」（四巻六五三頁）といい、ルーテルが平民を信ぜず、民主的教会を斥け、君主につながるに至ったことを批判しています。

一五二五年四十二歳のルーテルは、元修道尼のカタリーネ・フォン・ボーラ二十六歳と結婚し、幸福な家庭生活を営みました。彼女は三男二女の母となり、やりくり上手で弁舌にもたけ、菜園を作り別荘を管理し、書斎の仕事をも助け、とくに夫の健康管理に留意しました。

一五二九年にはマールブルグ会議が開かれ、ルーテル、メランヒトン、ツヴィングリらが会しました。聖餐のパンとブドウ酒にキリストの体と血が共在するとするルーテルと、パンとブドウ酒は象徴だとするツヴィングリとの間に意見は一致せず、他の十四項目には一致を見ながら、会議は分裂のまま閉じました。以後プロテスタントが教義上の不一致で直ぐ分れるセクト乱立傾向の緒が、ルーテルによって作られたともいえます。

いま一つのルーテルの失敗は、一五三九年ヘッセンのフィリップ伯の重婚に賛成したことです。伯は政略結婚していましたが他の女性に満足を得ていました。伯は回心後良心が咎めましたが、ルーテルは族長の重婚（アブラハム）や一夫多妻（ヤコブ）の例を引いて、重婚を認めました。これは大きな誤りでした。

ルーテルの改革はカトリック宗教改革の動きを促し、イエズス会の認可、東洋伝道開始となります。

一五四六年ルーテルはマンスフェルト伯の相続財産分割の紛争調停のため遠くへ出向き、難航の末調停はなしとげましたが、帰途生地のアイスレーベンで二月十八日午前二時—三時頃息を引きとりました。その四日前の聖日は同地の教会で熱烈な説教をしたあとでした。六十三歳の一期でした。死の床には二人の息子が付添っていましたが、妻は遠くヴィッテンベルグでした。

なきがらはヴィッテンベルグ城教会の墓に葬られ、その棺には「ルーテルの教えは聖書の教えである。ゆえに彼の教えは永遠の教えである」という語が刻まれています。

四　ルーテルと藤井

時所を遠くへだてて生まれた二人ですが、二人には相似点と相異点があります。

相似点をいいますと、（一）ともに法学士で、求道し、親の意向に背いて伝道者になったことです。（二）に両者ともに詩人的才能がありました。藤井は近代日本有数の詩人です（文壇では誰一人みとめませんが）。ルーテルのことを二九〇行にもわたってよんだ詩人は、世界に二人といません。ルーテルも詩人です、その讃美歌によく現れています。（三）に両者ともに聖書中心でした。

しかし相異点もあります。（一）に寿命が違います。ルーテルは六十三歳まで生きましたが、藤井は四十二歳でした。ルーテル夫人ケーテはあとにのこり、子を育て家を守りました。藤井は喬子夫人を先に召され、八年間独りで五人の子女を育てました。（二）にルーテルは政治と関わり政治と妥協しました。その妥協ゆえ領邦君主の支持を得、プロテスタント運動は消えずに残れました。もし純信仰のみの運動に徹して、経済や政治を無視して行われたとすれば、プロテスタントは失敗に終っていたことでしょう。藤井は一切の妥協を排し、真実に徹しました。ルーテルは多くの後継者を得ましたが、藤井はごく少数の者に神の言を封印しました。ルーテルの成功は失敗の原因でした。

（三）に、ルーテルはその仕事の完成を見ました。改革の運動も、聖書翻訳と二回の改訂も、幸いな家庭生活も。藤井はどの仕事も完成できず世を去りました。その精魂をこめた『羔の婚姻』もあと一年半そこらで完成するのに、未完成に終りました。異色の神学書『歴史的に跡づけたる聖書神学』

はまだ緒についたところで中断となりました。

どちらが良いとかすぐれているとかではなく、摂理がそうあらしめたというほかはありません。神は両者をその史的必要のためにお用いになった、というまでです。

五　ルーテルの功罪

ルーテルほどの大人物は、その及ぼす影響が大きいだけに、功罪ともにかぞえられましょう。

ただ一人聖書に立って揺るがず、徒手空拳、教皇にもひるまず信仰の義を貫いた勇気は、信仰者の鑑であります。

またギリシャ語ヘブル語および平明なドイツ語の力を駆使して、聖書を民衆の書としたのは大きな功績でありました。以後の近代ドイツ語の形をルーテルが決めたといっても過言ではありません。

そして、聖書中心、信仰義認、万人祭司という主張は、ルーテルによって最も力強く主張されたのでした。

また、カタリーナとの間に理想的な家庭生活を営み、健全なキリスト者の婚姻の姿を身を以て示しました。神の創造と恵みによる婚姻の神聖を、当時の偽善的風潮の中で、敢然として世界に示しました（親鸞はルーテルに先んじること三百年以前に、同じことをなしとげましたが）。

さらに、儀式・祭式の批判を通して、秘跡を整理し、洗礼・聖餐の二つだけとし、信徒の礼拝への参画を積極的に進めました。

そして、副作用として、カトリック教会の自己改革を促し、キリスト教世界の浄化に貢献しました。

しかしルーテルにはまた欠点もあります。政治権力への依存はその一つです。諸侯の力を利用して改革が進むよう保護を受けるとともに、諸侯もルーテルを保護することで領土内の平安を保ち異分子を弾圧することができたのでした。これはのち二十世紀に、ヒトラーにも服従するというドイツ教会の姿勢となって現れます。

聖書中心は聖書無謬となり、聖書崇拝の弊をうみ、聖書解釈の自由と相まって、プロテスタントの四分五裂を結果することとなりました。

そうして、信仰のみとの主張はやがて正しい信仰とは何かという発想を生み、正否を決定してそれによって救いを法文化して裁くという法律的思考をもたらし、救いの真理があまねく全人類に及ぶという、イエス・キリストの福音を結果的に狭め、独占することとなりました。ドイツのルーテル教会も二百年三百年後には、カトリック教会と余り変らぬ法律的思想で働く制度となりました。

さらに、カトリック教会はプロテスタントより早く海外伝道に乗り出しました。もちろんスペイン・ポルトガルの侵略と相結んではありましたが、そこに異民族・異教への理解と人権保護の動きはありました（ラス・カサスのように）。これは今も南米に影響をとどめていましょう。ところが、プロテスタントは十九世紀西洋の帝国主義的植民地時代に伝道が盛んとなりました。そしてプロテスタント伝道地域は、カトリック以上に異教、異民族への抑圧・絶滅を行う傾向がありました（白人の責務《ホワイト・メンズ・バードン》）。

内村鑑三が、「信仰の上に愛を加える宗教改革」の必要をとなえ、ペテロ主義からパウロ主義（ルーテルの改革はこれに当る）へ、さらにヨハネ主義へと進むことを力説したのも、このことを考えてでありました。藤井 武が、復活と天国、愛と再臨を重視する来世信仰に立つ、福音の終末的真理の新展開に、世界史の完結を見たのも、同じ精神の現われでありました。

ルーテルは福音の真理を独占するカトリック教会に、単身抗して、その独占を打破しました。しかし彼につづくプロテスタント諸教会は、またもやキリストの真理を狭い自己の福音理解の中に閉じこめて独占しようとしました。今こそそのような真理独占的思考を宗教の世界から一掃しなければなりません。その点では仏教もイスラム教も、ユダヤ教も神道も、ましてキリスト教も同じであります。

宇宙は一つです、それを造られた神も一つです。一なる神は一なる宇宙を極めて多様な姿につくり、そのいと小さなこの地球にも、限りなく多様な存在を、しかも統一と調和をこめて造られました。

この創造主の御旨を体するとき、多様なるものの共存・共生は当然のこととなります。創造主の大いなる真理を、歴史上一時代に生をうけた人間や、一時代に形を成した思想が、完全に独占して表現し尽すことなど、絶対できはしません。そのできないことを、人間の分際で、神になり代ってできると考え、他に強制することは、創造の秩序への違反です。

こう考えてくるとき、宗教改革は本来、真理独占打破という、神の御心にかなう動きであったと考えられます。そして、今二十一世紀は、この真理独占思考を打破して真理分担に立つ創造的秩序の回復がなければ、人間も自然も、滅亡へと突き進む時代であると考えます。

ルーテルも、内村鑑三も、藤井 武も、真理を本然の大きな姿に戻す動きをした人であったと信じます。

十五　夕《ゆふべ》にわが妻死ねり——藤井喬子《のぶこ》と藤井 武

以下は、二〇〇四年十月三日、名古屋国際センター四階で開かれた、ちとせのいわ聖書研究会主催の「藤井 武記念キリスト教講演会」で話したものです。エゼキエル書二四章一五―一八節をよみ、讃美歌は五二〇番と四八八番を唱和しました。司会は山田能子氏が当ってくださいましたまた、十月がめぐり、お招きを受けて藤井 武のことを話すこととなりました。コスモスが卓上に飾られていますが、今年は少し花が小さいのは夏日照が強すぎたからでしょうか。

本日の題は、喬子夫人が死んだ一九二二年十月号に藤井 武が寄せた一文から借りました。毎年いろいろのテーマのもとに話をいたしてきましたが、今回はこの題を取り上げねばならないし、またこの題以外ではお話しできないと思いました。

藤井 武につきましては、名古屋の方々は中山博一先生のもとで永年学ばれていて、おそらく日本中のどの町の人よりもよくご存知の方が多いと思います。今回私の話しますのは、藤井 武が喬子夫人と共に過ごした地上十一年の年月が藤井 武自身にとってどういう意味をもっていたかを、藤井の詩文から全体としてかえりみてみようということです。それからもう一つは、『羔の婚姻』上、中、下三篇の各第一歌をみっちりと学ぶことです。

一　エゼキエルの妻の死

「夕《ゆふべ》にわが妻死ねり」という句は、エゼキエル書二四章一八節の文語訳です。一九二二年十月号の

「旧約と新約」に、喬子夫人を偲ぶ文として藤井が書いたものの題がこれです。その記念号には内村鑑三が喬子夫人の葬儀のとき式辞としてのべた文、塚本虎二と石川鐵雄の弔辞、中田信蔵の出棺に当ってのべた言葉が収められています。

そこでまず、エゼキエルの妻の死はエゼキエルにとってどういう意味をもったか、を学んでみたいと思います。

大預言者の一人エゼキエルは、前五九七年のエルサレム陥落に当り、若い祭司として第一回捕囚でバビロンに連行され、その地で五九三年に召命をうけ、二十年間自分の家で預言をつづけたとされます。また別の説では、前五八七年の第二回捕囚でバビロンへ移されたのだといわれたり、第一回捕囚でバビロンへ行ったが一度エルサレムへ戻り、五八七年まではエルサレムで預言活動をしたのち再び捕囚されたのだとか、いや捕囚には全然かからなかったのだという説さえあります。けれども最初申し上げたのが正しいと思われます。

彼は前五八七年にエルサレム神殿が破壊されるまでは、ユダの民の罪を責めたが、神殿崩壊以後はむしろユダの民を励まし、慰める預言をつづけたといわれます。預言者は、かつは責めかつは慰めるという消極積極両様の働きをするものです。

しかしエゼキエルの妻がどういう人だったかは全く判りません。ただここに「私の妻は死んだ」とあるだけです。妻の名さえ伝わっていません。ただ一六節に「人の子よ、見よ、私はにわかにあなたの目の喜ぶ者を取り去る」とあります。にわかにという語から、エゼキエルの妻は喬子夫人のように五か月余も患って亡くなったのではなくて、元気であったのに神が急に召されたことがわかります。英語では‘at a stroke’ですから「一撃で、一挙に」ということで、頓死と言えましょう。

しかしもう一つのあなたの目の喜ぶ者という語から、エゼキエルは妻を眺めて目の喜びとしていたことが知られ、夫妻はとても睦まじい関係にあったことがわかります。温かな家庭でありました。けれどもどのようにして死んだのかは不明です。

神はさらに、「嘆いてはならない。泣いてはならない。涙を流してはならない。声をたてずに嘆け。」との命令をエゼキエルに与えられます。当時のユダヤでは身内が死ねば悲しみを大きく表現するきまりでした。祭司なら、衣を脱ぎ、衣を裂き、頭巾もぬいで頭を露わし、サンダルもぬいではだしとなり、荒布をまとい、灰をかぶって、服装も物言いも食物も、平素とは違えるのです。これは日本でもまたどの社会でもそうでして、喪に服する時は黒い衣服を着て、赤や金の装飾品はさけ、精進料理を口にしますし、婚礼では反対に美々しい服装をつけ、いつも滅多に身につけないかんざしやブーケや白手袋を使い、長い裾を引いたり角隠しをかむったり、鯛の塩焼き、赤飯を食べます。平素とは違う生活で、改った心持を表わすのです。

儒教でも、親の死に際しては大声で泣く（哭《こく》す）のが子たる者の礼となっていました。幸田露伴の母が亡くなったとき、彼はすでに一家を成していましたが、葬儀のとき棺の前で大声をあげて泣きました。それは儒教のしきたりに従ったのでした。

エゼキエルが神の禁止に従って、しきたりとなっている悲しみ嘆きを表わすさまざまの事をしなかったことは、ユダの人々には異例・異様と見えたのでした。エゼキエルは嘆きを内に秘めて、人々には表わしませんでした。余りにも大きな悲しみに当っては、もはや泣き嘆くことも許されないのでした。

一九節以下には、エゼキエルが習慣に反した行動をするのに疑問をいだいた人々が、その意味を尋ねたのに対する、エゼキエルの返答の預言がのべられています—神はユダの民の「力の誇り、目の喜び、心の望みである」神殿が汚され、壊《こぼ》たれ、ユダの息子・娘は剣に倒れるが、民はエゼキエルが妻の死に当ってしたように、嘆きを外に表わすこともならず、やせ衰えて呻き果てると言われるのです。ソロモンの建てたあの豪華な神殿、金をふんだんに使って荘厳し、旭はまずその頂きに輝きをうつし、幾万の犠牲の獣がほふられ、それを焼く煙が天に冲し、全国から祭りのときは何十万もの人が隊を組んで詣りにくるその神殿は、民族の誇り、喜び、希望の象徴だったのです。それが汚され、壊たれ、祭器や宝物は持ち去られるというのです。

ちょうど、それは名古屋城が名古屋市民に対してもつ意味と似ています。いなそれ以上です。信仰のとりで、魂の礎だったのですから。一九四五年春、アメリカ軍の空襲で、加藤清正の築いた三百余年たつ五層六階の名城が炎上し、石垣だけとなったとき、名古屋市民は敗戦への足どりを覚え、心の底に穴があいたような気持になったことでしょう。それで戦後一九五九年に鉄筋コンクリートで復興したのです。今では五十何階の駅ビルのほうが、名古屋城天守閣より、市民の目の喜びなのかもしれませんが。

いずれにせよ、神がそこに在《いま》すと信じ、祈りの場であり、民族統合の自覚の象徴であった神殿が崩壊することを、人々にあやまりなく自覚させるために、神はむごくもエゼキエルの目の喜びである妻を取り去られたのです。

妻をにわかに奪い去られて、エゼキエルにとっては自分の命も希望も半ば失われたのでしたが、それと同様に、エルサレムの神殿が壊滅したことは民の希望が消え失せることでした。さればこそ、五三八年にペルシャのクロス大王が捕囚の民を解放し、一部の民が故里エルサレムに帰ったとき、しばらくして神殿を、小規模ながら再建します。そのことはハガイ書、ゼカリヤ書に出てきます。

エゼキエルにとって、今まで何十年ずっと傍にいた妻がもはやいないことと、神がずっとそこに臨在しておられた（と彼らが信じた）エルサレムの神殿がもはやない、もはや神は民を去られた、もはや神は在《いま》さないという絶望とは相併行するのです。

エゼキエルの全生活が預言でありました。妻すら取り去られ、嘆くことさえ禁じられ、心の内で呻き悲しむその悲しみの彼方に、彼はユダの国と民が国は破れ、神殿は破壊され、絶望の底に呻く民の悲しみを見たのでした。ただ「神殿は戦いに破れてなくなるぞ」と預言するだけ以上に、妻がにわかに取り去られた嘆きを抑えて預言するエゼキエルの姿に、人々は凄絶きわまるものを覚えたでしょう。並の預言より力ある預言に心撃たれた人もいたに違いありません。

藤井は、エゼキエルのこの悲しみを神が与えたものと観じて、夫人をいたむ文にこの題をつけたのでした。

二「夕に我が妻死ねり」

さきにも述べましたように、この一文は喬子《のぶこ》夫人追悼号（一九二三年十月）に藤井が書いたもので、のち矢内原忠雄が全集を編集したとき、第一巻『羔の婚姻』の前に、「序にかえて」として置いたものです。

喬子夫人は一九二二年十月一日の夕べに召されました。二十九歳（満二十八年四か月）でした。病気は結核でしたからエゼキエルの妻のようににわかにではなく、少くとも数年の経過はたどったと思われます。喬子夫人の育った西永家は喬子夫人の妹や弟も結核で早逝しています。今のようにツベルクリンもなく、ＢＣＧをうつわけでもなく、マイシンなど特効薬もないので、発見はおくれがちで、家族内に感染者の出ることが多く、結核筋《すじ》という誤った偏見もありました。北陸地方は冬は雪空で陰鬱な天候が多く、日当りもすぐれず、胸の病には良好とはいえぬ地域でした。

就床は死の年の四月二十一日でしたが、その年の一月に次女園子を出産しています。今なら出産も病院で万全の介護のもとにでき、急な場合も直ちに対応できますが、当時は皆産婆さんを自宅に呼んでお産をしたものでした。十月一日に死ぬほど結核が進んでいるときにお産をするのは、命を投げ出すようなものです。今ならレントゲンで早期発見できて、そのような出産はしないよう医者も勧め、本人も気をつけたでしょう。けれども時は大正の半ば、当時の日本の保健医療の体制も知識も、今とは格段の違いでした。喬子夫人は第五子の園子を産んで、体力を一気に消耗しました。命と引きかえのお産でした。

結婚生活十一年間、喬子夫人が何よりの祈りとしていたのは、夫武の伝道と研究でありました。〔ここで私の妻浩江にふれることをお許しください。浩江も私の研究、執筆、教育、講演、伝道を何よりも第一とし、病苦をも忍んで極力妨げぬよう、いじらしいまでに配慮していました。〕

喬子夫人は家計のやりくり、子女の教育に努力しただけでなく、夫の決断をつよく促しました——藤井が官を辞して内村の助手となり伝道に転身するときにも、内村から独立して独立雑誌を出すときにも。また夫の原稿はまず一読しましたし、夫にいろいろとアイディアを出したりもしました——「旧約と新約」という個人雑誌の題も、『人生のうた』という書名も。〔浩江も、関西合同聖書集会会報や「十字架の言」に私が寄せる原稿は、病床で必ず一読しました。」雑誌の校正も夫人が担当し夜更けまで働きましたし、やがては夫の口述筆記を担当して助け、眼が悪い藤井が失明したときは、夫に代って外国書を読むために、外国語の勉強をさえしようとしました。〔浩江も床に臥せる日が多くなるまではよく校正を助けてくれましたが、その仕事は完璧でした。〕

その伝道の片腕以上の喬子夫人を失った藤井の悲しみは無限であり、妻の死の深い理由は今もってわからないながら、しかし神を信じました。

夫人が世を去るとき、周りに家族たちを集め、子供たちは「寝にいらっしゃい」と床に就かせたあと、藤井と浅村の親を呼んで、苦しい息の中から「天国にいい場所を備へて、待ってゐます」ということばを残して召されました。藤井 武はこのことばを深く心に留めました。イエスは最後の晩餐の席上、ユダを除く十一弟子たちに「我が父の家には住居多し、……我汝らの為に所を備へに往く」（ヨハネ一四・1―5）と言われました。夫人は先にこの世を去りイエスのもとに至り、住居を受けて武の来るのを待っているのだと考えて、藤井は少しく心を休め、夫人の死は勝利であったと感謝しました。

思い返せば、官吏の道をすてて独立伝道の狭い道に一九一五年に入ってから七年間の悪戦苦闘のゆえの戦死だと、藤井は考えたのでした。二人はいっしょに戦った、二人は一体である、首と体のように一つであり一人である。喬子が死んで武も死んだ、武が生きている限り喬子もなお生きているのだ、と信じたのでした。〔浩江も最後の入院中、薄れてゆく意識の中で、何度も何度も「私たちは一心同体よ」と言い、私は「そうだ、そのとおりだよ」と答えました。二人は共に死に、今共に生きていることを実感します。〕

藤井は夫人との一体を覚えつつも、神はこの伝道上大事な時に、唯一の助け手である喬子夫人を、どうして取り去られたのか、なぜ癒してくださらなかったのかという疑いを抑えることができませんでした。当歳から十一歳まで五人の幼児がいるのです。しかしその時、「我が思ひは汝らの思ひより高し」（イザヤ書五五・8以下）との言葉に、頭《こうべ》を垂れ、すべては彼の時に明かになるとの思いに慰めを得るのでした。

藤井は神を恨みはしないものの、神に問いかけ、神の扉を叩き、訴えかつ祈らずにはおれません。「主よ、願はくは、この小さき僕《しもべ》をも、汝の苦難と栄光に与《あずか》らしめ給へ。」喬子夫人なき地上に、藤井はもはや未練をのこしません。もし神が許してくださるなら、自分もできるだけ早く召してください、と祈っているのです。

「夕に我が妻死ねり」は夫人が召されてすぐに藤井が筆にした文章です。そこから私たちは藤井が夫人に感謝するとともに、その夫人を失って、何とも形容しがたい魂の空虚・どん底に陥ってもがき呻いている叫びがきこえてくるのです。

エゼキエルは呻くことすら神から禁じられました。しかし藤井は悲しみを言い表わすことを神に許されたのでした。

三　「或る夏の消息」

一九二二年十月号に「夕に我が妻死ねり」をのせた藤井は、その年十一月号と十二月号にも夫人を偲ぶ文をのせます。それがこの「或る夏の消息」です。

それは夫人が亡くなる五年前の夫人と藤井の往復書簡です。この年一九一七年八月二日、藤井は井戸水を風呂桶に張ろうと汲んで運んでいて、胃が破れて吐血したのでした。水汲みは力仕事ですから男のすることとでした。胃潰瘍や静脈瘤がある人が力を入れて気張る仕事をすると、破れて出血することがあるのです。藤井は親ゆずりの胃潰瘍の持病で、ご飯は胃に入らず、おかゆでもむりで、うどんをくたくたにたいて食べたりしていました。

吐血して安静と養生を医者に勧められ、家には三人子供がいるので暫くは転地したほうがよかろうとのことで、八月下旬から九月十一日まで約二週間、小田原の養生院へ行きました。

その間の手紙十八通が全集に入っています。日付によればたった十二日間に十八通です。うち十通は夫人のもの、八通が武のものです。相手の手紙を見てから返事を出すのでは十八通も書けません。お互いに手紙を受けとらなくても筆をとっているのです。手紙の内容がすれ違っていることからもそれが判ります。

矢内原忠雄は編集に当り、藤井が「旧約と新約」に公表するとき省いていた部分も、手紙の現物と照合して、ほとんど元の形に復元しています。ですからお互いの心の動きや心運びのさまがよくうかがえます。

矢内原は独りで藤井全集を編集したのでしたが（塚本虎二も連名になっていますが途中からは一人）、その際編集者の権限を大いに用いています。矢内原が喬子夫人の妹の愛子を妻に迎え、独りで外遊中に愛子夫人が発病し、急ぎ帰国して半月中に夫人は召されたのでしたが、それから一年余りで堀恵子と再婚しました。その際藤井 武が義弟矢内原に宛てた手紙の全集収録に当り、矢内原は名前を皆○○としてわからぬようにし、かつ手紙の差出年月を他の年に移して、藤井から自分宛とは知られぬようにカムフラージュしています。これは編者の特権というより越権というほうが当っていましょう。

この武と喬子夫人の往復書簡は、藤井が転地保養したからこそ残ったのでした。この珠玉の文字は、胃潰瘍の血の滴りが書かしめたものでした。病苦もまた恵みでありました。当時の藤井家には、夫人のほか長女百合子六歳、長男洋《ひろし》四歳、次男立《たつ》当歳、そして黒崎幸吉の妹祝子（のち江原万里の妻）、それにお手伝いがいたりいなかったりでした。

手紙の中で喬子夫人は武のことを「あなた」と呼び、武は夫人を「御身」または「喬さん」と呼びかけています。手紙は皆巻紙に毛筆で書かれ、それもかなり長文です。全集本で三十一頁、一頁八百字、一通当り一三七八字です。ごく一部を引いて、その香りにひたりたく思います。

喬子より武へ、八月二十九日「すべての事はみな私共によい事でありました。一時の苦しみも又神さまが私共にくださる大きな悦びの前であることを思ひました。」（全集十巻519頁）

八月三十日付で喬子は、苦しみの中で聖書をよむと、その意味が少し判り、ひしひしと思い当り、胸が一杯になる、と述べています。

武より喬子へ、九月三日「我々は神様に愛せられて居る。どんな苦痛でも、我々だけで負ふのではない。神は我々の目を涙より、我々の足をつまづきより助け出してくださる。……その事がわかる時には、悲しみの涙の代りに真実に嬉し涙が出るのです。だから少しも心配する事なく、ただ心を上に向けて、神に縋って祈らう。」（532頁）

夫人の文は女性らしく柔らかで率直で、飾りのないものです。武の文は名文家にふさわしく、緊密な措辞にみちています。

九月五日武より喬子へ、「純粋なそしてどこまでも深い信仰と、熱烈なそして限りなく聖い愛と、明確なそして極めて高い希望とを以て、ますます楽しい人生を辿らう。色々の苦がい事も起るだらう。けれども我々の生涯は幸福である。前途には光が輝いて居る。歩一歩神に導かれて進むのである。」（537頁）

「色々の苦がい事」とは、藤井の胃病がさらに悪くなることもありますが、それ以外に、養家藤井の母親とは折合いが余りよくありませんでした。自宅の隣に家を建てて迎えたのも実家浅村の親でした。役人をやめて伝道に転じる時も、藤井の両養い親は理解を示さず、喬子夫人が間に立って苦労しました。その事も含まれていましょう。

最後に、「或る夏の消息」を結ぶ喬子夫人の九月九日の手紙、「新たなる生活を心から待ち望んで居ります。何事も唯みこころにまかせ、聖旨のままに進みませう。私共の前途にはまだまだ大きな苦しみが待ってゐる事を知って居ります。どうぞ神様におたよりして力を与へられる事を祈りませう。信と愛と望、くれぐれ忘れず進みませう。」（548頁以下）

藤井の返書のほうが夫人より文は長く、意を尽して信仰の内容、病気のこと、苦しみの意味をのべています。夫人はそれを素直に受けて、夫の上を思い、子供たちの日常を伝えています。

今人々は手紙を書かなく（書けなく）なりました。皆メールですませます。それでは残りもせず、一寸四方の画面では魂の深い消息など伝えようもありません。心の深い交わりはほとんど期待できません。手紙は心も身体も改まって書きます。巻紙ならなおさらのこと、便箋にペンでもまさかベッドに寝ころがって仰向けで書けはしません。書いたあとは読みかえします。いけないと思えば没にできます。書きつつも考えが深まります。通信技術の発達は心の通いをきわめて貧しくしてしまいました。

藤井全集に手紙は全部で二二八通収められています（266頁、一通平均九三二字）。最も長いのは官吏を辞めることを浅村の両親に告げた手紙で、六頁、四〇〇〇字詰で十二枚にのぼります。巻紙なら一巻では足らなかったでしょう。

夫人が召されたあと二た月にわたりこの往復書簡をのせつつ、藤井は生前の夫人を思い、悲しみと思慕を新たにしたことでしょう。この手紙をのせた一九二二年十一月号に藤井が発表した短歌が一首あります。

口を塵につけて黙さむただひとり
負はせたまひし軛《くびき》を負ひて

喬子夫人の歌は二二年八月に内村へ宛てた手紙の中にあります。

いたづきの身をゆだねつつ今日もまた
さかづき受けむ御心のまま

夫人はすでに死を覚悟したかのように、神にすべてをゆだね、苦しみの杯をつぶやかずのみほすつもりです。

四 「羔の婚姻」各篇の第一歌

一九二二年の十月号から十二月号まで、夫人を偲ぶ文を「旧約と新約」誌にのせた藤井は、内村が予知したように、天上の喬子夫人に助けられ支えられて、聖霊の降り導くがままに、その嘆きの唇より、あの長詩「羔の婚姻」を歌い出で、二三年四月号から三〇年七月号の死に至るまで、歌い続けたのでした。

「羔の婚姻」全八十七歌、一二七九五行、別稿と断章を加えて一二九五四行、上、中、下三篇に分れ、各篇三十六歌（下篇は十五歌で中断）、その第一歌はいずれも喬子夫人に思いをはせての詠です。上篇第一歌「コスモス」は一九二三年四月発表、中篇第一歌「碧玉」は一九二六年四月、下篇第一歌「雅楽《よきうた》」は一九二九年四月発表です。

藤井はその体格も引き締った人、その文章も緊密そのもの、その思考は体系的な人でしたから、「羔の婚姻」もその全体構成は、ダンテの『神曲』にならって、最初からあらまし心にあったに違いありません。上篇は天地創造にはじまり、旧約の歴史を歌い、イエスの降誕から十字架・復活を詩にあらわし、再臨を望む、新郎たる羔の完成が主題です。中篇は聖霊降臨による羔の新婦たる教会の誕生にはじまり、キリスト教史をたどり、神の真理の啓示の秩序をのべ、「来世」の真理を明示すべき使命は日本にあるとし、その理想の日本と現実幻滅の日本を歌い、宇宙万物の呻きに終ります。

下篇は羔の婚姻の成就とその祝宴が主題で、黙示録をふまえ、次々と展開するサタンとの闘いと神の審判を詠じつつ、第十五歌でペンは手より落ちたのでした。

もちろん、次々と歌いすすむにつれて、藤井自身の考えも、詩想も新たまり深まって行ったことは言うまでもありません。

1　上篇第一歌「コスモス」

このダンテの『神曲』、ミルトンの『失楽園』と並ぶ信仰長詩の開巻劈頭を飾っているのが「コスモス」です。当初発表されたときは題はなかったのですが、矢内原忠雄が全集を編むときつけた、まことによい題です。コスモスとは喬子夫人が女学校時代に友人からもらった渾名で、明るく、清く、美しい性質をよく表わしています。

第一歌を味ってまいりましょう。

1目もはゆるコスモス、菊、ダリヤ
　くまどるはうす紫の桔梗、
めづらし、薔薇の小花《をばな》さへ添ひ、
4きよき者の門出に栄《は》えあれと、
その面《かほ》おほひに胸かざりに
秋は自然の誇りをつくした。
7ああかくて平和に、しかし声なく

臥すは誰か、いま私《わたし》の前に、
否、むしろ私のふところに。
10ここ武蔵野の大野のほとり、
天を見《み》放《さ》くる私の書斎が
彼女のピスガの嶺となった。　（一―一二行）

藤井の家は二階は六帖一間で、そこが彼の書斎でした。階段を上った踊り場は一帖分の板間で、そこで喬子夫人は「旧約と新約」の事務をしていたのでした。二人はそこを「社用」と呼んでいました。夫人はずっと下の居間で臥っていたのですが、病重って藤井は病室を二階書斎に移しました。日当りもいいし、藤井が仕事をしながら様子も見られるし、朝も早く訪れるからです。重病人はとりわけ朝を待ちわびるものです。ピスガの嶺とはモーセがモアブの地のこの山の頂から、神に約束の地を一望することを許された所です（申命記三四・一）。しかしモーセは約束の地に足跡を印することは、神に許されなかったのです。

13現実かこれは、また幻か。
いづれとも、或る言ひがたき世界に

わたしは今おのれを見いだす。
16いのりに疲れはてしたましひ、
また何をか願はう、弱者がえらぶ
かの許されぬ事のほかには。
19十字架ひとつ、さかづき一つ、
冠《かむり》も一つに備へられながら、
うらむ、凱旋を共にし得ぬを。　（一三―二一行）

一八行の「かの許されぬ事」とは自殺です。喬子が死んで武も死んだと藤井は言っています。速かに喬子のいる天に移されることこそ、藤井の何よりの願いなのです。

「羔の婚姻」の詩形は、三行で一連、七連で一まとまり、数まとまりで一歌となっています。ここで一まとまりが終ります。

22ふるき友あり、この朝きたつて
無言のまま私の手をとり
しかと握つた、その手は熱かつた。

25花の香《か》ただよふ床《ゆか》のうへに
　跪《ひざまづ》いて友は口をひらく、
　外には秋雨もしとしとと。
28「おお父よ、げに測り知られぬ
　深きみこころ！　わが友にとり
　こはまたあまりに重き軛！
31かれを憶うてわが胸いたむ、
　しかしわれらの意思《おもひ》ではなく
　ただみこころを成らしめたまへ。
34願ふ、選ばれし彼が奉仕を
　完くせしめ、しかしてかなはば
　疾く彼をも召したまはんことを。」
37「アーメン」は私から爆発した、
　闇にひらめく電光のやうに
　終りの一語がわたしを衝いて。
40むなしき逸矢《それや》の相継ぐなかに

ひとり的《まと》を射し友の愛を
主《しゅ》よ、汝は忘れたまはぬであらう。　（二二―四二行）

二二行のふるき友とは石川鐵雄のことです。一高で藤井の一年上で、黒﨑幸吉、椎津盛雄ともども親交を結びました。最も早くキリスト信徒となったのも石川、柏会員中最も早く「聖書之研究」に寄稿したのも彼で、内村の期待も大きくありました。石川は明治四十三年に東大を出て、金沢の四高に赴任し、一年余りで一子夫人を産褥熱で失いました。そのご六年独身でいましたが、さきの藤井が小田原で転地療養中、石川は一人の婦人を伴って藤井を見舞いました。その女性は、同じ柏会の出で当時エジプト公使をしていた笠間杲雄《あけお》の妻で、笠間は単身赴任して夫人に手紙もよこさず、その淋しさを慰めていた石川との間が、すでに深い仲になっていたのでした。石川はそのごドイツへ留学し、アメリカを廻って一九二二年には帰国していて、喬子夫人をなくした藤井を真先に見舞ったのでした。

その時の石川の祈りは、藤井の心肝に徹しました。「しかくてかなはば疾《と》く彼をも召したまはんことを」という祈りは、藤井の自殺さえ願わしく思う心の底に突きとおったのでした。

次は喬子夫人の葬儀のときの内村の式辞をめぐる感慨です。

43　九段の丘うへ十字の会堂、

今日しも満つる不動の空気、
人の子の悲しみ、主にある愛。
46しづけきオルガンの音《ね》につつまれて
讃美はあがる、涙のなかより、
全会衆の祈りもひとつに。
49過ぐる夏の夜その教壇より
「人生の厳粛味」を声たかく
叫びしはまさに私であつた。
52同じ壇の下にけふは黙して、
裂かれしわが骨、わが肉を前に、
「神を義とせよ」との奨《すす》めを聴く。
55神を義と！　ああ然り、私のため
準《な》縄《は》はトペテの谷に落ちても、
わたしは神を義とすべきである。
58さらば私は血まみれのまま
受けよう、感謝して、すべての苔を、

讃めたたへよう、聖名《みな》を、とこしへに。
61かく思ひさだめしその時に
わたしの霊は会堂を脱《ぬ》けて
かがやく栄光の国にあった。　（四三—六三行）

四三行の「会堂」とは、九段メソジスト教会で、のち日本基督教団に籍を移し、今も在ります。藤井は夫人の死の年の春から、この会堂で市中伝道を始めていた縁で、ここで葬儀をしたのでした。五〇行の「人生の厳粛味」とは一九二二年六月号の「旧約と新約」にのせた文で、出エジプト記三章一—五節の、モーセが燃える柴のところで神の顕現に会ったところをふまえ、様々な問題を論じたもので、姦淫のことにもふれています。

五四行の「神を義とせよ」は葬儀当日内村鑑三がのべた「藤井喬子を葬るの辞」の中にある句です。内村は喬子をキリスト者婦人の代表と賞したあとで、今この時夫人を藤井より取り去ることについては、神にも申分があるとして、「私共は神様の御言葉を聞き、其聖業を義とし奉るべきであります」と述べました。藤井はそれを受けいれるほかありません。

五六行の「準縄《なは》はトペテの谷に落ちても」の準縄とは長さを測る縄で、目盛がついています。今なら巻尺でしょうか。詩篇一六篇六節の「準縄《はかりなは》はわがために楽しき地におちたり」をふまえ、神が藤井に分前として、楽しき地でなく、苦しみ悲しみを与えられると歌うのです。トペテとはエルサレムの南のヒンノムの谷の中の一点で、そこで偶像崇拝時代、人々は我が子を焼いて犠牲としましたが、ヨシア王の改革後はエルサレムのごみ捨場となった汚れた場所でした。藤井は神からむごい仕打ちを受けつつも、それを義とするのでした。――けれども、内村の右の言葉に賛同しつつも、藤井の魂は苦しみと悲しみに千切れんばかりだったのです。疑い、嘆き、呻きはまだまだ続きます。

　少し省きまして八五行から、

85言《ことば》に絶えたる日は始まる。
　見せつけらるるおのが弱さよ、
　見失ひたる神のさびしさ。
88山崩れに生埋《いきう》めとなりし
　坑夫たちのごとく、昼も夜も、
　光よ隙よわたしは焦躁《もが》いた。
91或るあさ勇気をあらたにして、
　旧き詩の篇《まき》を繰りはじめた、
　ほかには期待すべき途もなく。

94 うれしきは弱者が偽らぬ
告白、祈り、三千年をへだてて
心と心の奇しきすれ合ひ。
97「わが日は煙のごとく薄れ、
わが骨たきぎのごとく燃えて、
私は忘れる、糧をとるを。
100 私は野のペリカン、荒野のふくろふ、
友なく屋根にもだす雀、
おのが涙を飲みものとして。」
103 かく歌うた後にわが詩人は
一段と声をはげまして「なんぢ
私をもたげて投げ棄てたまうた！」
106 あやしくわたしの胸は躍った、
おのがさけびの反響を聴いて
さながら救ひを見つけたやうに。
109 しかし呻吟すら苦悩を和《なご》める。

ふさはしき代言の声にまさりて
なやめる者の慰めは少い。
ああ主よ、なんぢ私をもたげて
いと高く、光まばゆき嶺に
十年のよき日を過させたまうた。
今わたしは俄然として見いだす、
暗き死のかげの谷にをののくを。
なんぢ私を投げ棄てたのである。
主よ、何ゆゑに、何ゆゑに、かく
残酷に私を待《あしら》ひたまふか。
わたしは既に吐き出されたのか。
何故にかくもあわただしく
なんぢは彼女を召したまうたのか、
地がいつよりも要《もと》める時に。
それは云々《しかじか》の為めと友らは
私をなぐさめて説明する。

　しかしわたしの心は満たない。　（八五―一二六行）

藤井はついに神を見失い、暗黒の中でもがくのです。藤井はそこで詩篇一〇二篇に同じ魂の告白を見出すのです。この篇は、「なやみたる者おもひくづほれてその歎息《なげき》をヱホバの前《みまへ》にそゝぎいだせるときの祈祷《いのり》」と説明がついています。一〇〇行の野のペリカンは口語訳では荒野のはげたかとなっています。ペリカンは水辺にだけいるのですから口語訳のほうが正しいでしょう。

一一四行の「十年のよき日」は一九一一年から二一年までの藤井の結婚生活十一年のことを指します。一二三行の「地がいつよりも要《もと》める時に」とは、二二年三月十二日から毎日曜日午前、神田ＹＭＣＡ会場で聖書講解の公開講演会を開きました。また「旧約と新約」誌も創刊以来二年五か月をへ、軌道にのったところでした。その時に、右腕ともいうべき夫人を取り去られたのですから、友の慰めも心を満たすべくもありません。しかしその時、藤井は、散歩の途次に神の声をきき、心からアーメンを唱えたのでした。

127ゆふされば相模の山々のうへ
　此世ならぬ雲のかがやきに
　ひかれて日々わたしは野に出た。

その夜もさむき秩父おろしに
外套の襟をさへ立てながら
天の渇きにこころは喘いで。
夕ばえは染《し》み出たやうに深く、
薄暗《うすやみ》しづかに万象《ばんしゃう》をつつみ、
天は地とささやくに適した。
祈るともなく聖名《みな》を呼びつつ
歩む私にたちまち或る声！
そのまま畔みちにわたしは立つた。　（一二七―一三八行）

木枯の吹く冬の夕べ、藤井はいつものようにステッキを手に、独り散歩に出ます。多くは犬を連れて。藤井の犬は余り上等のでなくて、或日近くの畑を荒して農夫に捕えられ、一日留置されて帰されたりしました。藤井は夜まで探しまわったのでした。暮れゆく夕空のもと、藤井は天啓に接します。

「泣くな、私である、私である。
私がわがため彼女を呼んだ。

彼女の現在を私はよろこぶ。
142 このわが悦びを今みたすは
永遠より私の思ひであつた、
今、汝らふたりの真昼時に。
145 今こそ時よ、げにこよなき時！
美しきは天にかがやくべく
弱きは苦杯を飲み干すべく。
148 この時のため私は備へて
五十年も羞ぢらふ十年を
吝《をし》まずすでになんぢらに与へた
151 しばし所を異にするとも
怪しむな、羔は天にありて
己が新婦《はなよめ》を地にみちびく。
154 いやまさる輝きもてこののち
ここより汝を助くる彼女を
トスカナの貴女も羨むであらう。

157起て、仰げ、目をここにそそげよ、
破れし心臓の鼓動を歌に、
歎きを讃美にかへよ、かの日まで。」（一三九―一五九行）

神は喬子夫人の霊をご自身の傍におくことを望んだのだといわれるのです。「現在」とはそこに在ること（英語ならpresence）です。一四四行の「真昼時」とは人生七十年の半ば三十五歳（藤井の年齢）のことです。一五五行は内村の喬子夫人を葬むる辞の中の「今より後、ビヤトリスがダンテを助けしやうに、喬子さんが藤井君を助けらるるのである」を指します。一五六行の「トスカナの貴女」とはベアトリーチェ（英語ではBeatrice）のこと、彼女はイタリア中部トスカナの名門の娘で、ダンテはまだ少年時代に美少女たるベアトリーチェに一目惚れし、生涯の思慕の対象となりました。良縁をえて結婚した彼女は若くして死に、ダンテは別の女性と結婚し、『新生』で恋愛と宗教的叙情を統合した境地を歌い、『神曲』では彼女を天堂篇での導き手とします。内村が葬儀でのべたあの言葉が、『神曲』の塁を摩す『羔の婚姻』に結実しようとは、内村はもとより藤井自身も想像さえしなかったでしょう。まさに神業としかいえません。（『神曲』は全一四二三三行、『羔の婚姻』はその九一パーセントです。）

160足りる、ああ神よ、汝のことばは
　私に過ぎる。しかし私をして
　値するごとくに受けしめよ。
163讃むべきかな、ひとつの十字架もて
　あるひは撃ちあるひは贖ひ
　かくて永遠のみむねを成す者！
166福《さいは》ひなるかな、召されてみそばに
　聖きよろこびを充たす彼女！
　聖名《みな》のゆゑに軛負ふ私！
169ねがはくはそこに彼女をして
　ここに私をして暫しありて
　合唱せしめよ、汝の栄光を。　（一三九―一五九行）

一六三行以下は、この啓示に心満ちあふれる詩人藤井 武の絶唱です。（以下略）

2　中篇第一歌「碧玉」

表題の碧玉とは、jasper石英の微細粒子の結晶で、暗緑色・暗青色、黙示録四章三節、二一章一一節、一八、一九節に出、天から降る新しいエルサレムの城壁の土台の一つで、ここでは喬子夫人にあてはめています。最初の二一行を省いて、

22ああ羔の生命《いのち》さかれて
黎明《しののめ》のごとく立ち現はれし
聖き新婦《はなよめ》をいかに歌はう。
25天にある慧《さと》き司《つかさ》たちさへ
神のゆたけき智慧と恩恵《めぐみ》を
彼女のうちに見いでて怪しむ。
28いま私《わたし》がみづからの佳耦《とも》を
うたうてかくも大いなる詩題に
序曲とするは、許されぬ事か。　（二二—三〇行）

キリストが十字架上に死なれ、神の大能により復活され、天に昇られて聖霊を降し、ここに「聖き

新婦」たる教会が始まりました。中篇は教会史を歌います。その冒頭にまた喬子夫人のことを題材とするのは大それたことではないかという疑問への、藤井の応答です。

31しかし準縄《はかりなは》わたしのために
「百合の牧場《まきば》」に落ちたとすれば
この不躾《ぶしつけ》を責むる者あるまい。
34ケダルの天幕に似たる女《むすめ》も
陰府《よみ》より強きその愛ゆゑに
かがやく后《きさき》の栄誉《ほまれ》をしめす。
37一つの肢《えだ》たふとばるるとき
もろもろの肢とともに祝せば
私のわざ義とせられなからうか。
40さらば、互に栄光《さかえ》づけあふ
三位の神よ、われらの調《しらべ》を
しばし変へしめよ、地の独唱に。　（三一―四二行）

三一―三五行は雅歌をふまえた詠です。

「百合の牧場」とは雅歌六章二節をふまえてのことばです。雅歌は旧約聖書の中でもきわめて特色ある、古代ユダヤの恋愛詩です。「わが愛するものは己の園にくだり、香しき花の床にゆき、園の中にて群を牧《か》ひ、また百合花《ゆり》を採る。我はわが愛する者につき、わが愛する者はわれにつく、彼は百合花の中にてその群を牧ふ」とあるように、愛する羊飼と乙女とは相思相愛の仲なのです。藤井と夫人との間も、神の定められた相愛の仲だとすれば、ここに夫人のことを歌うのも差支えあるまい、というのです。

三四行の「ケダルの天幕」とは創世記二五章一三節と雅歌一章五節をふまえています。ケダルとは皮膚の黒い者という意味で、アブラハムがハガルに生ませた子イシマエルの子です。「陰府《よみ》より強きその愛」とは雅歌八章六節をふまえてのことで、雅歌の女主人公シュラミの女も色は黒くとも羊飼に対してまことに強い愛をいだいている、というのです。

三七行は第一コリント一二章二六節をふまえての詠です。イエスを信じる者は皆、キリストの体なる教会の肢体《えだ》だというのです。

43あるとき睡《ねむり》より醒めしごとく
　私は眼を挙げてわが前に

ひとりの祝福《めぐ》まれしものを見た。
46その喜悦《よろこび》は地のものならず
清火の空の薫りを帯びて
いと潔らかなるおもひであつた。　（四三―四八行）

「清火」とあるのは、五天中の最高天で、火と光の世界、神の住みたもう天のことです。『神曲』に出てきます。英語ではエムピリアン（empyrean）といいます。

49彼女が私に何であるかを
さぐりて聖書《せいしょ》に見いでたとき
私は叫んだ、「わが栄光よ！」と。
52輝かしき王冠をいただく
王のほこりも、まことの女性を
佳耦《とも》とする男性に及ばうか。
55わがベアトリチエは私を呼ぶに
「兄弟よ」といはず、牧者を呼びし

　シュラミの婦《をんな》の言《ことば》もてする。
58おほよそ妻と呼ばるる貴女らよ、
　なんぢら朽ちせぬ飾りをおもはば
　彼女のゆゑに神をたたへよ、
61そは数ならぬ彼女のうちに
　奇《くす》しきみわざを神はほどこし
　「夫の冠」を編みたまうたゆゑに。　（四九—六三行）

五〇行の「聖書に見いでた」とは、第一コリント書一一章七節のことで、男は神の栄光、女は男の栄光なのです。五八行は雅歌一章七節で、そこではシュラミ乙女は羊飼の青年を「わが魂の愛する者」と呼びます。

64地に起き臥すものが許されて
　いと高き者の永遠のおもひを
　おもふはいかに福《さいは》ひなるかな。
67モリアの山にその独子を

ささげし族長ならで誰か
酒槽《さかぶね》ふむ父のなやみを知らう。　（四九—六三行）

六七行以下は、アブラハムが一子イサクを神の命のままに、今のエルサレムにあったとされるモリアの山で、燔祭として犠牲にしようとしたことをふまえての詠です（創世記二二・2）。「酒槽ふむ父」とはイザヤ書六三章三節にあり、神が酒槽をふみぶどうの真赤な液汁を絞り出すように、従わず背く民に怒りを発し、踏みにじってその返り血で衣が染まるのです（黙示録一四・19、一九・15参照）。

70 癒えがたき傷《いたで》おさへつつも
ふたたび往きて姦淫の妻を
愛しおほせし預言者のみぞ
73 若かりし日の契りにそむきて
あだし神恋ふる民をも棄てぬ
エホバの愛を身にしみ憶ふ。　（七〇—七五行）

「姦淫の妻を愛しおほせし預言者」とはホセアのことで、とくに一章と三章にあります。淫行の妻をめとり、神の命令のままに、自分を去ったその妻を再び買いとって妻としたのでした。それは神に背いてやまぬイスラエルの民にも、神の愛は注がれ、見捨てられることなく最後の救いまで導かれるという、その神の愛を身をもって示せというのでした。

76 羚羊《かもしか》のごとく小鹿のごとく
　山とび岡を躍りこえ来て
　窓より覗き格子より窺ひ
79 「わが佳耦《とも》よ、わが美はしき者よ、
　起ちていできたれ」と呼ばはるべき
　羔のこころを知るは誰か。
82 ひとりの妻がその夫《せ》のために
　いかなる存在であり得るかを
　見るをゆるされし者こそ彼れ。　（七六―八四行）

この九行は雅歌二章八―一〇節による詩です。雅歌の比喩的解釈によると、愛する青年はキリストの象徴、愛せられまた愛するシュラミ乙女はキリストの新婦たる教会で、雅歌はキリストと教会との愛を歌っているとされます。藤井はこの解釈に従っているのです。
そこまで四三行から八四行までは、藤井の見た幻です。つづけて現実に目覚めて歌うのです。

85ふたたび目醒めしもののごとく
私は見まはしてわが側《そば》に
彼女のすがたなきをみとめた。
88そのわが驚きをながめては
流のまへに導者を呼びし
煉獄の客も憐れんだであらう。　（八五―九〇行）

男の栄光、夫の冠としての妻の姿に心満ちた幻からさめ、眼前その妻がいないのを知って藤井は愕然とするのです。八九行の「導者」は『神曲』で地獄と煉獄（浄罪界）の案内役をしたヴェルギリウスのこと、九〇行の「煉獄の客」とはダンテのことです。

91ああ地は彼女を失うた、地は
小《ちさ》くとも二つなく秘めおきし

　東方の碧玉を失うた。
94恵まれしこと多きものほど
　歎きはまさる。晴るるをこばむ
　わが眼を怪しむものは誰か。
97神酒《みき》をささげて神々のまへに
　笑柄《ものわらひ》となりしゼウスの子の
　歩みも私にはかなふまい。　（九一―九九行）

九八行の「ゼウスの子」とは、豊作とぶどう酒の神バッカス（ディオニュソスのラテン名）です。酒神はよっぱらい千鳥足でよたつき、神々の笑いをさそうのですが、藤井はバッカス以上に危い歩みしかできていない、と自ら歎くのです。

100そは骨の骨を裂かれながら
　なほ肉にありて歩むにまさる
　創造者の愛の悪戯なければ。
103価値の物尺《ものさし》、欠乏にあらば

暫しの不在にかくも底なき
暗黒の穴をうがちし者よ。　（一〇〇—一〇五行）

神は喬子夫人を愛し、藤井を愛すればこそ、二人を天地に分け、暫く別れて歩ましめられたのです。藤井はこれを「愛の悪戯《いたずら》」と呼びます。一〇三行以下は、二七年六月発表の次の短歌に対応します——

不在《なき》ゆゑの穴ぞとおもひ悶えつつ
底ひも知らぬ深さうれしむ

神は藤井を底なき穴に投げこまれたのです。

106 みづから顧みて私は問ふ、
自分はなほ世に生きて居るのか、
この生活は生活であるかと。
109 紛らひもなく武《たけし》は死者《しにびと》。
彼の幕屋はすでに壊《やぶ》れた、

彼の体《からだ》はすでに剥がれた。
112 福ひなるかな、世に死にしもの！
かれは過ぎゆくもろもろの慾
また律法の小学より解かれ
115 おのが愛するたましひとともに
生命《いのち》の樹おふ御園《みその》にのぼり
祝福の眺めに日々飽き足る。　（一〇六―一一七行）

喬子が死んで武も死んだのでした。武はもはやこの世に死んだのです。それは神のたまう祝福です。「律法の小学」という句はガラテヤ書四章三節と九節をふまえたもので、文語訳にあります。口語訳では「もろもろの霊力」と訳され、地水火風といった原素や天体を霊的存在とみて礼拝する、信仰上劣った、初歩的段階をさします（原語は stoicheion）。「生命の樹」の生えているのは楽園です（創世記二・九）。藤井は喬子夫人の魂に導かれてパラダイスに昇り、神の祝福を日々目にし、心満ちるのです。

118 「曽ては耳にて聞いてゐたが

今は目をもて聖容《みかたち》を見る」と
ウヅ人《びと》のやうに私もいふ。
121 トスカナの貴女が星より星へ
つひに昇りて純光の天へと
友のしるべせしを怪しむな。
124 神のおほいなる恩恵《めぐみ》によりて
わが妻さへ私をみちびき
かつみちびく、光の源《もと》まで。　（一一八―一二六行）

一一八行以下はヨブ記四二章五節、ウヅ人とはヨブのこと、藤井は神を見奉ったのです。「純光の天」とは四七行にあった「清火の空」と同じく、火と光の世界で神の在す天で、トスカナの貴女ベアトリーチェがその友ダンテを導いてそこに至ったように、夫人も武を光の源まで導くというのです。

そしていよいよ終結部に入ります。

127 女性よ、なんぢこひつじのごとき
従順および貞潔に映ゆる

神の聖績《みわざ》のいと奇しきものよ、
130 汝のうちにかぎりなくひそむ
生命《いのち》の秘義をみとめて私は
三たび七たび神をあがめる。
133 神の生命《いのち》は発してロゴスに、
ロゴスのいのち溢れて人に、
人のいのちは咲きて女性に。
136 祝福《めぐ》まれたるかな、男性の栄光、
キリストの栄光の栄光、
至高者《いとたかきもの》の三重の栄光！
139 天才が傑作におけるごとく
宇宙の生命《いのち》はなんぢにおいて
おのが理想を見いでんとおもふ。
142 なんぢを歌うて私は恥ぢない、
そは羔が新婦《にひよめ》をおもふ
心にかよふ心と知れば。

145奇しきものの創造者、神よ、
　かさねて願ふ、われらを潔め
　　きよき新婦の歌をたまへ。　（一二七―一四七行）

　一三三行から一三八行までは、この中篇第一歌のピークといってよいでしょう。喬子夫人の霊に導かれ、藤井は羔の婚姻の栄光を目にします。こうして、この歌に始まる中篇は、教会史の大綱を歌いついで行くのです。

3　下篇第一歌「雅楽《よきうた》」

　下篇は黙示録にしたがい新天新地の到来、羔の婚姻の完成、終末を歌うのです。初めは少し省略します。

22羔おのが佳耦《とも》に合ふべき
　聖き饗宴のその日とともに
　　われらが再会の日またちかづく。

25始にわたしは思ひさだめた、
　彼女なき世に何の欲《ねが》ひか、
　今より土の匂ひを断ちて
28百合のごとくに私はあらうと。
　しかし余りにも惨ましきまで
　裏切られしかな、甘き予想は。　（二二一―三〇行）

終りの日いたり、人みな復活して審きをうけ、キリストの膝下に赦され救われた者は集い、新しいエルサレムに入り、愛し失った懐しい人たちと再会をとげるのです。喬子夫人が召されたとき、藤井は夫人と共にこの世に死にました。世の欲望の一切から、伝道の欲望からさえも去ろうと決意しましたが、夫人去って七年、生身の藤井はおのが予想に反して、自己の醜い様をみせつけられるのです。

31ああ芳はしの白百合ならぬ
　乱れまつはるおどろが身にて
　私は彼女に会はねばならぬ。
34ああ泥濘《ぬかるみ》に着きて離れぬ

豚のたましひ、ああ切り剖《さ》かれ
なほ死にきらぬ鰌《どぜう》のこころ。
37「赦せ！」涙して私は呼ぶ。
げにわが半身ながら私は
彼女の赦をこはねばならぬ。
40彼女は必ず赦すであらう、
而してわたしの重き軛を
もろともに負ひくれるであらう。

（三一—四二行）

ここに藤井は詩の形で一つの告白をしているのです。夫人を三十五歳で失って六年半、働き盛り男盛りの藤井です。児女は七歳から十八歳まで男三人女二人、お手伝は当時のこととて人件費は安く傭えるとはいえ、その人に養育のすべてを委せることはできません。また自身についても、ここに歌うように喬子夫人に赦しをこわねばならぬことがあったのです。具体的には一切語りません、どこにも記録はなく、身内の人も少しも記しません。ただ長女のゆり子（小笠原姓）さんが全集月報十号に書いている「父の想い出から」に次のことがあります。——下の八畳に藤井と子供四人が寝ていたある明け方のこと、ゆり子さんが手洗いにゆきたくて目を覚ますと、女の泣声がする。目をこらすときちんと帯をしめたお手伝が父の枕元に坐って泣いている。何かのざんげのような、かきくどくような物言い。藤井は仰むけに目をつぶって例の厳しい表情で微動だもしない。ゆり子さんは見てはならないものを見た気がして寝たふりをし、手洗い行きはやめにして、以後この事は誰にも言うまいと思った、というのです。

これが何だったのか全く判りません。このお手伝は藤井の生前は肺病だと称していたのに、藤井が死ぬと、実は病気ではなかったといって、そそくさと郷里へ帰ってしまった変な女だったとゆり子さんは言います。このお手伝いは藤井の女弟子のことを嫉妬していたともゆり子さんは言います。どういう事情があったのか、何もなかったのか一切想像はつきませんが、ここに藤井が「赦せ！」と涙して歌っていることで十分です。次の短歌が参考になりましょうか。

わが足はすべりぬわれはまろび落ちぬ
落ちてし見ればなほ聖手《みて》にあり（二七・七）

43われらのものはいまだ熟せぬ
　青く酸き果よ。かがやくまでに
充ちかつ実る日なくてやまうか。　（四三―四五行）

藤井は喬子夫人との間に五十年にもまさる十一年の結婚生活を与えられたのでした。それは恵みでした。けれども夫人没後七年間藤井この世に生きたのです。その間夫人の不在の間、まだ自分たちの婚姻は未熟であるとの実感をおぼえたのです。ですから、完熟する日が待望されるのです。地上ではまだ未完成だった二人の婚姻は天において全うされねばならないのです。

46神よ、なんぢはこのままにして
　朽ちて果つべく、われらの婚姻を
　育みたまはなかつたであらう。
49旧約はおのづから新約を
　預言する。われらの歴史にもまた
　まされる後篇がなくてはならぬ。
52或る夕《ゆふ》、野みちを歩みながら
　私はこれを思ひつづけた。
　そのとき一つの啓示《しめし》があつた、
55「何処《どこ》までもゆけ、彼女を追うて

限りなく、つひに往き着くまで」
追ふもののごとく私は歩み。
58そののち幾日《いくひ》か、またの夕《ゆふべ》、
おなじ野はらをめぐりゆくとき
たちまち私に第二の啓示《しめし》。
61「なんぞ『追ふ』といひ『往き着く』といはう。
それさへ適《ふさ》はしからぬほどに
事は定まる、疑もなく。」　（四六―六三行）

夕べの散歩のさいの二つの啓示が歌われています。喬子夫人を追って行けといい、また追うには及ばぬ、事はすでに恵みによって決定しているというのです。藤井は自分の罪ゆえにまだ全うされぬ二人の婚姻を歎きつつ、他方、二人に与えられた一点の疑いもゆるさぬ完全な婚姻のたしかな恵みの体験に心がもえるのです。

64冬の日、冷くおもき空気
地を圧し鎮むるがごとくして

　思を静寂の境にさそふ。
67かかる折しも世の煩ひを
　陰府《よみ》とあざけり、曙のごとく
　甦りくるひとつの思ひ—
70地にありし日の彼女をとほして
　私は触れた、天の至聖所の
　ケルビムのなかに据わるものに。
73その清らかさよ、おごそかさよ、
　人のいかなる舌か語らう、
　地にある何の型か比《たぐ》はう。
76夏の日、気さへ黴生《かびお》ふまでに
　暮れまた明けても降りつづけたる
　雨やみ、久しらに空は霽《は》れた。
79何の美はしさ！　たちまちおもふ、
　彼女とのわが結合《むすび》にありし
　かぎりもなく美はしき或るもの。

82笑はば笑へ、彼女によりて
　私に臨みしそれのごときを
　何れの庭にかまた見いださう。　（六四―八四行）

七二行のケルビムの中に据わる者とは神です。エルサレム神殿の至聖所に安置されている十戒の板を収めた箱の四隅には、六翼天使のケルブがおごそかにいかめしく守っています。そこに神が臨在されるからです。夫人をとおして藤井は神にふれたというのです。十一年の婚姻生活を想い返せば、そこにおいて、たしかに限りなく美しい完成された結婚の姿を味い知ったとさとるのです。

85或る夜わたしはさびしき夢を
　見た、おそらくわが罪のゆゑに。
　しかし私はなほ憂へまい。
88げにわが歩みを私はなげく。
　かかるとき、しかし翻りて
　過ぎし日々のみわざを思ふ。
91かみよ、厨《くりや》はなんぢを見いでた。

くりやは汝を見いでてかがやき
閨《ねや》もまたなんぢを讃めたたへた。
94すべて彼女の住ひし家に
なんぢの聖き薫りは染みをる、
見て過ぎるさへ心ゆくまで。
97さしも汝みづからのわざなる
十一年の地上のいとなみ
われらの婚姻に意味なからうや。
100素より物の数ならぬほど
ちひさくかつは熟せぬながら
われらは信ずる、希望において
103見ぬものを掴む希望において
聖なるもの、羔の婚姻を
われらは既に味ひ知つたと。　（八五—一〇五行）

九一行から九三行の讃美は、藤井以外の何ぴとも口に筆にしえない至高の境です。未熟であっても、希望において、すでに羔の婚姻の完全な姿を恵み知らされたというのです。これは或る意味で大それたことです。しかし、信頼する医師の忠告に従って生活している病人が、希望において、まだ見ぬ健康を、すでに味っていると言えるとすれば、藤井のこの恵みの実感も、とがむべきではないと私は思います。

106 われらが味ひ知りしものの
　言ひがたき甘さ清らかさは
　つつみ秘むべき私事《わたくしごと》か。
109 さはれ義にいます神のまへには
　公もなほ私のごとく
　私もなほ公である。
112 夜ふけてややに昼はちかづく、
　秘められてつひに知られぬはなく
　蔽はれてまた露はれぬはない。
115 かの日、万物の顕はるべき日、
　すべての蓋ひは取払はれ

帷《とばり》は悉《ことごと》く掲げられて、
118 暗黒《くらき》に人の語りし事も
光明《あかるき》に聞え、耳をあてて
聴きしも屋の上に宣べられよう。
121 われらの密《ひそ》かなるものも亦
さながら宇宙の観物のごとく
もろ人の目に映るであらう。
124 そのとき、曾て私を指して
ヴエヌスの子と嘲《あざけ》りし者は
却て面《かほ》を赤らむであらう。　（一〇六―一二六行）

一一三行から一二〇行はマタイ福音書一〇章二六―二七節をふまえています。善きも悪しきも、彼の終りの日には、すべてあらわに明らかになる、夫人との家庭内の睦みの私事も、もしそれ神の恵みの業の大事な現われであるならば、その時には公けにされるというのです。

藤井 武の信仰と思想は、日本のキリスト教界からは、当時も今も無視されています。因習になずむ日本の詩壇・文学界は、この壮大、深刻、優美、真実な「羔の婚姻」という世界文学にも、一顧だに与えません。今、藤井の著書で新刊本で入手できるものは一点もありません。けれども無教会の人たちは藤井の名を知り、当時「旧約と新約」を読んでもいました。その彼らさえ、藤井の結婚観や「羔の婚姻」の真意を悟りかねて、ヴェヌスの子と嘲ったりした人もいたのです。ヴェヌスの子とは愛と性の女神ヴェヌス（ギリシャ神話ではアプロディテ）と、戦の男神マルス（ギリシャ神話ではアレス）の間に生まれた子で、翼の生えた、弓矢を手にした男児の姿で現わされます。ローマ神話ではアモール又はキュピッド、ギリシャ神話ではエロースです。彼のつがえた矢が人間や神に当ると、当った二人の間に恋愛が生じるのです。つまり藤井は愛欲賛美者として嘲られているのです。

127 或る冬の日の朝のまぼろし——
（古きイスラエルがバビロンよりの
解放をおもひつづくるうち）
130 夢に彼女を見る毎に見る
あらゆる絆《きづな》と重荷とより
今は名残なく解き放たれ
133 神の賜ひし礼服を着て
雅楽《よきうた》にこころあはせながら

見るともなく此方をかへりみ。
136 その言ひがたき変貌のすがた！
而もこれさへ地の低みより
かいまみたる片影《かたかげ》に過ぎない。
139 ああいやまさる輝きおびて
黎明《しののめ》またき瞳のごとく
私の前に顕はれいづべき
142 その日よ、かつて彼女とともに
並びあるとき胸をみたしし
誇らしの思ひを完うして
145 想ひうかぶるだに抑へがたく
心躍るかな。ああ祝福の
その日は近い、佳き日は迫る。　（一二七—一四七行）

下篇第一歌もいよいよ結びの七連となりました。藤井は天における喬子夫人の幻を見るのです。一切の苦難と重荷から解放されて、ベアトリーチェが九歳のダンテを初めて目にしたときのように、チラと藤井の方をかえり見る夫人の姿です。しかし、それも地上から瞥見した片影で、彼女の全貌ではありません。彼の終末、再臨、復活の日、新しい都においても藤井の前に、輝きをおびて、全き姿で現れ出る喬子夫人の様を心に描いて、藤井は胸のときめきを抑えることができないのです。二年九ヶ月前発表した短歌にこうあります。

いやまさる輝きおびてわがまへに
顕れむ日ぞああ躍らしき（二七・七）

人類の口にした三大信仰大詩の一つ「羔の婚姻」は、このようにしてその最後の篇の第一歌を結び、以後十五編まで歌いつがれます。藤井が喬子と結婚しなければこの歌はなく、喬子夫人が夫と五人の子を残して召されなければこの詩はよまれず、内村との和解が喬子夫人の死の年の一月に成っていなければ内村が夫人の葬儀で式辞をのべることもなく、従って「今より後、ビヤトリスがダンテを助けしやうに、喬子さんが藤井君を助けらるるのである」という、あの深い意味と力をこめた言葉が、藤井の耳を打ち、心に留まることもなかったでしょう。まことに、凡ては神の大能の御手の中にあって進められるのだ、との感を深くします。

五 「十月一日」

藤井 武は生前、自分を憶えるのは十月一日にしてほしいと言いました。夫人の命日です。喬子とともに武も死んだと藤井は確信していたからです。一九二三年十月号から毎年十月がくるたびに、藤井は「十月一日」という短文をもって誌面を飾りました。

ここに、第二回（一九二四年十月）、第四回（二六年十月）、第七（最終）回（二九年十月）を掲げて、その思いをしのぶこととします。

十月一日――私の日きたる。天すみわたり、コスモスひらき、百舌《もず》鳴いて秋は静かである。嗚呼かの国の慕はしいかな。彼処にある我が主、また我が佳耦《とも》、彼の呼び声はやがて聞えんとする、彼女の瞳はまさに見えなんとする。私のこころ躍る。友らよ、私の身勝手をゆるせ。彼あり彼女ある処に私のたましひ奪はるるを如何にしようか。ねがはくはレエテの流すみやかに私を浸し、エウノエの聖き波私をおほうて星にまで登らんとする私の装ひを若木のごとく新たに

せんことを、ねがはくはわが地上の奉仕すみやかに完うせられんことを。〔第五二号、一九二四年一〇月〕

美しい澄み切った文章に、この世に死んだ藤井の心が清く脈うっています。レエテとはダンテの『神曲』で、浄罪界をヴェルギリウスの案内で廻り了えたダンテが、案内をベアトリーチェに託され、彼女は浄罪界と天堂界を分ける川レエテに、ダンテの頭をしっかり掴み、彼の体は水中に浸して、水上を滑り飛ぶように進みますが、レエテの川に浸りその水を呑むことで、この世での一切の悪事を忘れ去るのです（浄罪界三一歌一〇〇―一〇二行）。ついでダンテは導かれてエウノエ川の畔にいたり、その水を手ですくって呑むことで、すべての善き事を思い、それを行う力が増すのです（同三三歌一三六―一三八行）。レエテは忘却の川、エウノエは善意思の川です。藤井は両川の水で悪を去り善に目覚めて、早く夫人のいる天に至りたいと言っているのです。

ついで最も簡潔にこの日の意義を述べた第四回の文を引きます。

十月一日は四たび巡ってきた。野菊、コスモス、秋晴れの空、空にさびしき百舌《もず》の声よ。出でて夕の野をゆけば、わが胸わななき、わが眼みなぎる。悲みか、あらず、憂ひか、あらず。何の故ともみづから解しがたき大いなる衝動。おそらくは彼女を通して人生の実在なるものに触れたる経験の総和でもあらう。跛行乱歩満四年、私は初めて自分のいかに詰まらぬ奴であるかを知つた。キリストの必要のいかに絶対的であるかを知つた。愛のいかに力づよく、結婚生活のいかに聖きかを知つた。また来世殊に復活の希望のいかに福ひであるかを知つた。私は彼女の不在によって神と人生とを知つたのである。不在また現在。彼女を通して私は世に死し神に生きる。秋十月、私が更死更生の時。

此日を記念せられし諸兄姉に感謝します。〔第七六号、一九二六年一〇月〕

自己の罪、十字架の必要、愛と結婚の聖さ、来世への欲求——夫人の死によって藤井はこれらを深く深く知らされたのでした。

最後の「十月一日」となった第七回の文。

七たび「私の日」を迎へようとして、今朝（前日）雨風はげしく、窓前の樫の樹は酔漢のやうによろめいてゐる。空には水雲が低くかぶさって、透きとほる色の片影さへ見えない。何といふわびしい今年の秋であらう。

ああ満七年、よくも歩いて来たことである。自分が今ここにかうしてゐるといふことが、色々な意味において自分には不思議だ。ゐられる筈ではなかつたのである。実際この七年間の自分の生活にどんな大きな穴があつたかを、誰が知らう。そんな事をここに言ひたくもない。私は黙つてそれをしのべば善いのである。神様が特別に与へてくださつたものである。すなほに受取る事が無論一番善い事なのである。「人わかき時に軛を負ふは善し。エホバこれを負はせたまふなれば、独り坐して黙すべし」。ほんたうにさうである。私は今は十分にその事を知つてゐる。神様のなされ方としては、私に毫末の不満もないばかりでなく、一切が感謝である。若くしてこの軛を負はせられたればこそ、私は見るべきものを見、往くべき所に往くことができたのである。

併しそれとは切り離して、彼は彼女と共に在つた時にのみ経験したところの或るものを、やはり心から追慕しないではゐられない。それはわが口には言ひがたく他の人には解せられがたい或る純なるものであつた。今も想いかへして私の心はをどる。

ああ望ましきは万物回復の日！　その日には私は現在の恩寵にそへて、失はれしものをまでも見出さしめられるであらう。さらば私は望んで待たう。〔第一一二号、一九二九年一〇月〕

秋、台風の季節、内村鑑三が「まるでアメリカの西部の開拓者の家みたいな」と評した安普請の藤井の家は、激しく揺ぶられたことでしょう。その暗雲低迷の下、七度目の十月十日を、神の負はせたもうた軛を感謝しながら迎えつつ、夫人と共にあった十一年を追慕して、万物回復の日を待望しているのです。

夕に我が妻死ねり――喬子の死によって藤井 武は藤井 武となりました。

その徹底した真実、純粋無比な信仰、悲しみと苦しみに練り鍛えられた来世への確信、純の純なる結婚観、創造より終末までを貫く神の摂理の把握、天地呼応して歌いつがれたる一大信仰叙事詩「羔の婚姻」――これらすべては、まさしく武と喬子の合作でありました。今年五月三十日、妻浩江を天に送った私は、この藤井 武の胸中も、これまで以上に察することができるように思うのです。

十六　藤井 武の永生観

これは、二〇〇五年十月二日、ちとせのいわ聖書研究会主催のもと、名古屋国際センターで開かれた「藤井 武記念キリスト教講演会」で話したものです。聖書はルカ福音書二〇章三四―三八節をよみ、讃美歌は五三二番と四八八番を唱和しました。司会は松下哲子様が当ってくださいました。

一 はじめに

今年もコスモスの咲く季節となりました。色とりどりの何輪ものコスモスが、卓上を美しく飾り、秋を感じさせ、また藤井喬子《のぶこ》夫人（少女時代のニックネームがコスモス）をしのばせてくれます。昨年は花数も少なく、それもすがれたような感じでしたが、今年は鮮やかに咲き競っています。

この藤井 武記念講演会に、中山博一先生に招かれて初めて講師にまいりましたのは、今から二十一年前の一九八四年十月七日でありました。その後八八年、九〇年とまいり、九二年からは毎年参上いたし、今日で十七回目となります。毎回テーマをかえてお話しいたしましたが、一九八四年のテーマは「藤井 武と来世信仰——地ながら天を住所《すみか》とするまで」でありました。それは、要旨を三頁にまとめて、「ちとせのいわ」第一五四号（一九八五年三月）にのせていただいております。

本日の題は「藤井 武の永生観」でして、この二十一年前のと似たテーマです。しかし、藤井 武自身においてもそうですが、来世、永生、復活といった問題は、ただ聖書を学んでいるだけでは本当にわかるものではありません。喬子夫人を天に二十九歳の若さで送る以前にも、藤井 武はこのテーマに関して何篇もの文に筆を染めています。しかし喬子夫人の死以前の文と、夫人の死後信仰挫折の暗闇から立ち直って筆を起こしたものとの間には、はっきりとした違いがあります。

藤井は一八八八年生れ、一九〇九年に内村鑑三の門に入り、大学を出て官吏生活を四年余したのち、伝道の熱意おさえがたく、官を辞して内村の助手になったのは一九一五年十二月のことでした。その後内村と意見の対立が二度起こり、ついに一九二〇年三月に内村のもとを去り、独立伝道の道につき、「旧約と新約」誌を同年六月から出します。内村との間は一年十ヵ月して二二年一月に交りが回復し、その年十月一日に喬子夫人が召されたのでした。

一九一〇年には仲のよかった妹のみどりを病気でなくし、死の問題に心を悩ました藤井のこと、永生・来世については、若くから考え、書きもしてきました。

しかし、喬子夫人を天に送って以後藤井がこの問題を扱ったものは、『羔の婚姻』をはじめとして、以前とは比較にならない深さと輝きにみちています。

「旧約と新約」以前の藤井の信仰文集は全集第九巻に入っています。しかしその第九巻の編集者矢内原忠雄（藤井の義弟）は、編集後記で書いています——この第九巻に収めたものは、全集の他の諸巻の光によって読まれねばならぬと。

したがって、今日はやはり「旧約と新約」発刊以来、とくに喬子夫人を天に送って以後のものを中心として、永生・来世の問題を考えてゆきたいと思います。

藤井は東京帝大を出てから内務省（今の総務省、元の自治省）につとめ、四年間余京都府・山形県に奉職したのち内村の助手となったのでした。内村の助手をしている時藤井はすでに『新生』という著作を世に送りました（一九一六年六月）。その中に「来世の希望」という章があります。そこで藤井が述べている希望とは、（一）罪がすっかり潔められたいこと（無罪）、（二）不朽の生命にあずかり死んだ愛する者と再び会いたい事（永生・再会）、（三）肉を離れ顔を合わせて神を見奉りたいこと（見神）の三つです。この三つの希望は来世においてかなうのですが、その希望を先導してくださるのはキリストです。私たちは、この世にあっては旅人であり、どこまでも寄留者であるというのです。これは聖書に立った希望ではありますが、藤井の論述にはまだ体験の裏打ちは十分とはいえませんでした。

その二年後、内村と別れて独立伝道に入ってから『永遠の希望』（一九二〇年一二月）を世に問いました。この本は、内村の「聖書之研究」誌に寄稿した文章等を集めたもので、その中に二つの章が永生と関係します。

「死は果して必然の運命なる乎」（一九一八年八月）では、死は罪の値といわれる。それは道徳的理由により、死がしばらく必然性をえたのにすぎない。人間の生命は不死こそ常態であって、道徳的理由さえ解決されれば死は克服される。罪を全く取り除かれれば死はなくなる。キリストが十字架と復活により不死なる者のさきがけとなってくださった以上、キリストを信じる者は永遠の生命を受ける、という主張です。

もう一章「待望の生活――永生とは何ぞ」（一九一九年七月）があります。永生とは来世の生命にしてかつ現世の生命である。私たちは救われた日から永生に入り、復活の日にそれが完成する。永生にあっては朽ち果てるもの、廃《すた》るものはもはや存在しない。思索、活動、慈善、教育、政治、経済、知識などは、永生においてはもはや意味をもたない。しかし永久に朽ちぬものがある。それはパウロが第一コリント十三章の愛の讃歌のところでいう、信仰と希望と愛である。信仰により働き、愛によって労し、望みによって忍ぶことは、永生にあっても保たれる、と述べています。

これら第九巻に入っている文章を、他の巻の文章の光にてらして、見てまいりたいと思います。

二　永遠の関心のうすい現代

一九二五年八月号の「旧約と新約」に、藤井は「来世問題」と題する次の文を巻頭に置き、この号を来世問題号としました。

> 烈日照りつけて、夏は今盛りである。我ら暑さをおもはないではない。若き人たち真理を慕はず、国政を担《にな》ふ者ら蛆虫のごとくに動く。我らに慨嘆なきを得よう乎。しかし彼等に向つて叫ぶも無益である。ただ少数の友と共に私は来世を語らうと思ふ。天国と復活と永遠の運命、之を思うて我らは地上の苦熱を忘れ、此世の愚劣なる闘争を忘れ、永遠の喜悦に心かがやく。我らの国はまことに天にあるのである。来世問題の研究は我らの「最も近き義務」であり、また大なる特権である。〔第六二号、一九二五年八月〕（全集一〇巻336頁）

一九二五年の当時は日本の政界は、政友会と憲政会の二大政党が相結び相離れて政権を担っていました。選挙はまだ普通選挙ではなく、直接国税十五円（今なら十五万円）以上を納めた男子だけが選挙権をもっていました。買収もつねでした。藤井がここは「政治家は蛆虫のごとくに動く」といっているとおりです。今は蛆虫どころかモヤシのような議員が議場のかなりの部分を占めており、藤井がもし存命ならばどう形容するでしょうか。そういう連中および彼らにつながる人びとは、永生・来世になど何の関心も寄せないと断じているのです。

この文に先立つ一九二〇年八月、「死は万事の終局なるか」という文が書かれています。

> 今なほ新しき問題である。今なほ万人が此の大なる秘密の解かれむことを願つて居る。併し

ながら若し所謂《いはゆる》来世問題に関する興味又は熱心の程度に時代的消長があるとするならば、現代は疑もなく此方面に著るしく冷淡なる時代に属する。少数者を例外として、世の多くの人は来世の有無を計算の中に入れない。来世は有らば可《よ》し、無くも亦不可ならずとの立場に於て、遺漏なき生活を営まうと彼等は力めつつある。

　而して多分死が万事の終局であらうとは大体に於て彼等の厭々ながらも予期する所である。ただ先般の世界戦争は幾百万の家庭をして急劇に死の悲哀を痛感せしめ、従て再会の欲求を刺激すること切であつた為め、一時欧米の天地に来世の希望勃然として復興するかの観があつたが、戦乱一度び収まりてより我等に齎《もた》らさるる報告は、僅かに交霊術《スピリチュアリズム》其他の迷信の流行のほか、前にも勝る現世的思想の旺盛を語るに過ぎない。

　我国にありては殊に来世の観念が稀薄である。何故に来世問題は爾《しか》く現代に於て軽んぜらるるのであるか。思ふに其の主要なる原因は、一方に於ては之を近世の唯物主義の思想に帰すべく、他方に於ては「永生」を時の問題として認めずただ質の問題としてのみ扱ふ所の一種の哲学思想に之を求めべきであらう（我国民の現世主義は之等の原因の外になほ儒教、武士道及び一派の仏教の感化と、又或る他の一派の仏教の伝へし浅薄なる来世観に対する反動とに由て醸成せられし、旧来の国民的性格に基づく所が多いと思ふ）。近世の唯物的思想は主として自然科学の産物である。就中《なかんづく》急速なる発達を遂げし生物学は、既にその領域を人にまで推し拡めたるのみならず更に進んで人の凡ての生活を生物学的に説明し去らんと企てつつある。而して生物学的説明は即ち物質的説明である。人生の活動を悉く物質的に説明せんとする、これ確かに現代の大なる風潮ではないか。科学者を始として経済学者、文学者、其他の社会的指導者また一般民衆は多少の差こそあれ、均しく此思想の感化の下にあるのではないか。斯の如くにして彼等は現在の肉体の解消後に於ける人の生活を信ずる能はざるのみならず、宗教そのものに対する興味をも失ひつつあるのである。（三巻300―301頁、『沙漠は番紅花の如く』）

現代はこの世限りという考えの横行する時代である。ただ第一次世界大戦があって、八五三万人が命を落した。これはもちろん戦死である（第二次大戦では三六三〇万人が死にました）。不慮の死をとげた肉親と再会したいとの願いが、ヨーロッパでさかんになった。そこに交霊術が起ったと藤井は言います。交霊術は、また交神術、魂《たま》招《ね》ぎ、神がかり、生口《いくち》、口寄せ、霊媒ともいい、西洋だけでなく日本でもはやりました。最も古くは一八四八年にニューヨークでフォックス姉妹が自分たちの交霊力に気づいて始め、来世の証拠として広まって、世紀の交にはとてもはやり、文学者のメーテルリンク、コナン・ドイル、哲学者・心理学者のウィリアム・ジェイムズ、イタリアの精神病学者ロンブローゾ、イギリスのギリシャ研究者ギルバート・マレーらも、交霊術に大きな関心を寄せ、自らもそれにかかわりました。

日本でも日中戦争が始まったころから「コックリサン」という怪しげな業《わざ》がはやりました。これは明治時代からあったともいわれますが、三本足の上にお盆をおき、その上にかるく手をかけてコックリサンを呼び出し、霊と交わるというのです。また今でも、下北半島には恐山にイタコがいて、死者の霊を呼び出して話しを取り次いでくれます。じつは私の父がこういう事に興味をもっていまして、小学二、三年の私をつれて大阪近郊の布施《ふせ》の霊媒者の家を訪ねたことを覚えています。父はすぐ人と言争いを起こすので私がお目付役にどこでもついて行っていました。大きな門構えの家にもう夜も暮れて訪れ、私は門外で二時間位独りで待たされたことを記憶します。門には「桃井」という表札がかかっていました。

藤井はついで日本の現世主義に論を進めています。その根拠は、（一）唯物主義思想、（二）永生を質の問題とする哲学思想（これは現在の刹那ごとに真善美をもって充実した生活を送れば、それが永生だという一種の実存主義）、（三）享楽手段の増加（映画、ラジオなど）、（四）文化運動の好況（音楽、舞踊、演劇など）――これらは世界共通の原因ですが、他に日本特有のものとして、（五）儒教（孔子自ら「吾レ生ヲ知ラズ、イズクンゾ死ヲ知ランヤ」といい、高弟顔回の死に当っては「アア、天ハ予ヲ亡シタ」と歎いたくらいで、来世には思いは及ばず、徹底して現世の政治道徳を事としていました）、（六）武士道（武士は主君の為命を捨てることを惜しまず、生死一如「死を見ること帰《き》するがごとし」で、来世・永生に関心はありません）、（七）一派の仏教（これは真言密教にいう即身成仏のことでしょう、この世のこの身そのまま仏と成りうるとの信仰です）、（八）他の一派の仏教（これは浄土教にいう地獄極楽の思想を指します。これは絵画化されて、巻物や掛物として各地に僧が持廻り、老若男女に絵《え》解《と》きをしました）、（九）自然科学の物質的説明をあげています。

いずれにしても二十世紀には現世主義が東西をとわず盛んになったというのです。しかしそれでも、現世だけで満足して生きられるかというとそうではありません。永生への憧れ、来世への願いは、自然の欲求、人類の要求として、依然としてあります。愛する者と死別したとき、いま一度会いたいと思う心は、唯物論者でも抑えることはできません。

ここで思い当るのは、唯物論に立ち、すべての宗教を迷信として捨て去ったはずの共産国で、レーニンや毛沢東などの屍体に防腐処置を施して、今も国民に公開している愚行です。死ねば只の物質である政治家の屍体をも、いつまでも見たい、見せたいという心の底には、永生への憧れの自己欺瞞的行為が、透けて見えはしないでしょうか。

三　永生確信

藤井 武三十五歳のとき、二十九歳（かぞえ）の喬子夫人がなくなりました。人生の半ば（といっても藤井の余命は七年ですが）で当歳から十一歳の子供五人と残されたのです。

すでに信仰の著書は二冊あり、永生のことにもふれてはいます。しかしそれまでの信仰は夫人の死によって、根底から揺らぎはてたのでした。神を見失ってしまいました。最もあってほしくないこと、これだけは絶対願わないことを、神が藤井に割当てたと思ったのです。

夫人が召されたその日に、一高以来の友人の石川鉄雄が来て、祈り、藤井の仕事が完了されんこと、「しかしてかなはば疾く彼をも召したまはんことを」と神に訴えたことばに強く心を動かされましたが、それも人間の同情、時をへて感動はさめ、ついに祈れなくなりました（『羔の婚姻』上、第一、二二—六三）。

夫人の葬儀のとき、司式者の内村鑑三が、夫人の婦徳をたたえるとともに、「今よりのち喬子さんは、ベアトリーチェのごとく、藤井君を導くであらうと思ふ」とのべ、手紙の中でも、「神を義とせよ」「神を打返すな、打ちするゑられてその恵みに与るべし」とのべました（同上、第一、五二—六三）。

これらの言葉は深く藤井の心に徹《とお》り、やがて再起する力となるのですが、心からの賛同をおぼえつつも、すぐにそのような心境にはなれませんでした。

喬子夫人はその息を引きとるときに、「天国にいい場所をそなへて待ってゐます」と言いました。藤井はこの言葉を信じ、喬子が死んだ以上武も死んだと痛感しました。けれども、この夫人の遺言さえ、真の慰め、真の力、真の信頼の礎とはならず、藤井は神に向って駄々をこねました。「この事だけは、神よ、あなたは誤っておられます」と。

彼は心の中に大穴があき、そこは真暗闇であるのを見出して愕然とします。それは夫人なきゆえの穴だと思えば、その悲しみ、苦しみ、虚無感を逆に嬉しくも思うのでした。のち一九二七年六月に詠んでいます。

「不在《なき》ゆゑの穴ぞとおもひ悶えつつ
そこひも知らぬ深さうれしむ」

この暗黒のどん底で、藤井は唯一の光である聖書に向いました。とりわけパウロの手紙に。そして「義とされるのはただ信仰のみによる」というローマ人への手紙三章二八節の言葉にいたりました。これはそれまでもよく知っていた言葉です。けれども夫人を失った今、もう一度学び直して、罪人そのものである自分には、どんなに努力しても、神の前へ出る資格はない、信仰とは神が何をなさろうとも、それを正しいこととして、神の愛を信じて、全き服従をつらぬくことである。罪人の我は、一言のつぶやきをする資格もないことを知らされ、神の深い智恵と恵みが魂にとおりました。藤井は生きかえったのです。もはやキリストの十字架のあがないによって、罪の死もありません。今や自分は

喬子夫人とともに新しいエルサレムの街を歩んでいるのだ、と信じることができたのです。さきの歌と同じ一九二七年六月の作に、

「撃ちたまへ御《み》存分に撃ちてするゑたまへ
　鞭の下よりただわれすがる」

とあります。この歌は、イエスが十字架上で「エロイ、エロイ、ラマ、サバクタニ（わが神、わが神、何ぞ我をすてたもうや）」と言われたことばと並びます。神が苦しみ、悲しみ、悩み、重荷を、これでもか、これでもかと積み上げられる、その理由はわからないけれど、それでもその神の愛を信じて、ひたすら呼びかけすがりまつるというのです。

そして、これだけはあるまじきと感じたことが、藤井にとりなくてならぬ唯一の事となったのでした。神はその選びの器である藤井 武を用いて、大いなる実験をなさったのだと知らされたのです。そしてあの『羔の婚姻』が心の奥から歌い出され、「地ながら天を住所《すみか》とする」生命を、あと七年生かされたのでした。

ここで『羔の婚姻』を少し読んでみたく思います。中篇二十一歌「星より星へ」という、ダンテをうたった歌の終りのところです。

127 ああ神のみわざのいと奇しき
二重《ふたえ》また三重《みえ》の栄光《えいくわう》なる
「女性」の了解者、わがダンテよ、
130 なんぢがわかき日の祈りにそひ
いとも祝福《めぐ》まれしものにつきて
適《ふさ》はしくもなんぢは語りしかな。
133 かつは羔の血に贖はれ
天の処にもろともに坐する
その新婦の輝かしさを
136 誰かなんぢのごとくに曾て見
また伝へたか、パトモスの島に
顕現を見たる老使徒のほかは。
139 祝福《めぐ》まれしもの私を去りて
わが魂《たま》うつろとなりしときに
一つの声がわたしを満たした、

142いはくベアトリチェ逝きてダンテを
助けしごとく今よりそのち
彼女はなんぢを助くるであらうと。
145なんぢを私に想ひ起させて
かく慰めし人に祝福あれ、
聖婚の詩はその日孕まれた。　（一九二七・一一）（一二七—一四七行）

ダンテは若き日にベアトリーチェを遠くから見初めたのでした。彼女は名家の令嬢ゆえダンテは声さえかけられません。立派な家へとつぎ、若くしてなくなりました。ダンテは別の女性と結婚して子をもうけました。そこで現代のキリスト教学者でダンテを批判する人がいます。ダンテはベアトリーチェ（一三一行の「いとも祝福《めぐ》まれしもの」）を神曲でうたい、天堂でも光あふれる女性として描いた。しかしそのダンテの食事をととのえ、衣服を繕い、子供の世話をしたのは別の女性である。ダンテの心中で天に崇める女性と地でかしづいてくれる女性とは断絶している。愛は天と地に分裂している。その分裂をダンテが肯定したのははなはだ近代的ではあるが、真の愛の姿としては宜しくない、というのです。

パトモスの島で顕現を見た老使徒とは、黙示録のヨハネのことです（一九・6―8）。一三九行の「祝福《めぐ》まれしもの」とは喬子夫人のこと。一四二―一四四行は、さきにものべましたように、葬儀のとき内村鑑三がのべたことばを指しています。一四六行の「かく慰めし人」とは内村のことです。

もう一つ下篇十歌「棕梠」をみてみましょう。天国で救われた聖徒たちは、勝利のシンボルであるシュロの枝を手にして、小羊に賛美をささげるのです（黙示録七・9、二一・3―4）。

127 ああ秋の野の野草にやどる
白露のごとく今この山に
数へつくせぬ顔また顔の
130 いづれ一つか地にありしころ
腸よりぞ沸きしとおもふ
涙の痕をのこさぬがあらう。
133 その源を封ずるために
人の手はあまりに短きを
験《けん》して彼らはつぶさに知つた。
136 おのが心の的に触れえぬ

空しき逸矢《それや》を蔑《さげす》みつつ
地の慰めをかれらは拒んだ。
139ただやはらかき「時」のなだめに
暫し思ひを遠ざくるとも
何か癒えよう、傷そのものは。
142さはれ嘉き日はつひに臨んだ、
涙の壷を創造《つく》りたまひし
能はぬことなき聖手は今のび
145見よ、あふぎみるすべての眼より
涙ことごとく拭ひたまへば
ほがらかに眸みなかがやく。　（一九三〇・一）（一二七―一四七行）

『羔の婚姻』は藤井が「旧約と新約」に毎月発表して行った順番どおりに、「全集」に収められているのではありません。編者矢内原忠雄は、並べかえているのです。

一二八行の「この山」とは天国のシオンの山です。小羊に賛美をささげる聖徒たちも、地にあった時には、断腸の悲しみ、苦しみ、悩みを味い、何人の慰めも、それをいやすことはできなかったのです。ただ時が少しく心の痛みを和らげてはくれても、傷は癒さるべくもなかったのです。しかし、今、終末、再臨の日が来て、神は聖徒の目から涙をことごとく拭ってくださるのです（黙示録二一・3—4）。復活した人びとの瞳は歓喜に輝いていると歌うのです。

藤井は深き淵の底から、神の言葉にすがって、永生・来世の信仰を回復させられたのでした。

その復活・永生の信仰の消息を、藤井は最後の十月一日（一九二九年）に、少数の弟子たちに語り、「旧約と新約」十一月号に「天国の話」としてのせました。その一の「月夜に似たる天のパラダイス」から一箇所引きましょう。

「人もし死なばまた生きんや」（ヨブ記一四・14）、「一たび死ぬることは人に定まれり」（ヘブル九・27）を引いて、死がすべての人を虜にしているが、死は万事の終りではなく、死の彼方に永生の世界があることを、心得た人はこれまでにもいたとして、詩人テニスンの辞世の詩「砂洲をこえて（Crossing the Bar）」をあげています。——「日没、而して明星。我を呼ぶさやかなる声！」この世を夕暮時に船出して、永遠の世界へおもむくテニスンは、水先案内（キリスト）に導かれて希望の港をめざす。だから、砂洲をこえて船出するときに、岸に残っている人びとは歎いてくれるな、と歌っているのです。詩人はこの世の終り近く、永生を一つの幻として見ているのです。

そして、使徒言行録七章五十四節以下に、ステパノが石打たれて殉教するときに、聖霊に満たされ天を仰いでいると、神の栄光が現われ、イエスが神の右に立っておられるのが見えたと叫びます。ステパノは死で終るのでなく、イエスに救われ永生を与えられたのだ、というのです。そのあとに次の文があります。

> かくのごときは独り悲壮なる殉教の場合に限りません。秋のゆふぐれのやうな静かな臨終においても、我らは屢々同じやうな経験を見るのであります。心からキリストに信頼するものは、大抵、彼のすがたを見ることなしに、若しくは少くとも彼の声を聞くことなしに、死の谷を歩まないのであります。夜が近づくと共に、彼らの意識はこの世に対して薄れゆきます。併しそれだけ、彼らの瞳はキリストにむかつて集中します。主は彼にあつて死なんとする者を顧みたまふ。彼はかれらにいと近くありたまふ。その手はかれらのたましひを抱きたまふ。（三巻521頁）

キリストは、世を去ろうとする信徒の床《とこ》の辺《べ》にいまして看取ってくださると、藤井は確信しています。ちょうど浄土教で、念仏を称えて往生する人のところへは、阿弥陀仏が二十五菩薩を伴って来迎《らいごう》され、死者の魂を蓮のうてなにのせて、西方極楽浄土へ運んでくださると信じるのと同じです。喬子夫人が死にのぞんで、「天国にいい場所をそなへて待ってゐます」と口にしたとき、それはキリストが夫人の傍にいて、励まし語らされたのでした。

喬子夫人のようでなく、長患いで弱りはてて、もはや臨終には言葉も口にできない人のほうが多いでしょう。ことに六十歳七十歳をこえ、癌でもわずらえば体力は一気に消耗して、とても辞世の言葉を残すことはできますまい。芭蕉が辞世の句「旅に病んで夢は枯野をかけめぐる」をよんだのは、元禄七年（一六九四）十月八日深更、十二日午後の死の四日前でした。死の日は小春日和で暖かく、障子に蝿がはいまわるのを、竹の先にとりもちをつけて弟子たちが捕《と》るのにも上手下手があるのを見ておかしがったと伝えられます。五十歳ですから終まで意識はありました。

しかし、死際にはもう目も見えず、口も開《ひら》けなくても、その心の底の思いをイエスは知り、床の辺に来てくださいます。

昨年五月三十日の午後零時四十七分、私は妻浩江を七十一歳でなくしました。死後調べたのですが、妻は日曜日に生まれ、日曜日に召されました。そして私の生まれたのもまた日曜日です。たぶん私も聖日に世を去るのでしょう。その日は大阪市内のある教会で聖日の話をする約束を、一月以上前からしていました。看護婦さんは、今日は危いからずっと残っていてほしいと言いました。けれども息子はもう来ていましたし、娘も電話で呼び寄せていましたから、私は朝から教会へ出かけました。市内ですから万一の時は車で三十分あれば帰れると思ったからです。

話している最中、中程すぎに、危篤との電話が入りましたが、中途でやめるわけにはいきません。予定の話を終えて車で送ってもらいました。病室に着いて小一時間で別れが来たのでした。

その前夜私は病室に泊りました。初めて酸素吸入も心電図もつけられましたが、どんどん悪くなっていました。病室へ戻りますと妹たちが来ていて言うに、「姉さんはさっきからずっと目を開けてまわりを見まわし、誰かを探しているようでした。きっと兄さんを探していたのでしょう。」

私が戻った時はもう目は閉じて、荒い息をしていました。心電図の波型が平坦になり、又少し揺れて平坦になりました。医師は臨終の宣告をしました。ずっと妻の手を握っていた私は、永年私の働きを支え、子供たちを育ててくれたことを感謝し、再会を祈りました。その時に妻の閉じた目尻から、涙がぽろぽろと流れ落ちました。私の最後の祈りは妻に聴き取れたのでした。その床の辺には、イエス・キリストがいまして、今し世を去りゆきし妻の魂を抱きしめておられることを、私は確信しました。

藤井がここで述べているのもそのようなことです。殉教の死でなくても、キリストは来てくださるのです。どうして死を恐れることがありましょう。復活のさきがけをなさった主が、永遠の生命を約束してくださっているのです。死ねば直ちにパラダイスに移されて、主イエスに会うのです。

もう一つ、藤井が詩篇八十四篇をふまえて書いた「来世憧憬」（一九二六・九）という文章をよみましょう。詩篇八十四篇はさいわいな巡礼者の歌でして、喜び勇んで天をめざして進みゆく巡礼者をうたった詩です。

この一段は来世の希望に生くる基督者の経験を表はして、いかに切実に且つ美はしきよ。恐らく聖書中最も美はしき本文の一つであらう。「かれらはベカの谷を過ぐれども、其処を多くの泉ある所となす」といふ。希望の子誰かこの奇蹟を経験しないであらうか。曾て私も一つの大なるベカの谷に臨んだ。其処は誠に焼けたる砂の地、火と硫黄との坑を思はしむる禍ひの谷であつた。私は愕然として恐れ戦き、立ち竦《すく》んだ。暫しは荒野のペリカン、廃墟の梟のやうに惨ましく悲哀の声を挙げた。併し間もなく目を挙げて私は見た。シオンの大路を私は想ひ起した。天の国をひたすら望みに望んだ。その時、見よ、奇しくも焼けたる砂は池となり、潤ひなき地は水の源と変つたのである。荒野はたのしみ沙漠はよろこびて番紅花のごとくに咲きいでたのである。真実なる意味に於ての私の生活は実に此のベカの谷から始まつたのであった。

この大なるベカの谷は今もなほ私に続いて居る。恐らくそれは私の巡礼が終るまで尽きぬであらう。併しながら私は恐れない。何となれば新に湧き出る泉も亦無限であるばかりでなく、終にシオンにいたりて彼に見ゆる日の愈々近きを思へば、私は「力より力に進む」からである。今や私は往年の学友たちが漸く人生に倦み疲れつつあるを見る。之に反して私自身は年と共に高き希望を加へられつつある。いよいよ大なる夢を私は見つつある。今よりのち私は鷲のごとく翼を張りて昇るであらう。世を去るの日きたらば、恐らく雀躍《こをどり》しつつ去るであらう。友よ、私が召されしを聞くとき願はくは私のために悲むことなかれ。歌ひつつシオン城門の中に姿を没しゆく巡礼客を送るごとき、晴れやかなる歓呼を以て私を送れ。（四巻344―345頁）

「この一段」とは八十四篇六節のことです。ベカの谷は今の訳ではバカの谷となっています。バカとはバルサムという香りのする木の一種で、乾いた地に生えます。バカの谷とはバルサムの木しか生えないような乾き切った谷で、悩みの谷、涙の谷ともよばれます。バカという語は「滴《したた》る」(to drip)というヘブライ語に由来し、そこから涙、泣くという意味もでてくるのです。

藤井にとりバカの谷とは喬子夫人の死でありました。そこから藤井の天国をめざす巡礼も始まったのでした。そして藤井はバカの谷を水豊な泉となし、すでに永生の確信を与えられ、年とともに高き希望を加えられて、力より力に進んでいるのです。

『羔の婚姻』の終末、再会、復活の歌ともいうべき、下篇一歌「雅楽《よきうた》」の最後のところを学びたく思います。この一歌全体は、昨年すでに学びましたが、永生確信との関連で見のがすことができぬと思います。

130夢に彼女を見る毎に見る
　あらゆる絆《きずな》と重荷とより
　　今は名残なく解き放たれ
133神の賜ひし礼服を着て

雅楽《よきうた》にこころあはせながら
見るともなく此方をかへりみ。
その言ひがたき変貌のすがた！
而もこれさへ地の低みより
かいまみたる片影《かたかげ》に過ぎない。
ああいやまさる輝きおびて
黎明《しののめ》またき瞳のごとく
私の前に顕はれいづべき
その日よ、かつて彼女とともに
並びあるとき胸をみたしし
誇らしの思ひを完うして
想ひうかぶるだに抑へがたく
心躍るかな。ああ祝福の
その日は近い、佳き日は迫る。　（一九二九・四）（一三〇―一四七行）

喬子夫人の死後、藤井は夫人の夢を何度も見たに違いありません。その夢のことについては一行たりとも藤井は記していません。しかし夢に見たことは確かです。私もよく夢を見ます。内村鑑三の夢もみました。新渡戸稲造の夢は何回も見ました。リンカーンと英語でしゃべっている夢もみました。妻が召されて一昨日で十六か月ですが、その間に十六回妻の夢を見ました。目ざめてすぐノートに記してあります。

喬子夫人は病気からも、家族の世話からもすっかり解放されて、神からいただいたおそらく白い衣を着て、天上の音楽に胸の鼓動を合わせつつ、地より夫人をながめる藤井の方を、見るともなく顧るのです（この「見るともなくかえりみる」というのは、ベアトリーチェが九歳のダンテの方へ目をやった様子です）。その夫人のうるわしい姿すら、藤井が地からわずかに見るを許された片影にすぎない、天にある本当の姿ははるかに輝きにみちたものだ、というのです。この一三九―一四七行を藤井はさきに一首の短歌に詠じていました。（一九二七・七）

「いやまさる輝きおびてわが前に
顕はれむ日ぞああ躍らしき」

四　永生の様相

ではその永生のありさま、その性質を、藤井はどのようなものと考え信じていたのでしょうか。

もちろん天国へ行って帰った人は一人もないのですから、永生の詳しい有様は判らないといえます。しかし、藤井のようにその点について神から大いなる実験を課せられた人には、神は余人には示されぬ消息を伝えておられると思います。

まず藤井は、現世から天国への経過を次のように考えています（多くの文から綜合して図示）。

死んですぐ天国に入るのではなく、終末までにはかなりの年月が経過します。千年か一億年か、十億年か一兆年か。しかし、神にあっては「千年も一日のごとし」で、時間というものは永遠の眼からはすべて一瞬ですから、時の長短は神にあっては問題でありません。神は宇宙の始源もその終末も、一瞬のうちに一望のもとに認めておられるのです。ですから今この一瞬はそのまま永遠であるともいえます。

死ねば体は火葬され、一部は煙となって空中へ漂い、骨の一部は墓に納められたり野や海にまかれたりします。それは肉体のことで、私たちの霊は、物質ではなく人格の核心ですから、焼けもせず朽ちもせず、直ちにパラダイスに入るのです。

やがて終りのラッパが鳴り響いて、すべての人が復活させられ、キリストの前で審きを受けます。その時には新たに霊体が与えられます。パラダイスでは霊のみで体はありません。しかし個人ははっきりと見分け（といっても肉の眼で見るのではありませんが）がつきます。意識もあり、決して眠っているのではありません。

藤井はこのような構造で考えて、その根拠を聖書の中に、とくに新約聖書の中に探り、十二の聖句をあげています（第三巻所収の「天国に関する研究」第三、来世研究其二の三「聖書にみる死後生活の真理」）。（一九二七・四）。

現世
……死、霊的分離
←
パラダイス……意識あり、個性あり、
←
……復活、霊体与えられる
天国（神の国）……終末、再臨、審判、
万物復興、永生

イエスが復活せしめられたと記されているラザロ、ヤイロの娘、ナインの寡婦の子や、ペテロが生き返らせたヨッパの信仰ある女性タビタは、いずれも死後経験したことを一言も語っていません。しかし死後の生活は、主の為に生き主の為に死ぬ者にとっては、決して私事ではなく公けのことですから、聖書にもその記述が点々と存在するのです。

藤井のあげる十二例のいくつかを紹介しましょう。

（一）ルカ福音書二三章四三節……イエスと共にゴルゴタの丘の上で十字架につけられた二人の盗賊（むしろ反ローマ革命家）の一人がイエスに悪口を言いつづけたのに対し、いま一人は彼をたしなめて、自分たちは自分の仕業の報いでこうなっているが、この方は何も悪い事はしておられないと言って、イエスに向い「あなたが御国の権威をもっておいでになる時には、私を思い出してください」と願うと、イエスは答えて、「よく言っておくが、あなたは今日、私と一緒にパラダイスにいるであろう」と言われました。盗賊はイエスの再臨の時のことを言ったのに対し、イエスは「今日、直ちに」「私と共に」と言われました。死後即刻パラダイスに移り、そこでイエスが居られるのを認める（自覚して）のです。

（二）ルカ福音書一六章一九節以下……金持の家の前で残り物の食物をもらって生きていた貧乏人ラザロ、身を覆う腫物を犬がなめていたラザロが死んで、アブラハムの懐《ふとこ》ろに送られたのを、金持も死んで黄泉《よみ》に落ち、はるかにアブラハムとラザロをみとめて、アブラハムに呼びかけ、ラザロをここへ送って炎に焼ける私の舌をその指先の水で冷やさせてくださいなどと願います。藤井のいうに、もし死ねば無意識に落ちるのなら、この喩全体が意味を失うと。

（三）ルカ福音書二〇章三七節以下……サドカイ人との復活問答のおり、イエスは教えて言われます。モーセも柴の篇（出エジプト記三・1—6）で、神が自らを「私はアブラハムの神、イサクの神、ヤコブの神である」と名乗られたと記している。神は死んだ者の神ではなく、生きている者の神である。人は皆神の前には生きる者であると。人は人に対する関係においてのみ死者であって、神に対する関係ではつねに生きているというのです。

（四）マタイ福音書一〇章二八節……イエスは「体を殺しても、魂を殺すことのできない者どもを恐れるな。むしろ、体も魂も地獄で殺す力のある方を恐れよ」と言われたのは、魂を殺すことは、この世の誰にもできないことを示します。魂は永続するのです。

（五）マタイ福音書一七章一—八節……山上での変貌の場面で、モーセとエリヤ現われて、様変わり身が光り輝くイエスと語り合うのを、ペテロ、ヤコブ、ヨハネが見たとあります。モーセは大昔にモアブの地で死に、エリヤは火の車とつむじ風にのって天にあげられました。死者モーセがイエスと語る以上、モーセの霊は生きて在るのです。

（六）ヨハネ福音書八章五六節……ユダヤ人との問答のさい、「あなたがたの父アブラハムは、私のこの日を見ようとして楽しんでいた。そしてそれを見て喜んだ」とイエスは言われました。アブラハムがイエスを見て喜んだのは、死後二千年の後です。アブラハムの霊は生きて、感情もそなえているのです。

　このほか、黙示録六章九—一〇節、七章九節以下、一四章一三節、ピリピ書一章二三節、第二コリント書五章六―八節、ヘブル書一二章二二節以下をもあげて、死者は神の前に生き、祈り、讃美し、奉仕し、労働し、互いに交通し、主イエスは共におられる、信徒として死んだ者は罪を赦され、やがて天国に移る、神の国は愛と光明と生命に充ち満ちたところであることを示しています。

　そのような天国の姿を、ダンテや神秘家ヤーコプ・ベーメのような人は、この世にありつつ幻（Vision むしろ霊視）として見、あえて文字に記しもしたのです。凡人も夢において、目に見えぬ世界と往来することがある、と藤井は言います。肉体は死に滅んでも、霊魂は決して眠らない、パラダイスに移される、現実界を去って超現実界に入り、そこで醒めている、そして愛する者を見（霊視ですが）、愛する者の声をしたしく聞くのである、といいます。

　藤井は、自分が天国で出会いたい人がいるといいます。イエスは特別として、次はパウロ、そしてダンテとカントです。（この三者とも『羔の婚姻』で歌われています。）疑問の数々を問い、教えを乞い、彼らと論議を交わすのはどんなに楽しいことか、と藤井は述べています。

五　輝かしき復活

さて、神の国へ復活したとき、人はどのような姿をとっているのでしょうか。藤井はこのことについても一文をのこしています。全集三巻の「天国に関する研究」の第三「来世研究」其二の二「復活体に関する二三の疑問」（一九二七・四）がそれです。

　復活の後に至つても我らは各々我らであつて他の何人でもない。我らを他の人より識別すべき個性は消え失せない。従て復活の日に於ける我らの容姿は大体に於て此世に於ける特徴を備へるであらう。

　併し人は世にある限り断えず成長しまたは老衰しつつある。故にその容姿は刻々に変化しつつある。数十年を隔てて人に遇ふとき誰か明確に之を識別し得よう。然らば我らの復活の容姿は世にありし間の何れの日の容姿に最も近似するのか。各々世を去りし時のそれであるのか。若し然りとすれば幼くして去りし者は永久に幼児として在るか。老いて逝きし者は永遠の老翁たらねばならぬか。

　否、復活の身体は人が有し得べき最も完全なる身体である。神の子らが父に奉仕するために用ゐ得べき最も貴き機関である。それは現在の肉体が朽つるものであるに対し「朽ちぬもの」であり、卑しきものであるに対し「光栄あるもの」であり、弱きものであるに対し「強きもの」であり、血気の体であるに対し「霊の体」である。従てそれは未熟なる幼児の肉のごとくまたは衰弱せる老者の体のごとくあるべきでない。人生の最盛《まさか》り、祝の殿をいづる新郎の姿、競ひ走るをよろこぶ丈夫《まさらお》の態こそは復活者の容姿の原型であらう。されば幼くして死にたる者はかの日には発達の絶頂にまで成熟して甦るであらう。老いて逝きし者は瑞々しき壮年に若返りて来るであらう。人生の真昼時に召されし婦人は美しき姿そのままに愈々輝きを加へて現はれるであらう。再会を待ち望む人々よ、喜べ、楽しめ。また会ふ日に汝らの目は必ず満ち足る。汝らの愛する者は思ひに過ぐる美しさを以て汝らを驚かさうとして居る。（三巻506—507頁）

仏教では、個性といったものは迷妄であり、真の実在の相は無であり空であって、そこでは一切の差別《しゃべつ》はないと見ます。善悪、男女、大小、色や形などは消えてしまうのです。一休禅師の作とされる歌に――

「雨あられ雪や氷とへだつれど
融くれば同じ谷川の水」

とありますように、変化・多様は仮の相であって、本来は皆同じ（といってもそれしかないゆえ比べて同じというのではありません）なのです。高い山の杉の梢に降りつむ雪も、下生えの笹の葉をたたく霰も、皆とければその形は消えて、谷川に滴り落ち、はこばれてやがて大海に入り、一粒の雨、一片の雪はもはや姿をとどめないのが真実だと見るのです。人間も、戒名をつけて一応区別しますが、じつは雲散霧消して、死とともに無に帰するのです。

けれどもキリスト教はそうは考えません。個性は神の国にあってもなくなりはしません。では復活の日の姿はどうなのでしょうか。

もし死んだ時の様子のままだというなら、あまり有難くありません。交通事故、殺人事件で死んだままの姿で復活するのなら、復活しない方がましです。また立派な働きをしたとしても、年老い、身は衰え、心は呆けはて、生ける屍のような姿で死を迎えたとすれば、またもし重い障害を身や心に受けて命を終えたとすれば、そのままの形での復活はかえってみじめです。愛なる神がそのようなむごいことをされるはずはありません。

藤井は復活の日の様は、その人の人生の真盛り、青年、壮年の日のうるわしさで復活するとのべています。幼児も、成熟をとげた乙女として、また丈夫《まさらお》として復活するのです。この藤井の一文は、死を克服したもうた神の愛にかなう復活の容姿を、目に見るように、力強く語っています。

このことは、ただ藤井 武が独断的に妄想しているのではありません。渡辺一夫というフランス思想文学研究家が訳したフランス中世の美術を紹介した本に、中世の寺院の地下墓所に置かれている、当時の貴族王侯やその家族の石棺のことがのべてあります。そこでは、祖母も、母も、その娘も死んだ年齢にかかわりなく皆女盛りの美しさの極みに刻まれて、石棺を飾っているのです。復活の日の一人ひとりの様子が、明らかに示されています。そしてそのどの一人も他の人とは違った個性をもって表わされているのです。藤井はこの本はよんだこともなく、フランス中世寺院の地下墓所を訪ねたこともありはしませんが、同じ、貴重な洞察に到達しているのは、さすがといえましょう。

復活のとき、私たちは皆、朽ちぬ、光栄ある、強く美しい姿の霊体を与えられるのです。そして互いに識別し合うことができるのです。何と楽しいことでしょう。

さらに藤井は、その確と保たれた個性は、天国においてはさらに発達せしめられ、固有の才能は完成され、天職を果すのに必要な機会と手段はことごとく神によって用意されると論じています（「天国に関する研究」第四「天国の話」三、「新エルサレムと十二の宝石」一九二九・一二）。

> 天国は各人の個性が極致まで伸び展がるところであります。ここにマリヤは限なくマリヤらしく、マルタは飽くまでマルタらしく顕はれるのであります。それは人格完成の必然の結果であります。天国においてはすべての人がおのおの自分の天職を明瞭確実に自覚してゐます。さうして又お互にこれを認識し合ひ尊重し合うて、寸分も侵すところがありません。絶対の自由と無限の統一とがそこに存在します。
>
> 従って天国における生活は、各人固有の賜物の理想的な現はれでなければなりません。もち

ろんそれに必要なすべての手段が備へられます。それに適切なあらゆる機会が作りだされます。

………中略………

またあなたは家庭の主婦ですか。天国では飲み食ひが廃《すた》れ、娶り嫁ぎが止みます。生殖の事、育児の事も行はれません。けれどもその故に性の区別が全然撤去せられるのではありません。決してさうではない。さう考へるのは、性の問題の了解が余りに浅薄であるからです。性はただに肉の事のみではないばかりでなく、また主として肉の事でもありません。人間における男性女性の差別には遥かに深い意義があります。

それは肉の事よりも寧ろ霊の事、自然界の事よりも寧ろ道徳界の事であります。男性は頭《かしら》または支配または愛を意味し、女性は体または服従または栄光を意味します。故に言ひます、「女の頭は男なり」と、また「女は男の栄光なり」と、また「夫はその妻を己の体のごとく愛すべし」、「妻たる者よ、己の夫に従へ」と(前コリント一一章、エペソ五章)。故に性の差別は実は道徳界の秩序そのものなのです。この秩序なくして道徳の国は成立たないのであります。天国に性はないといふ者は誰ですか。天国は無秩序の国ですか。いはゆる無礼講ですか。或は其処ではマリヤも男性のごとく、モーセも女性のごとく変るのですか。(全集三巻546―547頁)

中略のところで藤井は天職遂行の具体例をあげています。音楽奏者なら、天国ではミューズの神以上の技巧を与えられ、楽器も創造主の聖手製です。スタインウェイやヤマハのピアノなど及びもつかず、ストラディヴァリのヴァイオリンも比べものになりません。天文学者なら、もはや望遠鏡でおぼろな像から憶測する必要はなく、造物主の許しのままにまに、星々へ、また宇宙の外へでも直接行って実地に（実天に！）調べることができます。哲学者たとえばカントなら、もはや感覚の世界に知識は限定されず、物自体をそのまま知ることができ、実践理性の細長い柄の柄杓で辛うじて汲むのでなく、神の都の清流から不死の真理を直かに汲むことができます。

そしてそれにつづいて主婦のことができてきます。いかにも藤井らしくあります。藤井は家にあっても研究と執筆に忙しくしていましたが、それでも井戸から水を汲んで風呂に張るのは自分の仕事としていました。胃が弱い自分の食用にうどんを買いにも行きました。夫人の労働と心づかいを藤井はよくわきまえていたといえます。ここに藤井の優しさと愛を見る思いがします。

天国においても性の区別は個性や天職とともに在り、女性はいよいよ柔和に静かに、夫を助けると見ています。

『羔の婚姻』は上中両篇とも三十六歌から成っています。下篇十五歌で藤井は召されました。天国において、羔の婚姻（新郎キリストとその新婦なる教会が完成されて相結ばれること）を目のあたりにして、藤井は、神の助け喬子夫人の助けをえて、残る二十一歌を歌い上げ、下篇をも完結することでしょう。

六　キリストの新婦《はなよめ》たる教会の完成

地上の教会はキリストの新婦たるには余りにも罪にまみれ、余りにも不完全です。世俗の権力の塵にまみれ、さまざまな物欲に汚され、名誉欲の争いに傷つけられています。

しかし、終りの日には、全き新郎キリストにふさわしく、新婦たる教会も、すべての汚れを洗い潔められ、しみなく傷なき完全な教会に変えられるのです。その姿を藤井は、『羔の婚姻』下篇七歌の「発途《かどで》」で歌っています。これは再臨のため子なるキリストが父なる神のもとを出て発《た》って、再び地へとおもむかれる発途でありまして、全篇父なる神の歌われる詩です。ゆえに「なんぢ」とはキリスト、「彼女」とは教会を指します。

106今やなんぢの形やうやく
　彼女のうちに現はるるを見る、
「来れ」とねがふそのたましひに。

109 けだし処女《をとめ》が成長《おひたち》のきはみ、
　百体すでにみな整ひ
　あるべきものの数は満ちた。
112 見ゆるは全き人のおもかげ
　人の子なんぢを満ち足らはすべき
　今を盛りの女性のすがた。
115 覆衣《かつぎ》をとりて身をおほひたる
　美しき者を迎へ入るると
　野みちを進みしイサクのごとく
118 今こそ汝ふたたびくだりて
　手づからなんぢの愛の手をとり
　備へし場所に携ふべき時。
121 汚点《しみ》はしぶきの痕だにもなく
　皺は素絹《すぎぬ》の布片《きれ》ほどもなく
　おほよそかかる類《たぐひ》なくして
124 美はしきは曙のごとく

わかわかしきは白露のごとき
新婦《はなよめ》を前に建つべきの時　（一九二九・五）（一〇六—一二六行）

一一五—一一七行は、創世記二四章六五節以下をふまえての詠です。イサクの妻探しにアブラハムの召使がハランの地にゆき、水汲みにきたリベカをそれと定めて連れ帰ります。イサクはネゲブの野まで妻となるリベカを出迎えに出かけ、そのイサクをはるかに目にとめたリベカが、ラクダの上で、かつぎを頭からかぶって正装をし、イサクと会うのです。再臨のキリストは、そのイサクのように、美しい全き教会を迎えに行くのだ、と父なる神が歌われるのです。

今私たちは二十一世紀の初めに生きています。今世紀の中頃までには、私たちは皆この世から姿を消すでありましょう。中山博一先生のように九十八年も齢《よわい》を重ねるのはむつかしいでしょうが、七十、八十の坂はこす方が多いでしょう。それでも、生きて過ぎれば、人生はほんの一瞬であります。

人類は互いにともに一瞬を生き合うその間にも、神の創り置かれたこの地球上を、どんなに多くの血と涙と、呻きと悲しみでおおい尽してきたことでしょう。今もイラクでアフガニスタンで、アフリカで、その歎きがやまないことは、今日のお祈りにあったとおりです。

天文学の仮説の告げるところでは、この大宇宙は、今から約二百億年以前に、一つの大爆発により、時間・空間・物質が創り出され、拡散しつつ、星雲を生みながら、半径一五〇億光年の今の大宇宙に成ったといいます。この大宇宙のほかにも異なる大宇宙は多数あると考えられ、それらもすべて、創造主なる神の御手の業です。

その一つの宇宙の中には数十億の星雲が含まれ、たえず生滅をくりかえし、その中の一つの星雲である私たちの銀河系宇宙には、また何十億個の恒星が含まれています。わが太陽はそれらの恒星のうち中位の大きさで、しかも第二世代の星で、銀河系の中心から三分の一ほど周辺へ行った所にいます。恒星は進化の過程をへて、年をとれば膨張し、やがて大爆発を起こして、その物質は宇宙空間に飛散し、それらの微塵がやがて相集って、新しい恒星がつくり出されてゆくのです。太陽はその飛び散った微塵からできた第二世代の星です。

その太陽の周りをその引力にひかれて周回する九つ（最近十個目がみつかったらしいですが）の惑星があります。その惑星のうち、程よい大きさと適当な距離に太陽からある星の上に、四十億年の時をかけて生命が進化し、その先端に人間が創られました。私たちはその一員として、今、ここに在るのです。

しかも、宇宙の塵の上にうかぶさらに小さな塵のようなこの人間だけが、与えられた理性を使って、宇宙のこの全体像を想いえがくことができるのです。何という壮大なパノラマでしょう！　永遠ではなくとも何という長い時の流れを、無限ではなくても何という広大な空間の拡がりを、私たちは心に浮かべることが許されていることでしょう！

しかも、この大宇宙のすべてを創り成された神は、私たちを憐み、星々と異り、他の動物とも異り、私たちに永遠の生命を与え、罪の値である死を克服すべく、この微塵に等しい地上に、独り子を人間の姿をとって降されたのです。私たちは、この地球は、宇宙創造の神の顧みを受けたのです。私たち一人ひとりは主に知られているのです。神の恵みと愛はここに、私たちに注がれているのです。それは何という幸せ、何という歓び、何という栄光でありましょうか！

闇は地を覆うて暗くとも、光はつねに注がれています。一たび憐みを注がれた者を神は決して忘れられることはありません。

私も属する「関西合同聖書集会」では、一九九〇年に奈良の大仏殿や五重塔を見下ろす地に、共同墓地を与えられました。昨年十月の体育の日には、妻の浩江もそこに納められました。墓石には「我は復活なり生命なり」というヨハネ福音書一一章二五節が刻まれています。この共同墓地の案内書に、私はモットーとしてロングフェローの次の句をかかげました（The Golden Legend, V, 1872.）。訳もそえます。

The grave itself is but a covered bridge
Leading from light to light, through a brief darkness.

「墓はただ覆われた橋、
つかのまの闇路《やみじ》を貫《ぬ》いて
光より光へわたす」

いま一つ私がいつも心に響かせている句があります。それはテニスンの詩の二行です(In Memoriam, xxviii, 1850.)。

'Tis better to have loved and lost
Than never to have loved at all.

「愛して　失いしは、
たえて愛せざるにまさる」

今日は藤井 武の永生観・来世観をお話しいたしました。それは聖書に基く真理の表明であり、神がきびしくも彼に課せられた一つの信仰実験の報告であったと思います。

藤井が霊において見ましたように、私たちもやがてパラダイスに入り、愛する者との再会をとげ、復活の時を待つでしょう。そして、時が来れば、愛する者と相携えて、主の御前に出て、新しいエルサレムの大路を歩むことでしょう。

その時には、この世にあっていだいたすべての疑問はとけ、人と人とのあらゆる不和はやわらぎ、この世で未完成に終った業はことごとく全うされ、御光に照らされて、全宇宙の歴史全体の意味を明らかに示され、全人類と相知り、相交わり、地にあって私たちの語った言葉、なした行い、心にいだいた思いが全宇宙、全歴史とどういう関わりをもつかも示されることでありましょう。

そうして、あふれみなぎる光のうちに、私たちは大いなる歓喜、大いなる感謝、大いなる讃美にみちて、とこしえに神とキリストをほめたたえまつることでありましよう。

藤井 武よ、喬子夫人よ、中山博一先生よ、常子夫人よ、そしてわが妻よ、
今しばしの時、待ちてあられよかし、
われら必ずそこにいたらん。

十七　藤井 武の摂理論

この講演は、二〇〇六年十月一日、名古屋国際センターで、ちとせのいわ聖書研究会主催で行われた「藤井 武記念キリスト教講演会」で述べたものである。聖書は詩篇二四篇一―二節をよみ、讃美歌は四番と二九二番をうたった。司会は杉下哲子様が当ってくださった。

一　はじめに

名古屋へのお招きを受けて、私がこの講演会で話すのは、十八回目になります。最初は一九八四年、ついで八八年、九〇年、そして九二年からは毎年つづけて参っております。

中山博一先生は一九九八年四月七日に召されましたが、その前年はご入院中でした。ですからこの講演会にご出席になったのは一九九六年が最後でした。その時は私が参ったのは八回目で、「闇も汝をほめたたう——藤井 武におけるエロースとアガペー——」という題で話しました。

中山先生がおいでのときは、講演が終ると、私の話の不足を補ってくださり、また誤りは正してくださいましたし、活字になれば必ず懇ろな御感想のお便りをくださいました。先生が召されて、藤井武の直弟子はすべて世を去り、御示教を受けることができないのが一番残念です。

二　摂理をテーマとした理由

「摂理」の問題は藤井 武全集の第六巻の三十頁ぐらいで扱われており、藤井もそう重視していないテーマです（婚姻や歴史哲学と比べて）。それを今回とりあげたわけをまず申上げたく思います。摂理という語自体、キリスト教以外ではほとんど使いません。その摂理が新聞紙面に大きな活字でのったことが、今年一回だけありました。京都の韓国系の聖神中央教会の六十代の牧師が、教会に来ている若い女性何人もに、怪しからぬ行いに及んで捕えられ、なおシラを切っていたのですが、その教会は「摂理」を看板にしていました。その教会は当の牧師を罷免しましたが、教派自体は続いています。ですから、多くの日本人はいま摂理という語をきくと、それを思い浮べて警戒の念を抱くのではないかと思います。

その摂理を今日とり上げましたのは、現在世界と日本が全くお先真暗な状況に突入しつつあるからです。生起する一つ一つの出来事が、対立と殺害と憎悪と腐敗を示し、私たちは希望を失いがちです。これから永い人生を生きなければならぬ若い人たちは一層のことでしょう。

イラク戦争は五年になりますが、アメリカはまだイラクに万余の軍隊を増強すると言っています。何の成果も上らず、かの地に平和がもたらされず、アメリカ兵の戦死は九・一一で亡くなった人の数をすでに上まわっており、イラクの民間人の死はアメリカの発表では四万人、去年ジョンズ・ホプキンス大学（新渡戸の出たアメリカの大学）とイラク当局の合同調査では、すでに十万人以上が死んだと発表しています。（アメリカ政府も、大本営発表と同じ嘘をついているのです。）

　そのアメリカに追随し、憲法を蹂って、イラクに自衛隊を日本は派遣しましたが、治安の悪い地域ゆえ、頑丈な柵の中にかくれていて、実際上サマワの狭い地域だけでも奉仕できたことは少く、小泉首相オハコの現地丸投げで、八百億円の金を使いながら、道路をつくるのも現地企業に丸投げし、その企業は内部争いで工事は進まず、道は途中で切れているというのです。自衛隊派遣の全体の収支決算、その成果と失敗、将来への問題点は本当は国会できちんと討議しなければならないのですが、自衛隊員が幸い一人も死なずに帰ってきたら、議員も政府も、はや忘却の渕に沈めてしまっています。国民もそれを咎めようとしません。

　ご承知のように、国民健康保険の医療費自己負担は、今日（十月一日）から、二割が三割に増えました。来年四月からは、七十五歳以上の老人（私もその一人）だけの特別の健康保険が設けられ、さらに掛金をとられます。介護保健もサービスは低下し、税金の老齢者控除はすでになくなり、地方税は増税となり、総合すれば北欧の行届いた福祉国家の税率と余りかわらぬものを、日本国民は払っている状況です。

　政治家は「美しい日本」と作家のような歯の浮く言葉を口にしますが、中央官庁も地方政界も、談合につぐ談合、裏金つくり、圧力団体の無法な公金むしり取りが横行し（防衛施設庁、岐阜県、大阪市、社会保険庁などなど）、学校教育の崩壊は小中高生のいじめ悪質化、教員の質の低下と協力不足、それをもたらす政治からの不当な圧力、教育全体を骨がらみのように蝕んでいる競争的入試制度、大学の大衆化・実利化など、止まる所を知りません。「教育基本法」の文言を改悪して愛国心と法律規制を強化したぐらいでは、何ともならない状況です。

　犯罪は数増し、ますます兇悪化し、ことに幼い子供たちを親が殺す事件が続発しており、また親への反抗から親兄弟を殺す悲しい事件もあとをたちません。若者は職がなく中高年者は切りすてられ、自殺が増加しています。ここ十年で一・五倍です。

　こうみてきますと、この国は全く腐敗し切っているというほかありません。日銀総裁の愚行をみても、道義は地に堕ち、それを厳しくとがめる声もほとんどきこえません。官僚も政治家も、企業も財界人も、自己中心的で、外では周辺国の思いを忖度せず、内では弱者切捨て政策を平気で続けています。まさに絶望的と思われます。

　しかし、ここにキリスト教の摂理の信仰が示されて、私たちの消えようとしている希望の灯をかきたててくれるのです。

　今日摂理をとりあげた理由はそこにあります。

三　藤井 武の摂理論

『藤井 武全集』で摂理が論じられているのは、第六巻の四一八―四四九頁です。その中でもイサクとヨセフの生涯に現れた摂理のことがかなりの頁を占め、摂理そのものを論じた頁数は十三頁にすぎません。

その摂理論を藤井は（一）「神の摂理とは何である乎」という表題のもとに、十七の短い文で表現していますが、その最終の一七が全体の総括ですので、それを引用します。

「かくのごとくに、全知にして全能にして偏在なる神が、その創造の終局目的を成就せんがために、ひとへにおのが聖旨によりて、遠大なる計画の下に予め準備しながら、自然と人生の一切を護り導くこと、これを称して神の摂理とはいふ。」（四三〇頁）

非常に藤井らしい簡潔な表現ですが、摂理の問題の要点はここにほとんど盛られています。神、創造、終局目的、計画、準備、自然と人生、護り導きがそうです。

この総括を心に置きつつ、一から一六までの議論を、いくつかにまとめてたどることとします。

1　創造と自然法則（一―三）

神が天地を創造された、神が世界万物、自然も人間も含めた全体の原因である、と聖書は語り告げます。そしてその創造世界の中には自然法則がこめられています。神は目に見えません。見えるのは神が創られた自然と人間です。それら目に見えるものが在る以上、それらを通して、創り主がなければならぬ、とりわけ一つの例外をも許さない自然法則の厳格な規律は、全知の創造主の英知を示すと信じられます。人間の体にせよ、植物・動物の構造にせよ、あるいは細胞内部で起っている事柄にせよ、究めれば究めるほど、その巧妙精緻に私たちは驚くのです。それら一切が偶然そうなっているとは、絶対考えられません。そう考えるのは不合理です。それらすべての事柄の背景には、全能の英知をもってそれら一切の秩序を創り上げられた神の存在が考えられてくるのです。

自然の美もそうです。春の花、秋の紅葉、冬の白一色、岩に砕ける大浪、天も海も金色に染めてしづむ入陽、自然は私たちの思いを超えて、必要以上に美しくあります。それら複雑かつ多様な美をデザインしたのは誰か、それは神以外ではありえないと思われるのです。

単に世界の物理的第一原因というだけではなくて、芸術的・美的原因としての創造主の存在も、欠くことができません。

しかし、神は天地を創られたとして、自然法則をその中に入れた上で、もう手を引いて、宇宙の成行きは自然法則にすべて委されたのではないかと思われてきます。西洋で十八世紀に、ニュートン力学が一切の宇宙内の運動を法則の下に解明して以後、とくにイギリスを中心として、理神論（Deism）として起りました。

理神論の主張するところでは、宇宙のすべてはもう神を離れて、自由に、法則にかなって、独立して動いている、神はもう手を引かれたのだ、というのです。これは十七世紀イギリスで始まり、フランス啓蒙思想やカントにも影響を及ぼした思想です。創造主としての神は認めるが、被造世界は自然法則の下にあり、もはや神の支配はうけない、自然法則を人間は探究し、人間の幸福のためにその法則を活用して、自然を征服するのだ、というのです。

もはや終末とか預言とか奇跡は否定され、死後の審きも存在を認められません。神がこの世界の出来事を主宰し、介入されるという摂理は、神の全能をかえって傷つけるものだというのです。

2　神の安息（四―六）

では、宇宙万物を創ったあと、神はもう完全な休息に入られたのか、安息に入られたのか、または神は働きを了えて死なれたのか、という問が生まれます。

創世記二章二節に、「第七の日には、神はご自分の仕事を完成され、第七の日に、神はご自分の仕事を離れ、安息なさった。」とあります。

藤井はイギリスのペイリーのあげる時計と時計師のことを引いています。時計師は時計を作った上は、ネジさえ巻けばおのずから勝手に動く、いちいち時計師が手を出しはしない、いつも時計師が自作の時計をいじくらねばならぬのでは、時計師の技術は拙く、設計も加工も悪い。全知全能の神は完全な時計師として、宇宙という時計を完璧なものとして作られたに違いない。とすれば、その神の手になる宇宙は神が居られなくても自動的に動いてゆく、というのです。

しかしそうではなくて、神はこの宇宙をたえず支配制禦し、人と自然の動き全体に目を光らせ、必要と思し召されれば介入されるというのであるならば、それは神が全知でも全能でもなく、宇宙の作り方が下手であった、というのです。――単なる理屈だけで言えば、この論法は正しいのです。

けれども藤井は言います。自分の信仰の実験からいうと、神は今も存在しておられる、遠くに居られるのではなく、生きて自分の傍におられる、それを疑うことはできない。それは恐しく、また時には恨めしく、訝しくあるが信頼すべき経験である。人間はどんなに神から逃れようとしても、一歩たりとも神の占有領土の外へ出ることはできない、というのです。――ちょうど「西遊記」で孫悟空が金斗雲に乗って仏様から逃げようとし、飛びに飛んで世界の果まで行き、そこに立っている大きな柱に「悟空ここに到る」と墨書して戻ってくると、あにはからんやその大きな柱は仏様の中指だったというようなものです。

イエスもヨハネ福音書五章十七節で、「わが父は今に至るまで働きたまう、われもまた働くなり」と言っておられるが、神は死なれず休まれず、今も働きつづけておられるのだ、と藤井は言うのです。

とすれば神の安息とはどういうことになるのでしょうか。それは創造の業を一しきり了えられて――仕事は必ず了わるのです。建築でもいつまでたっても建ち上らないのでは大工は下手か遊んでいるのですし、料理でも、レシピに従って料れば、いつか必ず出来上ります。いつまでたっても皿の上にのらないというのでは、焦がしたか、調理を誤ったか、下手な料理人ということになります――神も憩いに入られるのです。それは神にとっても、創られたものにとっても喜びの日です。神はご自身の作品に満足されます。創造の一日ごとに神は「よし」と言われました。神は被造物を祝福されます。神は宇宙全体への配慮をとこしえに続けられるため、英気を養われるのです。

内村鑑三はこのことを、安息日は「神気回復の日」であると表しています。素晴しいことばです。休息はさらに一層激しく働く為で、怠けることではありません。

3　神の労働（七―九）

では神の労働とは何でしょうか。詩篇一〇四篇二十四節に、「主よ、御業はいかにおびただしいことか。あなたはすべてを知恵によって成し遂げられた。地はお造りになったものに満ちている。」とあります。神は陸上・海中すべての生物に、時に応じて食べ物を与え養われます。神はすべての生き物に命の息吹きを与えられます。生物すべての生も死も神が支配しておられるのです。

ですから、すべては神のもの、神はそのすべてを治めておられます。神は支配者であり、保存者であります。万物にたえず目を配る注視者・見守り手（藤井は監視という語を使うが）です。熱心に、誠実に、星星の運行、虫のすだき、人間の骨一本、髪一筋、そのすべての思いもあらゆる言葉も行いも、みな神の労働によって成り立つのです。私たちの日日の生活も、神の働きあればこそ可能なのです。

4　保持する神（一〇―一二）

この宇宙を自然法則だけに委しておけば、宇宙はすでに亡んだことであろう、人間の歩み人類の歴史を自由意志だけに委しておけば、人間はすでに亡んだことであろう、と藤井は言います。神との日ごとの交渉によって、宇宙も人間も支え保たれるのです。一人一人の人も、また全体としての歴史も、神の保護の下にあるのです。

神がそのようにまで心を砕きかえりみてくださるのは、創造の目的を完遂されんがためです。宇宙全体の運行、人間の営み、歴史の進行を、究極において御旨にかなうものとするために、神は被造物すべてを保持し、それらの一大体系の中にあるものとして導かれるのです。

自然と人生の万象を、神は永遠にまで見渡し、偉大なる謀計の車をめぐらして、全世界、全歴史を、永遠に向って動かし進められるのです。人間の目には少しも働いておられないように見えても、少し長い時をとってみれば、神の支配、神の保持は明らかです。

このことを最もよく示す英語の諺（これは藤井の引いているものではありませんが）を一つあげておきます。これはもとドイツの詩人フリートリヒ・ローガウ（一六〇四―一六五五）の詩の一節が英訳され、諺となったものです。

God's mill grinds slow but fine.（神の挽臼はゆっくりとしかし細かく粉にひく。）つまり、神の挽臼は廻っているのかいないのか性急な人間の目には見えないが、永い時間をへてみると、小休みもなく大臼はまわり、実に細かく粉にひくというのです。摂理の働きを短く的確に表わした良い句です。

5　摂理と自然法則と自由意志（一三―一六）

神の摂理は、一切をその内に取り収め、道具として、神ご自身の御旨の成就のために用いられるのです。自然法則であろうと、人間の自由意志であろうと、それらすべてを法則の働きのままに、意志のおもむくままに動かせながら、しかも神はそれをご自身の目的達成のために用いられるのです。どんなことがあってもそれをご自身の目的に結びつけて利用されるのです。自然も人もその意味では神に背くことはできません。背きすら神は活用なさるのです。神は主人であり自然も人間も僕《しもべ》です。神は自らが創られた自然法則に束縛されはしません。自然法則は、人間が自然の整合的秩序をそう呼んでいるだけで、神をも拘束できるものではありません。

　これは、七年前お話した、藤井も尊敬するドイツの哲学者カント（一七二四―一八〇四）ものべているところです。カントによれば、自然法則は人間の感覚できる時間空間の世界にだけ（現象界にだけ）当てはまるもので、時間空間を超えた世界、超感性界（本体界）には当てはまらないのです。法則は人間にとってだけ意味をもつのです。人間が見出し、数式に表し、技術的に利用し、自然にも働きかける一つの筋道であって、神はそれにとらわれることはありません。

　こう考えれば、神は自然法則や自由意志をもこえて、神に背く自由をも認めつつ、それを己が目的に用いられる、万事万物は神によって成り、神の内にあり、神のもの、神の支配下にある、神の聖旨に従う、大なるものも小なるものも、善も悪も、当然の出来事も不思議な出来事も、すべては神の御心の外にありはしないというのが、藤井の摂理論の結論です。それが、最初に引いた総括となるのです。

四 摂理の実例

1 藤井のあげた例

藤井 武がさきの摂理論につづいて、その実例として挙げたのは、イサクの祝福（創世記二七章）とヨセフの生涯（同三〇―五〇章）です。

アブラハムの子イサクには、妻リベカとの間にエサウ（兄）とヤコブ（弟）という双子の兄弟が与えられました。先に生まれたエサウは後で生れたヤコブに将来従うというお告げが示されていました（日本では先に出るのは弟）。しかし年長じてエサウは毛深く逞しい青年となり、野に出て羊を飼い、獣を狩りました。ヤコブは家にこもって何かしていました。リベカはずっと傍にいるヤコブの方が好き、イサクはエサウの方を好んでいて、そこに偏愛が生じていました。これは一つの罪でありました。

さてイサクが年老い、目も見えなくなり、愈々家督をゆずる段になって、リベカはイサクが兄エサウにゆずるつもりなのを察し、エサウが狩に出ているのをよいことに、ヤコブと結託して夫イサクから家督をだまし取ることにしました。ヤコブの滑かな手に羊の皮を巻いて毛の深いエサウの腕に擬し、肉料理を作り、狩から帰ってきたエサウに化けて、床にいる父イサクをまんまと欺くのです。手はエサウの手だが声はヤコブの声なのにイサクは気付きますが（本当は声の方が個性をよく示す）、ヤコブをエサウだと思いこんで家督をゆずる祝福を与えてしまいます。

エサウは狩から戻り、策略で家督がヤコブに瞞し取られたのを知って、恨み歎き、父に祝福のやり直しを迫りますが、そこがイサクも老いたりとはいえアブラハムの子、一たん神に誓って与えた祝福は取り消せないと拒みます。イサクの家庭はガタガタです。やがてイサクは死に、エサウとヤコブの仲は険悪となり、母リベカはヤコブの命を心配して、ハランにある自分の実家へヤコブを逃がします。それきりリベカは愛するヤコブに二度と会えませんでした。

イサク、リベカ、エサウ、ヤコブは皆罪人です。偏愛、欺瞞、軽率、巧智が渦巻いています。にもかかわらず、それらの悪の障げを貫いて最後に成就したものは、神の聖旨——兄は弟に従うべし——でありました。罪の鉢合わせの中からただ聖旨のみが成る、罪ゆえに聖旨は空しくならず、神は罪をそのまま受け入れつつすべてを聖旨の道具とされるという、畏るべき真理がそこに現れたのでした。

次はヨセフの生涯です。ヤコブは四人の妻から十二人の男子を得ましたが、最愛の妻ラケルから生まれたヨセフを特に可愛がりました（偏愛の家風か）。ヨセフもそれを鼻にかけ兄たちを軽んじ、兄たちはヨセフを憎みます。

羊を野で飼っている兄たちの所へヨセフが出向いたとき、兄たちはヨセフを殺そうと深い落穴の底へ入れました。石打ちにしようとしたところ止める兄弟があり、折よく通りかかったイシマエルの隊商に売りとばし、ヨセフはエジプトへ連れてこられ、ファラオの侍従長ポティファルの奴隷となります。

賢いヨセフは主の恵みをうけ、ポティファルの近侍となりやがて全財産を管理する家宰になります。ところがポティファルの妻が若く美しいヨセフに懸想し、ヨセフが断ると逆恨みして夫にあらぬ罪を訴え、ヨセフは監獄に入れられます。監獄でもヨセフは信頼を得て、全囚人を取りしきる役となり、そこに入ってきたファラオの給仕長と料理長の夢を解いたところ、三日目にそのとおりとなり、給仕長は元の職に戻り、料理長は処刑されます。しかし、釈放された給仕長が、旧職に戻ればファラオにヨセフの無実を伝えるという約束を、ケロリと忘れてしまいます。

二年後ファラオは、肥えた七頭の雌牛と痩せた七頭の雌牛、よく稔った七つの穂とやせた七つの穂の夢を見、魔術師や賢者に解かせるも誰も解きえず、そこで給仕長がヨセフのことを思い出してファラオに告げ、ヨセフは王の前へ召され、見事その夢を解き、全エジプトの宰相に任じられます。

さてヨセフの夢解きどおり、七年の豊作ののち七年の凶作となりましたが、エジプトはヨセフの命令でちゃんと備蓄策がとられていて、飢えはありません。しかし周辺国はみな凶作に困りはて、穀物のあるエジプトへ買いに来ます。パレスチナにいるヨセフの兄たちも父ヤコブの指図をうけ、銀をたずさえ食糧買出しにエジプトに来て、様変りしたヨセフと会います。

さらに様々のことがあって、ついにヨセフは自分がイシマエル人に売られた弟ヨセフであることを告げ、相抱いて泣くのです。

ヨセフは父ヤコブをもエジプトに迎え、ヤコブはエジプトに死んだものの、遺命に従い、約束の地のマムレのマクペラの洞穴、アブラハムとサラ、イサクとリベカも葬られている墓に埋葬されます。ヨセフは曽孫、玄孫の顔も見て百十歳で死にますが、自分の骨もやがてイスラエル人がここから携え上り、父祖の墓に入れられると預言します。（出エジプトの時それが実行されました。）

藤井はいいます。隊商に売られイスラエルの民の中から消え去ったかに思われたヨセフを通して、飢餓からイスラエルの子らは守られたのだ、それは摂理としか言いようがないと。

2　藤井の生涯（一八八八―一九三〇）

藤井は以上の二つを摂理の例としてあげていますが、私はそれにさらにいくつか付け加えたく思います。実に歴史をつぶさに見れば見るほど、摂理の支配は鮮かに浮び上ってくるのです。そのほんの二、三を示してみましょう。

まずは藤井 武自身の生涯です。

藤井は一八八八年に生まれ、一九三〇年に四十二歳で召されました。当時としても短命です。一九一三（大正二）年京都府の役人をしていた時、喬子夫人がチフスにかかり重篤に陥りました。夫妻は共に祈って、もしこのチフスを治してくださったら、私たちの生涯はキリストに捧げます、と誓ったのでした。夫人の病気は癒されました。

東京帝大を卒業するとき、藤井は内村鑑三に伝道者になりたいと言ったのですが、内村は、「学校を出ただけですぐ伝道はできない。十年ぐらいは社会で勉強してくるがよい」と許さず、藤井は内務省の官吏になったのでした。

しかし、神との約束をできるだけはやく果すために、山形県へ転じて二年、一九一五（大正四）年十二月に、官を辞して内村の助手になったのでした。有望な官吏の職を捨て、不安定な伝道者となるには、妻喬子が実家の説得にどんなに苦労したかしれません。駅頭に藤井を迎えた内村は、その大きな手に藤井の手を包んで、「何も心配することはない」とくりかえし励ましました。

こうして藤井は伝道界に身を移し、内村の助手として、「聖書之研究」誌への寄稿、校正、内村の講演の筆記などに喜びつとめていました。そんな一日、藤井が内村に「先生のお手伝いをするようになって、有難くて、恵みに感謝しています」と述べたところ、内村は即座に、「そんなに有難いことばかり続くんではない、そのうちに恐ろしいことが起る」と警告しました。

はたせるかな、内村のもとへ来てわずか三か月で、はや内村と意見が対立します。藤井が「聖書之研究」に寄せた「単純なる福音」という一文が、内村の信仰と異っていたのです。もう校正刷も了ったその文を初めて見た（それほど内村は藤井を信頼していた）内村は、撤回せよという。藤井は「これは今の私の信仰だから撤回できません」という。内村は藤井の文に注記をつけて、これは自分の信仰と異ると明記し、藤井には「聖書之研究」への寄稿を差し止め、藤井がそれまで書いた信仰文章を本にすべく警醒社に紹介する予定も中止しました。内村は弟子の原稿にもきちんと原稿料を払い、校正者には（嫁の美代子にも）校正料を払いました。労働の神聖を重んじた人でした。藤井は収入減となりました。

紹介取消になったことも藤井にはこたえましたが、その代りその本を、やはり内村の弟子で出版を始めたばかりの岩波茂雄が引受けて、岩波書店から出しました。友情です。『新生』がそれで、以後藤井の著書、訳書はすべて岩波から出、死後三度にわたる全集も岩波の世話になりました。ここにも人の思いをこえた摂理の導きが、はやくも見られます。

やがて内村との関係も修復され、原稿掲載も許され、再臨運動で東奔西奔する内村に従って、藤井も前講、筆記など忙しくしていましたが、一九二〇（大正九）年、住友家の子息の結婚問題で内村と意見が対立し、内村の非礼を認めることができず、遂に内村を去って独立し、「旧約と新約」誌を創刊しました。この訣別は藤井にとりまことに心痛むことであり、内村も有能な助手に去られることは残念の極みでした。内村は藤井は自分に盾ついたと考え、以後、文のあちこちに暗に藤井を批判するかの言葉を書きました。藤井はしかし一言の返し矢をも放ちませんでした。

両者は別れたくなかったのに別れたのでした。しかし藤井はこの別れ独立からあと十年しか生きませんでした。もし別れなかったら、内村は藤井を重用し、藤井は喜んで奉仕したでしょう。とすれば「旧約と新約」は生まれず、「羔の婚姻」も歌われず、『藤井 武全集』十巻も世に出なかったでしょう。ここにも「藤井は藤井として信仰独立の道を歩むべし」という聖旨が、内村と藤井の間に住友家の結婚というつまづきの石を置いて、両者の仲を割いたと言えるわけでした、ここにも摂理の激しく、厳しく、恨めしく、しかし恵み深い働きを見ることができます。

しかし、それで終ったのではありません。

二年後の一月、一九二二年、藤井は内村とまことにあっさりとした和解を遂げます。内村から藤井に呼びかけがありました。じつは藤井はまだ構えていました。先生がまだ自分を批判されたらこちらも、と思っていたのです。内村は二階の書斎から階段を下りると、すぐ下駄をはいて庭へ出て、藤井を応接に待たせておいて祈りました。ああ先生は祈っておられるな、と藤井は思いました。そして内村は祈り終って藤井の所へ来るや、両手をかたく握り、「永い間待っていた」と、以前の事は一言もふれず、主にあって全き和解をとげました。

その十月に喬子夫人は亡くなり、内村が葬儀を司式します。もし仲直りがなかったら、内村の司式はありえませんでした。そうすれば、内村が「今よりのちベアトリスがダンテを導いたように、天にある喬子さんは地にある武君を導くのであると私は思う」というあの霊感あふれる言葉が藤井の耳朶を打つことはなく、「羔の婚姻」も生まれなかったでしょう。

内村との衝突、そして和解、そして喬子夫人の死、内村の辞―これら苦しみ、喜び、悩み、悲しみのすべてを通して、神は藤井にとり最も善きもの、神の嘉しとされる魂の叫びを産み出さしめられたのでした。

藤井の生涯には、摂理の働きが、厳しく、温かく、恐しいほどあざやかに見られるのです。

このことは、内村の生涯にも明らかに見ることができますが、それは割愛いたします。

3　札幌農学校

札幌農学校が北海道に開校したのは、明治九（一八七二）年です。それまで東京の芝に開拓使仮学校ができていたのを、徳育上の配慮もあって、札幌へ移したのでした。

東京で募集した一期生を、玄武丸という七〇〇トンの安物の船で、海路小樽へ運ぶのでした。船内には開拓使長官の黒田清隆や農学校教頭（実質上校長プレジデント）のW・S・クラークも同乗していました。

一期生の中には、上野彰義隊生残りや年をくった者もいて、気象も荒く、三陸沖をゴロタ丸（渾名）

が揺れながら航行してゆくと、船中で酒を呑んで高歌放吟しました。黒田長官はその騒ぎを聞いて怒り「こんな者は役に立たぬ、皆東京へ追返してしまえ！」となりました。黒田も薩摩武士で仲なか気が荒く、一説では酔って夫人を斬り殺したといいます。陸軍将官の黒田が開拓使に転じたのは、薩長藩閥の明治政府内にあって、おのずから陸軍は長州、海軍は薩摩と傾向が分れ、陸軍での出世の見込が閉されたからです。

困った黒田はクラーク教頭に相談します。クラークは聖書に基く道徳教育を行うと答えます。すでに英文聖書五十冊を買って船中にしていました。黒田は官立学校でキリスト教は困ると承知しません。クラークは、キリスト教以外に道徳教育はできないから、辞任すると反論します。結局、帰られては困るので、暗黙のうちに聖書に基いて徳育を施すことを、黒田は黙認することにします。こうして、官立学校で公然聖書が教えられるという、空前絶後の事態がうまれたのでした。

当時札幌は人口三千人の小さい町でしたが、はや遊郭が出来ており、一期生の生徒の中にもそこへ通う者が出ました。彼らは即刻退学させられ、また学期末の試験で成績不良の者も即時退学というふうに、極めて厳しく処分し、一期生の半数以上は退学してゆきました。

そうして残った真面目な生徒たちが、やがてクラークが学校を去るに当って書き留めた「イエスを信ずる者の誓約」に署名し、翌年入学した二期生にも署名入信をつよく迫り、そこに一、二期生を中心とする札幌バンドが形成されたのでした。大島正健、内村鑑三、新渡戸稲造、宮部金吾らも、この一連の出来事の中で、イエス・キリストにつながる者となったのでした。

この経過の中にも摂理の働きは鮮かです。一期生中に酒を呑んで騒ぐような連中がいなかったら、黒田長官とクラーク教頭の問答もなく、聖書に基く教育が行われたかどうかは明かでありません。また、長官が果断を尊ぶ黒田清隆でなく、つまらぬ官僚であったら、キリスト教に基く教育を許すことは絶対なかったでしょう。またもし、アメリカから招かれた校長がクラークでなかったとすれば（明治初期の外人教師には反キリスト教の人もけっこういましたから）、札幌バンドは形成されず、内村も新渡戸もあのような生涯を送り、主の為に働きぬくことはなかったでしょう。

神は悪事、困った事をもすべて善に変え、ご自身の意志を実現してゆかれるのです。

4　ブリテンの戦闘

これは、一九四〇年八月一日から十一月三日まで、イギリス上空でドイツ空軍と、邀え撃ったイギリス空軍との間で戦われた、壮絶な空中戦のことです。

一九三九年九月一日、ドイツのポーランド攻撃で第二次世界大戦は始まり、ドイツと密約を結んでいたソ連も同月半ばにはポーランド東半分を占領、さらにバルト三国にも圧力をかけやがて併合、ヒトラーは翌四〇年五月一日には西部戦線攻撃を開始し、六月十四日にはパリを無血占領、フランスを勢力下に収め、残るはイギリスだけとなり、着々英本土上陸の準備をととのえていました（オットセイ作戦）。

当初の計画では、四月から七月まで準備し、以後攻撃をかけ、九月十五日には英本土占領完了というものでした（これらの記述は、C・W・シャイラーの『第三帝国の興亡』第四巻、二十二章の「オットセイ作戦」による。この書は全五巻でピュリツァー賞受賞作の名著です）。

八月一日、愈々ヒトラーは空軍に攻撃命令を下し、「ブリテンの戦闘」の火蓋は切って落されました。

一九四〇年七月の独英の空軍勢力を比べますと、ドイツは戦闘機九六三、爆撃機九九八、急降下爆撃機三一六、計二二七七機、対するイギリスは戦闘機八〇〇機が主力でした。そして七月中の損耗は、ドイツ二九六機、イギリス一四七機で、残る勢力は、ドイツ一九八一機、イギリス六五二機とドイツはイギリスの三倍でした。ドイツは八月二十四日から九月六日までの二週間は、毎日一〇〇〇機を繰出して波状攻撃をかけ、イギリスの戦闘機は連日それを迎撃、パイロットは燃料尽きて基地へ帰るや、休息の暇もなく、整備のすんだ他機に乗って戦場へ飛びたってゆきました。

ただ、市中と工場を攻撃目標とし、レーダー基地の爆撃をドイツは怠り、またこの間ドイツが急降下爆撃機を引き上げたことで、イギリスはもちこたえました。この二週間までのイギリスの損失は、戦闘機四六六機、パイロットの死傷は四分の一に対し、ドイツは戦闘機三八五機と爆撃機相当数を失いました。八月二十三日にはロンドン市中が猛爆を受け、その返礼に英空軍は始めてベルリンを空襲しました。

ドイツは損害を減らすためか、イギリスの人心を不眠に脅かすためか、九月七日、突如攻撃をロンドン市の夜間空襲に切り替え、このことが英空軍に飛行機整備、パイロットの休養の時間を与えることとなりました。

夜間爆撃が一週間つづいた九月十五日、ドイツの爆撃機二〇〇機と戦闘機六〇〇機を、英気を養った英空軍は海峡上から迎えうって追い返えすのに成功、これを境目としてオットセイ作戦は中止となり、以後十一月三日まで連夜空襲をうけても英軍、英国民の士気は衰えず、遂に「ブリテンの戦闘」は英空軍の防衛勝利に終りました。この間のドイツの飛行機生産は八〇七〇機、イギリスのそれは九九二四機も、この勝利に資するところ大きくありました。

イギリス首相チャーチルは下院でこの戦いをたたえて、「人間の戦いの分野で、これほど多数のものが、これほど多くのことを、これほど少数のものに負うたためしは、いまだかつてなかった。」とのべ、スイスの思想家マックス・ピカートはその著『われわれ自身のなかのヒトラー』(原書276頁)で「神の歴史への介入をこの場合ほどはっきりと目にしえたことは、めったになかった。」と書いています。

ヒトラーがもう一週間でも昼間爆撃をつづけていたら、またレーダー基地を爆撃していたら、飛行機の整備もパイロットの休養もできず、イギリスはドイツに制空権を奪われ、本土上陸の憂目にあい、あるいは屈服したかもしれません。一九四〇年後半のあの時、ヨーロッパ全土はヒトラーの威勢の前にひれ伏し、アメリカはまだ参戦せず、その工業力はまだ大車輪の回転をしていなかったのです。

5 ミッドウェイ海戦

日米の戦闘でも似たような介入があったと私は見ます。一九四二年六月五―七日のミッドウェイ海戦です。

四一年十二月八日、ハワイ真珠湾を急襲して、米太平洋艦隊の主力艦をほぼ全滅させた日本の機動部隊は、ほとんど無傷でインド洋と南太平洋に転戦、無敵を誇っていました。ただハワイでは空母は出航して不在のため、米艦隊の四空母は健在でした。

四一年四月十八日、太平洋上の空母ホーネットを発進した双発陸軍機は、無防備の東京、横浜、名古屋、神戸を急襲し大陸へ逃げ一部は日本占領地へ不時着しました。損害は軽かったものの、油断の隙をつかれたのでした。

同五月七日の珊瑚海海戦は史上初の空母同士の戦いで、日本は空母一隻沈没一隻大破、アメリカも一隻沈没一隻大破、ほか駆逐艦一隻沈没の相打ちに終りました。

こうして六月五―七日のミッドウェイ海戦を迎えたのです。日本は無傷の空母四隻、アメリカは珊瑚海で傷ついた空母ヨークタウンをサンフランシスコで急遽修理して、戦闘にまにあわせました（日本はそのことを知らず）。絶対優勢を信じた日本は、まずミッドウェイ島の陸上基地を叩き、ついで米空母と決戦しようとしていました。

　ところが日本の攻撃を察した米は、島の航空機を避退させており、予想した戦果が上らず、攻撃隊は第二次攻撃必要と打電しました。日本の四空母は敵艦隊用の魚雷を装着していたのを、急いで地上用爆弾に着け替えました。その作業に時間がかかってようやく終る頃、敵空母発見の無線が索敵機から入り、慌ててまた爆弾を魚雷につけかえ、それもようやく終り、すでに発進というとき、日本艦隊の動向をいち早くつかんで攻撃隊を発進させていたアメリカの急降下爆撃機が、雲の中から舞い降りて爆弾を命中させ、外した爆弾と魚雷装着した飛行機の並んでいる甲板上は一挙火の海と化したのでした。ただ一隻攻撃をおそく受けた艦から飛びたった攻撃機が、アメリカ空母一隻を大破し、のち日本の潜水艦が雷撃撃沈しました。

　この海戦で日本は空母四隻を失い重巡も一隻沈没、飛行機三二二機、乗員三五〇〇人を一挙になくしました。艦よりも熟練のパイロットを多数失った傷はついに癒えることはありませんでした。アメリカは空母一隻（これは急遽修理したもの）、駆逐艦一隻が沈没、飛行機一五〇機、人員三〇七人を失いましたが、これで太平洋の制海・制空権はアメリカが握ることとなり、同年八月ガダルカナル島から反撃が始ります。

断然優勢だった日本海軍が敗け、劣勢の米海軍が勝った最大の理由は、作戦方針の動揺にあります。艦隊決戦を望むならそれに作戦を絞るがよく、まして途中で十分な索敵もせずに、敵前に馬を乗りかえるような愚行をしたことで自滅したのでした。

この時はまだ開戦半年、アメリカの巨大生産・建艦機構は動き始めたばかりでした。どのみち日本に最終的勝利はなかったとしても、不様な敗北はもう少し避けられたでしょう。指揮官の一瞬の迷い、それは魔がさしたとしか言い様がなく、その背後には目に見えぬ力が働いていたとしかいえません。

私たちはほかにもいくつも歴史に現れた摂理を知っています。一九八九年のベルリンの壁崩壊をきっかけとして、二、三年の間に東欧共産圏の国々が、あっけなく共産党の一党独裁をやめ自由化し、ついにソ連自体が解体するに至るドミノ現象、しかも何十万人の命が失われることもなく、まず平穏裡に体制変革が起り、東西ドイツも統一し、ＥＵの結成に拍車がかかったあの歴史の大事件を、私たちはこの目で見ました。

スパイ網と、弾圧と、密告制度と、軍事圧力で締めあげてきたあの体制があんな姿で崩れることは、人間業とはいえません。もちろん、共産圏のクリスチャンが苦難と差別の中永年祈りつづけてきたことはたしかです。共産主義の腐敗と抑圧がもはや耐えられぬ制度疲労を起していたことも見逃せません。しかし事が始まるや一気に終着点まで変革が駈けぬけたあの勢いを、私たちは何と説明すればよいでしょうか。「神の挽臼はゆっくりとしかし細かく粉にひく」としか表しようがないと思います。

五　摂理ということば

摂理はギリシャ語ではプロノイア（pronoia）といいますが、新約聖書ではたった二か所しか出てきません。

一つは使徒行伝二四章二節で、エルサレムでユダヤ人の兇手からローマ兵によって保護され、カイザリヤへ移されたパウロを告発しようと、大祭司アナニヤが長老数名、弁護人テルトロを伴ってカイザリヤへ着き、ローマ総督ペリクスにテルトロが告発論告をするところです。「ペリクス閣下、わたしたちが、閣下のお陰でじゅうぶんに平和を楽しみ、またこの国が、ご配慮によって、あらゆる方面に、またいたるところで改善されていることは……」の中の「ご配慮」がそれです。

もう一つはローマ人への手紙一三章一四節で、「肉の欲を満たすことに心を向けてはならない」の「心を向けて」がプロノイアです。英訳では前者は「知恵」（wisdom）、「先立つ配慮」（forethought）、「先見の明」（foresight）、「賢い配慮」（wise care）と訳され、後者は「準備」（provision）と訳されています。

いずれにしても、人間が人間に対して前もって心を配ることを指します。

このことばにはヘブル語には対応語はありません。もちろん旧約聖書でも、神が人間はじめ被造物に配慮をなさることとは記されています。たとえば詩篇一三六編二五節に「すべての肉なる者に食物を与えられる者に感謝せよ、そのいつくしみはとこしえに絶えることがない」とか、同一〇四篇一〇—一一節に「あなたは泉を谷にわき出させ、それを山々の間に流れさせ、野のもろもろの獣に飲ませられる。野のろばもそのかわきをいやす」とかあるのはそれです。

いずれにせよ、摂理をキリスト抜きで考えるのは誤りです。なぜならキリストにおいてこそ、神は被造物との関係を完成へと導かれるからです。アダムへの約束、ノア、アブラハム、モーセとの契約も、みなキリストにおいて在るからです。キリストにおいてはじめて神は全地の万民の神となられたのです。神は御子キリストに向けて、世の始めから万事を整えられたからです——個人の生涯も、世界の歴史も、宇宙も。

英語では摂理はprovidenceといい、これはラテン語のprovidentiaから来、これは動詞providere（先を見る、予知する、配慮する）からの名詞です。ドイツ語でVorsehungというのもVor-（先に、前もって、予め）とsehen（見る）からできているのと同じです。

漢語の摂理も古い語で、摂はアツメル、オサメル、トル、スベル、タスケル、カワルとよみ、理はオサメル、サバクとよみます。春秋左子伝（前四世紀？）に、「士景伯楚に如《ゆ》く、叔魚摂理す」とあり、

「代って治める」ことです。そこから「統べ治める」意味となり、それがキリスト教の摂理、神の先見配慮、支配の意味に使われました。

新約聖書でギリシャ語のプロノイアを、神の摂理の意味で全く使っていないのは、当時ギリシャ・ローマ世界で流行っていたストア哲学がこの思想（神の配慮）を尊んでいたので、それを避けて区別するためだったとも思われます。ストア哲学はキケロ、セネカ、エピクテトスなど錚々たる人物がいだいた思想で、すべてはロゴス（理法）の支配下にあり、理法は神、自然、運命と同じで、その神（即ロゴス）の摂理に失敗はなく、つねに人の善の為に働くというのですから、人格神でないというだけでキリスト教にとても似ているので、混同をさけるためプロノイアを使わなかったのでしょう。

六　摂理を考える図式

摂理を考え、終末論を考え、奇跡を考えるに当って、私はいつも一つの図式を心に置きます。もちろん図式は聖書のすべての真理を表現し尽すことはありませんが、一つの助けとはなります。

四角く囲んである中が宇宙の全体です。左に始があり、右に終があります。四角の中、右の方へ進

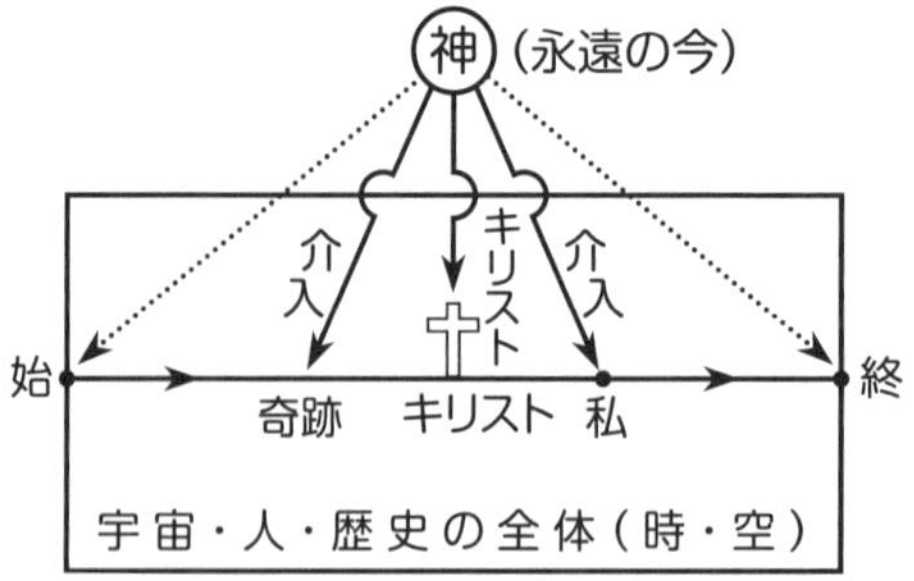

んでいる矢印は、時間の流れを指します。ですから、時間と空間の世界とその中でこれまで起った一切、今起っているすべて、これから起る万事は、この四角の中にみな含まれているのです。天地創造の始めから、もしビッグ・バン説が正しいとすれば、膨脹を続けた宇宙がやがてまた収縮し、遂に超高密度の一点に凝縮するその時まで（それが終だとすれば）、その全体がこの四角の中に包まれています。広大無辺の宇宙と、過去・現在・未来の一切がこの中に入っています。

しかし神は時間・空間をこえた所（四角の外）におられるのです。実は神と書き円で囲った所だけにおられるのではありません。だいいち、外とかこえるとかいう語はすでに空間を前提にした人間のことばで、神を表わすには不適切ですが、私たちは他のことばを持っていません。神は四角の中にも外にも、どこにでもおられ、宇宙を含めすべては神に包まれているといってよいのです。

時間は始から終へと寸時も休むことなく流れます。神は宇宙を自然法則をこめて創られました。そうして人間には自然法則を知る理性が与えられています。この宇宙は混沌無秩序ではなく、一定の秩序に従っているのです。歴史はなかなか方向が見えませんが、「世界歴史は世界審判である」（シラー）

といわれるように、やはり徐々に聖旨の成るように進んでいます。たとえば人種差別は今から百年、二百年前は当然であって、白人こそ最優秀、有色人種は劣等と白人は思い、有色人種も黙認していました。しかし今はそれは少くとも公けには許されない時代です。国連事務総長は黒人で、次の人は黄色人種です。神の似姿である人間は、皮膚の色、眼の色、髪の色には関りなく皆平等であるということは、今や真理として確立されました。神の挽臼はたしかに廻りました。

宇宙の外におられる神は、しかしこの四角の中へ入ってこられるのです。神はその思し召す時、思し召す所に、自由に介入されます。個人の生涯においても、一国の歴史にあっても、戦いの経過にも、神は介入されるのです。人間はその神の介入を自然法則では説明のつかぬ奇跡としか考えられません。けれども奇跡は歴史上いくつも起っているのです。

そしてその宇宙の中心に、神はキリストの十字架をお立てになったのです。イエス・キリストの十字架と復活こそ最大の奇跡であり、宇宙全体に意味を与えるのです。

神を「永遠の今」と書きました。神にとっては宇宙の始も終りも同時です。神は時間を超えておられますから、百億年前も、百億年後も、神にとってはいつも現在なのです。人間は時間に縛られていますが、神は時を無にして、宇宙全体を今この時にも把握しておられるのです。私たちの死も、死後の運命も、地球の滅亡もみなご存知です。——そこにカルヴァンの予定説が生まれる基礎があります。

神は宇宙と人生の全体を一瞬に見ておられます。例えてみましょう。透明なプラスチックの細い管があり、これは一次元の世界とします。その管の一端から蟻を一匹入れ、他端に蜜をぬります。蟻は蜜の香にひかれて、その管を他端へ向うでしょう。私たちはこの管を作り、蟻を入れ、蜜をぬり、外から眺めています。私たちはあの図式における神の位置にあり、管の始も終りも一望の下に目に収めます。蟻の歩みの一歩一歩も、その行きつく果も見通しです。蟻は何も判らず只前へ前へと進むばかりです。ですから宇宙全体も神には完全に透明にすべてが見えておいでなのです。宇宙全体を支配し、守るべきものを保持しておられるのです。

神は単に創造されただけでなく、支配し、保持し、守っておられるのです。そして最後に創造の目的を実現されるのです。私たちは自由です。背きも自由です。しかしその背きも神の摂理の支配の外にはないのです。人間には自由もこめて創られました。自由あればこそ、器械でも動物でもなく神の似姿である人間です。人格とは自由のことです。その自由を行使して為すすべての事も、神は善用してくださるのです。存在の全体、営みの全体は神に包まれているのです。摂理とはそのことです。

七　「主の祈り」は摂理の表現

このことは、今年九月九―一〇日に行われた関西合同聖書集会の一泊研修会で床に就いていたさい、夢の中で与えられた見方なのです。早天祈祷会を了えてからしばらく緑の中を散歩しましたが、その間に主の祈りは摂理を表していると確信したのです。或いは誰かすでに言っているかもしれませんが、私にとっては一つの啓示でした。

主の祈りの前三つは神をたたえる祈りで、

「御名をあがめさせたまえ」（栄光）
「御国を来らせたまえ」（支配）
「御心をなさせたまえ」（創造の目的完遂）

の三項目全体に「天におけるごとく地にも」という句がかかります。今の邦訳文では第三の祈りだけにかかりますが、それは誤りです。つまり「天におけるごとく地にも御名をあがめさせたまえ、天におけるごとく地にも御支配を来らせたまえ、天におけるごとく地にも御旨を成就させたまえ」という祈りです。天においてはこの祈りはすでに成就しています。天においては天使が常に神の御名をほめたたえています。天においては神の支配は隅々まで行き渡っています。天においては御旨は成就しています。成就していないのはこの地においてなのです。

しかし天において成就している以上、地においても成就するにちがいない。神の支配は地においても貫徹しないはずはない、といえるのです。摂理は必ず成る、どうか成させたまえと祈るのです。

後半の三つは私たち自身についての祈りで、

「我らの日用の糧を今日も与えたまえ」（配慮と保持）

「我らに罪ある者を我らが赦すごとく我らの罪をも赦したまえ」（赦しと救い）

「我らを試みにあわせず悪より救い出したまえ」（保護）です。

私たちは、すべての生き物と同じく、日々神から食物を与えられなくては生きられないのです。キリストの十字架のあがないによって、私たちの罪を拭い去っていただかなくては、神の御前に出られないのです。私たちは地にあってサタンの試練に日々さらされ、神の助けなしには悪魔に奪い去られてしまうのです。神よどうかサタンの手から奪還してくださいと祈るのです。私たちは弱き者であり、罪人であり、背く者であるが、福音の導きにより、主の十字架によってはじめて救いにあずかることができるのです。

これらの配慮を求め、救いを求め、保護を求める祈りも、私たちは聴きとどけられまいと思うかもしれませんが、神は私たちの祈りに先んじて、すべてをご存知であり、時をえて神こそ全宇宙の主であることを私たちにも示してくださるのです。それが御旨の成就です、摂理の完遂です。

とすれば、主の祈りは摂理を祈り求めているのです。その摂理は天ではすでに成っており、地にもいつか必ず（神いますかぎり）成るのです。いな神においてはすでに地にも成っているのです。主の祈りを祈るとき、私たちはすでにあがめられ、支配され、目的を達成しておられる神が、この地にも私たちを守り導いておられることを忘れぬようにしたく思います。

どのような災禍も神のゆるしをへずに私たちにふりかかることはありません。災いは最善なのです、避けられぬ最善なのです。私たちは神の聖旨を十全に知りはしません。ただ、宇宙創造の大能の神、悪をも善にかえうる神を信じ、御心にゆだねまつるのみです。

今日本も世界も暗黒の中にあります。大戦と革命、殺戮と飢餓の二十世紀につづき、今世紀も人類の苦しみ、生あるものの呻きはたえません。

かつて植民帝国であるヨーロッパ、アメリカが世界中の資源を独占し、そこの住民を半ば奴隷として酷使し、自由を奪い、その文化を破壊し、豊かな生活を享受してきました。今もとりわけエネルギー源である石油では、先進国の占有が続いています。政治的に独立を得た多くの国々も、教育、医療、保健、食糧、交通、通信などでは、いぜん低いレベルを脱しえず、先進国が高い代金で売りつけた武器を使って、近隣国や少数部族と戦いをくりひろげ、多数の難民をうみ出している状態です。

ソ連の崩壊以後唯一の超大国となったアメリカは、軍事国家として中東をはじめ世界のあらゆる地域に支配と圧力を加え、世界の富の四分の一を一国で消費しつつ、環境問題や核軍縮では協力せず、自国中心政策を止めようともしません。

しかしたとえアメリカがその態度を改めようとしなくても、また日本が敗戦のとき示された神の憐みを忘れ、またまた戦争のできる国、自由を抑圧する社会となりはてようとも、そして政治勢力によって歪められたマスコミに操られて真実を見失った国民が、どんなに愚かな選択を行いつづけようとも、さらに政・官・財ことごとく私欲をつのらせ私腹をこやし、己が誉れだけを追い求めて国民の、ましてや世界の困窮し苦しむ民の願いは念頭にすら浮かべず、ついにこの国が再び亡国の憂目を味おうとも、私たちには希望があります。天地を創られた大能の神が、その摂理をもって、すべてをみそなわしておられます。そして御旨にかなって、どのような悪をも善にかえて創造の御心を必ず成就されます。それゆえ私たちは大安心です。

摂理の信仰にかたく立って、私たちは勇んで主の御旨の成るために、互いに励まし合い、祈りをあつくし、希望をもって主に従いつづけてゆきたいと思います。

■（高橋三郎付言）まことに重大な真理をご教示頂き、この暗黒の世に在りながらも、ゆるぎなき希望を天に仰ぐことを得しめてくださったことを、深く感謝申し上げます。

十八　藤井 武の歴史観

——五つの歴史観と比べて

一 はじめに

今年も十月の最初の日曜日、こうして名古屋の皆さま方と藤井 武を記念する集りでお会いでき、嬉しく存じます。卓上に飾られているコスモスも、台風に荒らされなかった今年は、花も整い茎も伸びやかに美しくあります。

中山博一先生が始められましたこの記念会に、私が招かれて初めてお話し致しましたのは一九八四年、もう二十三年前のことです。以後三回参り、一九九二年からは毎年うかがいまして、今年で十九回目となります。

昨年は「藤井 武の摂理論」と題してお話し致しました。今年はその続きとして歴史観を取り上げました。

日本には年代記風の歴史書はあり、歴史家は今もいますけれど、歴史哲学者はないと言ってよかろうかと思います。歴史研究は時代を分け、分野を区別して、ずいぶん個別的・専門的に詳しくなっていますが、人類の歴史全体を大観し、大局から記述したものは、古来ほとんど無いのです。

やや見られるのは北畠親房（一二九三—一三五四）の『神皇正統記』と本居宣長（一七三〇—一八〇一）の著作に見られる神道原理主義ですが、前者は南朝が正統であることを古来の史書などに探ねて証明しようとしたものであり、後者は古事記などの古記はそこに表されている文字通り受けとめるべきもので、中国からのちに入ってきた儒教や仏教の教えにてらして解釈してはいけない、古えには神と人とは同じであったのであり、神々の言動に道徳的判断を下したりしてはならない、世界に二つの日はなく、その日の神の裔なる天皇こそ、日本という中つ国の主として、世界を支配する方であるという独断的独善的思想で一貫したもので、葦の髄から天をのぞくのたぐいです。

他に仏教の方では源信（九四三—一〇一七）の『往生要素』がありますが、これはちょうど末法の時代が始まるとされた平安末の不穏な世相をふまえ、本来の仏教の教えは経文として残っていても、修行も甲斐なく、悟りも不可能な末世では、ただただ西方浄土をあこがれて観想し、念仏を唱えるだけであることを、多くの仏典を引いて論じたもので、仏教的終末思想、極楽往生に的を絞っての仏教理解の書物といってよく、人類史を大観したものではありません。

さて昨今は、高校の歴史教科書の歪曲をめぐって世論が喧しくあります。とりわけ地上戦に住民全体がまきこまれ、人口の三分の一が戦没した沖縄で、軍が手榴弾を住民に配って自決を強要した事実を曲げて、軍の強制はなかったとして記事を抹消削除した件で、沖縄では県民十一万人の集会—実に本島人口の六分の一—が開かれました。削除を決めた検定委員会は、文科省官僚と御用学者と教科書執筆者が集り、当該削除箇所の検討にはわずか二分間をあてたのみ、官僚の一方的説明に何の質疑もなく決定したといいます。しかも官僚が論拠として利用した本の著者は、「自分の著作では全体として軍の関与強制をあるとしており、ただ一か所特定の場合についてなかったとしてあるだけ」と言っています。つまり、その本全体の主張を汲まず、たった二、三行だけ摘み食いして「強制はなかった」としたのです。これは誠実を全く欠いた意図的歪曲以外の何ものでもありません。安倍内閣の意図を受け、あるいは忖度してこの愚行を犯したのです。

これがまかり通るなら、聖書はその中に「神などない」（詩篇一四・1、五三・1）とあるから無神論を説く書物だということになります。日曜学校の児童でもおかしいと言うでしょう。

沖縄戦での住民の集団自決という、生証人が今もいる現代史の著しい事実についてすら、誤りを故意に主張させようとするのです。まして人類史の大観など頭の片隅に一瞬でも浮んだことも無いでしょう。

一つ一つの出来事を歪めることなく正直に受けとめて、一喜一憂せず、個を大きな全体の中に位置づけてながめることが肝要です。そう考えますとき、藤井 武こそは近代日本の産んだ唯一の、キリスト者の歴史哲学者であるといえます。専門哲学者は歴史哲学の名を冠した本をたくさん書いていますが、それらはヘーゲルの、マルクスの、トインビーの紹介であるか、アウグスティヌスのそれの研究であることが多いのです。藤井 武の歴史観こそは、世界歴史全体の中にこのアジアの小国日本を確と位置づけた、真に独創的な歴史観であります。今日はそのことを跡づけてみたく思うのです。

二　『羔の婚姻』上篇第二十九歌（一九二五・八）「時は満てり」

よくご存じのように、『羔の婚姻』こそは日本人の筆に成った唯一の歴史哲学的長詩です。範をダンテの『神曲』とミルトンの『楽園喪失』にとり、上中下各篇はそれぞれ三十六歌より成る予定の、未完の大詩であります。

上篇は天地創造に始まり、復活に終る三十六歌からできており、第三十歌の「降誕」から「山上訓」「ゴルゴタ」をへて第三十六歌の「復活」までの七歌が、イエス・キリストを歌っています。モーセよりも、ルターよりも、もちろんカントよりも、キリストに最も多くの歌篇を藤井は捧げており、そこにもキリストを中心にこの詩が歌われていることがわかります。

第二十九歌は、父なる神が子なるキリストを人の子としてこの地に遣わされるに当り、その深い思いを述べ、ご自身の経綸を示されたものです。八十四行までを見てみます。

1「永遠よりここシオンの山に
一つの座位《くらゐ》をわかちきたりし
わが愛する者、わが独子よ、
4見よ、時は満ちた、準備《そなへ》は成つた、
われらのふるき座位《くらゐ》をすてて
なんぢがゆくべき時は満ちた。
7いたましきエデンの出来事の日に
山おほふ深き沈黙のなかに
われらが誓ひし時は満ちた。
10地上四千年の夜は今こそ
大いなる義の太陽をむかへて
とこしへに明けゆかねばならぬ。
13かの白光《びやくくわう》の明星をしるべに
列《つら》なりいでし黎明《しののめ》の鹵簿《ろぼ》は
なんぢに先駆《さきぶれ》をはたしたのである。
16地の民すべて私をわすれ

死蔭の谷にまろぶあひだに
ひとり私の選びし僕
19アブラハムの子らは世より出でて
美《よ》き地にのぼり、暗黒のうへに
曙《あけ》の光をかかげたのである。（一―二二行）

七行の「エデンの出来事」はアダムとエバの堕罪を指します。十一行の「義の太陽」とはマラキ書四章二節に出る語で、救い主キリストを指します。十九行以下は、アブラハムがハランの地を去って、神の示しのままに約束の地カナン地方に至り、その地の偶像崇拝に染まることなく、唯一の天地創造の神を光と仰いだことを表します。神はまずアブラハムを選び、その子孫からまことの神を信じる子孫を出さしめられたのでした。つづいて――

22もろもろの異邦人《ことくにびと》はまた
その心のままにこれをまかせ
おのが途々をゆくにまかせた。
25かれら一たび私を忘れて

また知らず、神なく希望《のぞみ》なく
暗黒より暗黒へとおちいつた。
しかし私はなほ顧みず、
おのれも知らぬもののごとくに
かかる無知の代を見過しにした。
私の眼くらきがゆゑでない、
私の手みじかきがゆゑでない、
かへつて智慧のゆゑとなんぢは知る。
たとへば乳《ち》をたちし嬰児《みどりご》の
母の乳房をもとむるごとく
または衛士の晨《あした》をまつごとく
人をして真《まこと》の光明を
慕はしめんため、一たびこれを
暗黒のなかに私は閉ぢこめ、
神なき生活《いのち》のそのさびしさを
腸《はらわた》にしも浸みわたるばかり

嘗《な》めかつ味はしめたのである。　（二二—四二行）

神はアブラハムの子らを選びの子とし、また異邦人は御旨によって放任され、暗黒の中をさまように委されたのでした。三十行の「無知の代を見過しにした」は使徒行伝十七章三十節を、三十二行の「私の手みじかき」は民数記十一章二十三節を指します。暗黒の中に閉じこめられて、異邦人は神なく生きる無意味を悟り、一層切にまことの神を求める心を起されたのでした。三十四行の「乳をたちし嬰児」は詩篇一三一篇二節を、三十六行の「衛士の晨をまつ」は同一三〇篇六節をふまえての詠です。百人一首に「御垣守衛士のたく火の夜はもえて昼はきえつつものをこそ思へ」の衛士で、宮殿や神殿の夜警人のことで、夜明けを待ちこがれるのです。

異邦人を選びの民と区別しつつも、神は彼らから心を離されることなく、やがて時満ちてキリストの福音を受けいれるための準備をととのえられたのでした。「わが羊の檻」にいるイスラエルの民とは異る「他の群」（ヨハネ一〇・6）として、神は彼らをも守り導かれたのでした。異邦人にあって光を放つ暗夜の星々は、皆、まことの神の光をかそけく受けて光る他光体であったのです。

43かくわが羊の檻《をり》に遠く
みどりの牧場《まきば》に与かりもなく

死のかげの地に棄ておきながら
46しかしながらなほ異邦人《ことくにびと》を
離れて私は遙かに立たず、
他《ほか》の群としてこれを守つた。
49迷うておのおの己が途に
散りつつゆくにまかせながらも
まつたく彼らを失せさすまじく
52その頭上にはかがやく蒼穹《おほそら》
もろもろの天をして昼に夜に
私の栄光をあらはさしめ、
55胸のうちには見えざる律法《おきて》
とこしへの道を鉄の筆もて
心の碑《いしぶみ》ふかくきざみ、
58さらに所と機《をり》とにかなひ
証人《あかしびと》をかれらに遣《おく》りて
けふの日のため準備《そなへ》せしめた。

61迦比羅《かぴら》の太子、魯《ろ》の国の賢者、
　智慧を愛せしアテネ人《びと》など
　闇夜《やみよ》に稀れなる星と冴えて。　（四三—六三行）

神は異邦人も神を知るに至る導きとして、まず大自然を備えられます。五十二行以下は「わが上なる星繁き空とわが内なる道徳律」とカントが『実践理性批判』の「結語」で語った「ますます尊敬と畏敬の念」をもって心を満たすものを指し、あわせて、詩篇十九篇一節をもふまえています。

五十五行の「見えざる律法」とはその道徳律のこと、「鉄の筆」はエレミヤ書三十一章三十三節、「心の碑」は同十七章一節をふまえての詠です。

六十一行の「迦比羅の太子」とはカピラ国の王子に産れた釈迦のこと、「魯の国の賢者」とは春秋時代の中国の魯という小国に生きた孔子のこと、六十二行の「アテネ人」は愛智者《フィロソポス》ソクラテスを指しています。

このようにイスラエルの旧約、異邦人の旧約を備えた上で、いよいよ神は小羊キリストを派し、その新婦教会との婚姻を成さしむための時は満ちたと告げられるのです。

64かくて選ばれし子らの手には

黎明《しののめ》に似たる明《あか》き啓示、
異邦人《ことくにびと》には微《かそ》けき光、
67 ひとしく地の夜《よる》明けぬあひだの
先駆《さきぶれ》として、幼子《をさなご》いまだ
人と成らぬまの小学として。
70 なんぢの佳耦《とも》に立つべき女《むすめ》を
はぐくみ導く守役《もりやく》のため
私は暫《しば》しこれを備えた。
73 およそ世嗣《よつぎ》は全業の主ながら
父が定めし時いたるまで
後見者《うしろみ》の下に置かれるやうに、
76 栄《はえ》あるなんぢの新婦《はなよめ》もまた
私の経綸にしたがひ今日まで
小学の下に生《お》ひ立つたのである。
79 しかしわが子よ、いま時は満ちた、
処女《をとめ》なんぢに献げらるるに

ふさはしき準備《そなへ》はつひに成つた。
82いざさしのぼる朝日のごとく
往きて栄光を照りかがやかせ、
なんぢがとこしへの佳耦《とも》のうへに。　（六四―八四行）

六十九行の「小学」は原語はストイケイオン（英語ならエレメント）で、物事の基本、文字ならABCですから小学と訳してありますが（ガラテヤ四・3）今の口語訳では霊力とか諸霊とかになっています。七十行の「なんぢの佳耦《とも》」とは教会のこと、七十三行以下三行はガラテヤ書四章一、二節をふまえています。救いの準備期間は終り、この世を支配する霊力の下に奴隷となっていた信徒が、時満ちて成年に達し、全き相続人として、神の恵みを受くべき子として立つに至ったと歌うのです。

キリストの降誕こそは、全人類の、いな全宇宙の歴史を二分する最も重要な出来事であることを、第二十九歌は示しています。

三　歴史の中心は信仰にある

一九二一年十月号の「旧約と新約」誌にのせた「慕ふ所は天にあり」（全集七巻168―192頁）という文で、藤井は歴史について考察を加えたのち、歴史の中心は信仰にあるという、引用した文章に至っています。

藤井が言うに、十九世紀の二つの大きな出来事は、生物学と歴史学の発達である。歴史学はヘーゲル（一七七〇―一八三一）によって体系化され、生物学はダーウィン（一八〇九―一八八二）の進化論の提唱によって組織的学問となった。歴史哲学という語そのものが十八世紀の産であり、客観的史料に基く歴史研究も同世紀の末から起りました。歴史は結局この世の有限な時間の中で事柄を扱うので、現世的です。それは死をもって終ります。個人ならその人の死で幕は閉じ、王国ならその滅亡で、文明もその終焉で終るのです。ですからイエスを単なる偉大な教師とみるルナン（一八二三―一八九二）はイエスの死でその論を結ぶのです。

生物学は生きものの研究であり、生きものはその形、生態も目に見えるものであり、これまた現世的で、その行きつく所は唯物論となり、無霊魂を主張するに至ります。T・H・ハクスリー（一八二五―一八九五）がその例です。ダーウィン自らは自己の進化論はキリスト教と反対のものではないと考えていましたが、ダーウィン以上に過激になります。

日本でも明治の十年ごろに進化論が入り、東京大学を中心に唯物論が唱えられました。加藤弘之

（一八三六―一九一六）がその代表で、無神・無霊魂・天賦人権否定を強調しました。

藤井は十九世紀の傾向をそのように大づかみにして、両者ともにこの世の事柄の研究であり、経験を重んじる。歴史学も出来事を経験したという事実を尊ぶ。生物学も化石を調べ生物の形や生態を分類したりするが、それも目に見えるものの経験である。しかし経験には目に見えないものの経験もある。信仰の実験はそれである。その対象は未来であり永遠であって、眼に見えはしないが信ずべきである。したがって、十九世紀の二つの学問の経験尊重は、信仰にとっても全く意味がなかったわけではない、と藤井は言っています。

「歴史の理想的編纂法は、地上に起こりし多くの国民及び出来事のうち全体に対して中心的地位を占むるものを選びて記述するにあるとは、近世史家ランケの教へたる卓見であるが、古き聖書記者の歴史観は常に之であつた。彼等は人類の歴史が或時まではユダヤ人を中心として、然る後に主として異邦人より成る基督者が之に代りて、最後には再びユダヤ人に中心が復帰して、動くべきことを知つた。而して地上の出来事として中心的地位を占むべきものは政治又は芸術ではない、信仰である。神が諸の世界を造りて之を導く限り人と神との結合なる信仰が最も重要なる地位に立つは当然である。国民として或時まではユダヤ人、次に基督者、最後に復たユダヤ人が中心となるも亦彼等の信仰の故に外ならない。人類歴史は実に信仰生活を中心として動きつつあるのである。従つてヘブル書十一章の如きは、理想的歴史観の良き見本であると言ふことが出来る。

歴史の中心は政治ではない、戦争でもない、文芸でもない、信仰である。一度び此見地に立ちて、即ち信仰の峰に立ちて、人類歴史の野を大観せんか、その光景は普通歴史の場合に於けると全然一変する。多くの所謂《いはゆる》大立物は此処にはその華々しき姿を失ひ、却て彼等の後ろに隠れて見えざりし小き男女が星の如くに出づるのである。」

藤井は歴史の中心は信仰であると、パウロ及びヘブル書記者と同じく確信します。以下、藤井はヘブル書十一章の信仰列伝にもとづいて、アベル、ノア、アブラハム、イサク、ヤコブ、ヨセフ、モーセ、そしてイスラエルの民、ラハブその他雲の如き証人のことを述べてゆきます。

四　聖書の歴史哲学の原理

藤井 武がその歴史観を最も包括的に、力をこめて書いたのは、一九二九年三月刊行の『聖書より見たる日本』です。この本で藤井は、日本の歴史も世界史の一環として、神が歴史全体を支配される経綸の中に、ある位置を与えられていることを論じています。それは平田篤胤や本居宣長のように、日本の神道が中心で、他の諸宗教はみな神道から出たものだというような、荒唐無稽なものではありません。篤胤などは、日本の神々がインドに出現して仮に姿を表わしたのが仏菩薩だといい、宣長は天地の真理は一つであるから、中国、インド、日本と別々の真理があるはずはなく、故に日本の神道が世界を統《す》べる真理だと主張するのです。

藤井は聖書に立ち、キリストの福音に学び、西洋歴史全体と世界史の流れを洞察し、歴史は神の定められた計画によって進むことを、体系的に論究しています。この本は、『羔の婚姻』と並んで、藤井武の主著の一つと言ってよく、完成されたものとしては唯一の主著といえます。

この本に収められている第三の一「聖書の歴史哲学の原理」（全集二巻509―510頁、一九二四年七月発表）にこうあります。

「使徒パウロがアテネのアレオ山に立ちてエピキユリアン派ストア派の哲学者らを相手に為した大演説の中に次のやうな言葉があつた。

神は一人よりして諸々の国人を造り出し、之を地の全面に住ましめ、時期の限と住居の界とを定めたまへり。これ人をして神を尋ねしめ、或は探りて見出すことあらしめんため

> なり。（行伝一七・26、27）
>
> パウロはギリシヤ人の多神教的思想を打破せんがためにかく言うたのであつて、ここに彼の歴史哲学を述べようとしたのではない。併しながら流星のごとくに過ぎゆきたる此の短き一句に驚くべき真理の啓示がある。地の全面に住むところの万国の民が一人より造り出された事は、彼らの歴史が同一の目標に向て進みつつある事を暗示する。また地表に於ける彼らの散布が彼ら自身の意思によるものでなくして神の意思に基くものである事は、その間に自ら一定の計画の存する事を暗示する。果してパウロは更に明瞭に附言して言ふ、「……時期の限と住居の界とを定めたまへり」と。すなはち万国の民の散布の計画である。」

ここの「万国の民が一人より造り出された」という所は、最近の古生物学からすれば、いろいろ議論のあるところです。現生人類が一つの種から進化して全地に散らばったか、それとも、各地においてそれぞれ異る種から進化したか、つまり一元説か多元説かということです。西洋人で人種偏見をもつ人々は、多元説をとり、黄色人種や黒色人種は白色人種とは起源を異にすると主張します。しかし聖書は一元説に左袒します。また現在では人類は一元との考えの方が科学的にも有力なようです。つづけて、

「『時限の限』とは何時より何時までの区分である。各国民が世界歴史のドラマの上におのが役割を演ずべきその紀元、その時代である。『住居の界』とは何処より何処までの境界である。各民族が拠りて以て国を立つべきその国土、その領域である。換言すれば、前者は歴史であって、後者は地理である。万国の歴史と地理とは偶然にして成るのではない。一国家の或は興り或は亡びるはただに優勝劣敗の生存競争の結果ではない。一民族の或は山間に或は海浜に居を占むるは単に盲目的なる人種移動の所産ではない。これみな至高者の予め定めたまう所であつて、世界が或る大なる目標に達せんがための計画であるといふ。而してその目標とは何か、曰く、『これ人をして神を尋ねしめ、或は探りて見出すことあらしめんためなり』。万国の民が遂に悉く神を発見するに至らん事、ここに世界歴史の目標があるとパウロはいふ。」

世界歴史の目標は、万国の民がついにはみな真の神を発見するに至ることにある、と藤井は言うのです。この発見は一挙に、一時に行われるのではなくて、やはり時と所を異にし、民族をも異にした営みの中で、徐々に、経綸に従って行われるのです。

その神の真理の段階をおっての発見を、藤井は「四大真理、四大民族、四大文明」として、図式的に整理してのべています（全集二巻542頁以下）。

神の四大真理とは、神の本質、人間の罪、救い、そして来世だと藤井はいいます。そのそれぞれは神学の中で、神学、人間学、（人性論）、救済論、終末論という部門をなしています。

神の本質とは、神は唯一か複数か、神はどのような方か、神とイエス・キリストの関係、キリストは神か、人か、神にして人か、三位一体とは何かといった問題で、これは本質、権能、属性等といった哲学的・理知的問題であり、これを担うべく召された民族は、哲学の民であるギリシャ民族、これを表す文明はギリシャ文明であり（前五—後三世紀）、プラトン、アリストテレス、教父たちが挙げられます。

次の人間の罪の問題は、人間の本性、人間と神との関係、罪の問題等で、これを担うのは理知ではなく感情、情熱の民族であるラテン民族、その文明はラテン文明（五—一三世紀）、アウグスティヌス、ダンテが名をあげられています。ラテン民族が北欧民族と比べて情熱的なのは今も事実で、アルプスを南へ越えれば、太陽の光も燦々と輝いて、気候も暖かく、人々も熱情的で、言葉の響きも開放的です。アウグスティヌスは北アフリカのヌミディアの生れですが、学問と信仰はイタリアで受けました。

三番目の救いの問題は、人間の罪が赦されるのは何によるか、行為・功績によってか信仰によってか、救いにとって儀式は必要か、神が人を救い人が神を拝するのに制度的教会は必要か、神は仲介を要せずキリストによって直接罪人を救うのか、義と愛の神を人に顕すものは聖書か聖書以外の聖伝（伝統）もそうなのか、聖遺物は救いに関りがあるのか等の問題で、この課題のため召されたのは北欧ゲルマン民族で、それは理知でなく感情でなく意志を特質とする民、その文明はゲルマン文明で、ルター、ミルトン、カントを代表とします。

そして最後に解明されるべき真理は来世で、これは理知、感情、意志でなく直観を特長とする東洋の民が担うべき問題で、東洋とりわけ来世問題について源信、法然、親鸞などいくたの先人を出した日本が召されて当る課題だとします。

イエス・キリストによって歴史の中に啓示された神の真理は西廻りの道をとり、まずギリシャ、ついでローマ、そして北欧、次に大西洋をアメリカへ渡り、最後に太平洋をこえて日本はじめ東洋に至り、真理全体が明かにされる、と藤井は考えたのです。神の真理の発見はこのように順序をふんで行われてきたし、これからも行われるであろうと藤井は見るのです。

この真理発見が、歴史の中で行われた例を、藤井は旧約からの二つの引用で示しています。

> 「いと高き者、人の子を四方に散らして、万の民にその産業《もちもの》を分ち、イスラエルの子孫の数に照して諸々の民の境界を定めたまへり。エホバの分はその民にして、ヤコブはその産業たり。（申命記三二・8、9）
>
> 主エホバかく言ひたまふ、我れこのエルサレムを万国の中に置き、列邦《くにぐに》をその周囲に置けり。（エゼキエル書五・5）

かくて使徒パウロと立法者モーセと預言者エゼキエルとの大胆なる提言によりて、聖書の歴史哲学の原理はほぼ明白である。世界歴史に一つの目的がある。万国の民をして神を発見せしめん事これである。この目的のために特に選ばれたる民がある。イスラエルがそれである。イスラエルの使命は万国の民に神を紹介するにある。而して世界歴史がこの終局の目標に達するまでの順序が予め神のこころの中に定められてある。各国の民はそれぞれイスラエルの使命に応じて世界歴史のドラマの中に実現すべき特別の時代と場所とを有つて居る。彼らは或る時代に神の福音のために独特の役目を務めさせられるであらう。彼らの国土はそのために準備せられたのである。万国の配置は、その各自が神の選民の使命に最もよく適応せんがために、選民の国土を中心として定められたのである。世界歴史は選民を中心に、各国の交互的活動を以てすすむ。そのために各国独自の時代があり、国土がある。」

これはまことに大胆な、歴史を大把みに示した発言で、詳しくは個々の真理の発見によりその当否を裏付けねばならないでしょう。しかし、人類の歴史全体は神を発見する為にあるという、キリスト中心、神中心の歴史観は、聖書の歴史観であり、藤井 武の歴史観であるとともに、歴史家アーノルド・J・トインビーも似た洞察に達しています。

トインビーは文明史観をとり、世界史に痕を留めている二十一（のちに二十四）の文明の、発生、成長、挫折、解体の軌跡を調べ、今生存している文明は西洋近代文明だけで、それも解体寸前の時期にさしかかっていると見ます。あの尨大な『歴史の研究』十二巻は、それを詳細に述べたものですが、次にではどういう文明が来るかは、預言者ならぬ身として発言していません。ただこれら二十一の文明にてらして「人類の歴史の意味は宗教の発見にある」という結論に達しています。トインビーが宗教というのは、キリスト教に限らず、一般的宗教全般を指しており、この点藤井の集中的歴史哲学に比べて、実証的・経験的であるだけ散漫だといえます。

五　キリスト出現の歴史哲学的考察

これは一九二九年十二月に出版した『イエスの生涯とその人格』（全集五巻所収）の第一章の三の表題で、一九二五年九月の執筆にかかります。キリストの降誕がイスラエルにとり、また異邦人にとりどういう意味をもつか、そしてキリストが来られたことにより歴史の中心が定められ、救いの時は満ちたことを論じるのです。

まずヨハネ福音書十四章六節の「我は道なり、真理なり、生命なり」をあげ、「我に由らでは誰にても父のみもとにいたる者なし」（ヨハネ一四・6）と、神に帰る道はただイエス・キリストのみであると、イエスは言われます。またついで、「汝らもし我を知りたらば、我が父をも知りしならん」（同七節）と、イエスは神を知り人生を知り宇宙を知るのは、イエス・キリストが創造主の独り子にして唯一の救い主であることを知ることによってのみだ、真理はキリストによってのみ知られると言われます。さらに、「我生くれば、汝らも生くべし」（ヨハネ一四・19）と言われ、とこしえに聖潔と愛とに生きるにはキリストに依り頼むばかりだと示されます。要するにキリストは神に至る道であり、神を知る真理であり、人を生かす生命であると、イエスご自身が教えられたのです。藤井は言います。「祝福すべきかな、イエスの生誕、彼来りしが故にのみ人類は無限の希望がある。彼もし来らずば人生は永遠に暗黒である。呪ふべき絶望である。」（五巻72頁）

そして「イスラエル歴史とキリストの出現」の意味を次のように論じます。

「ここに於てか我らは知る、イスラエル歴史のなかに、或るひとりの人の出現をもとむる声が漲って居たことを。イスラエルの国民生活の何れの部門を叩き見ても、この声を聴かない所はなかつたのである。初子よ出でよ、栄光の君よ出でよ、万人の救主よイスラエルの王よメシヤよ出でよ、世の罪を負ふ神の羔よ出でよ、屠らるべき真の犠牲よ出でよ――イスラエルは二千年に亙りて斯く叫びつづけた。彼らの歴史は実にひとりの子を生まんとする断えざる産痛の歴史であつた。

出でよ出でよとの叫びは斯くして悉く癒された。キリスト出でてイスラエル歴史は一先づその目的を達した。選民として神より委ねられたる使命は彼によって完全に果たされた。もしキリストが現はれなかつたならば、イスラエル二千年の歴史は徒然《いたづら》なるものとして終つたであらう。その族長、その立法者、その帝王と詩人と預言者、然りそのすべての国民の生涯は、悉く意味なき夢と消え失せたであらう。イスラエル歴史に対するキリスト出現の意味は余りに深い。之はその理想の実現であり、その目的の達成であり、その決算でありその生命でありその一切である。」（五巻78、79頁）

イスラエル二千年の歴史は、神の子羊の待望であり、そのためにこそ神を礼拝し、神の律法を守ったのでした。しかも神の子が人と成って来られたとき、このイスラエルはキリストを捨てた、そこでキリストの福音は異邦人へとまわったのでした。

そこで藤井は次に、「異邦人歴史とキリストの出現」へと論を進めます。神はイスラエルの民を選び、異邦人は見過し放任されました。異邦人には律法も契約も与えられず、偶像崇拝と道徳退廃に陥りました。異邦の民がギリシヤ人のように哲学や芸術にどんなに優れていようとも、ローマ人のように軍事や政治にどんなに腕前を発揮しても、まことの神を見出しえず、滅びに至るほかなかったのです。エジプトも、バビロニア、アッシリアも、ペルシャも、中国もインドも日本もみなそうでした。

神無き生活のさびしさから、神を切実に求め、神に燃えるような愛をいだく人も現れました。異邦人には契約こそなけれ、天然と良心という形で光明は差しこんでいました（詩篇一九・1—4、ロマ書二・14以下）。異邦人にも神から出た真理を分担し伝える聖賢はあり、神の創造の美しさをほめたたえる詩人は出ました。そこで藤井は次のように言うのです。

> 「依て思ふに、異邦人の歴史はイスラエルのそれと甚だしく趣を異にしたに拘らず、なほ同じやうなる目的に向かつて進みつつあつたのである。異邦人は神に放任せられて、希望なく神なき途を辿つた。併しそれは却て彼らが神を見いだす喜びの大ならんがためであつた。彼らの時代と国土とは神の発見を目的として定められた。天然と良心とは彼らに神をささやき、聖賢たちは彼らに代りて神をもとめた。神、神、神、神である。イスラエルがメシヤの出現を呼び求めたやうに、異邦人は神の発見を待ち望んだ。
>
> 　キリストの発見は即ち神の発見である。彼れ一たび世に出でて異邦人の要求は充たされたのである。希望なく神なく、宇宙的空虚のさびしさに堪へざりし彼らは、ここに人の霊魂の最後の休安所を見いだして、言ひがたき歓喜に溢れたのである。東の博士たちが星にみちびかれてベツレヘムにいたり、幼児イエスを尋ね得たときに「歓喜に溢れ」たといふ経験こそ、この異邦人の歓喜の代表的なるものであつた（マタイ二・10）。神の栄光に関する天然の啓示はイエスの

啓示によつて完うせられ、永遠の義に関する良心の証明は福音の証明によつて全うせられた。古き哲人詩人たちの教へも亦イエスの言によりて始めてその理想とする真理にまで成就させられたのである。パウロがギリシヤ人にむかひ「汝らの詩人の中の或る者どもも言へるが如し」というて、異邦詩人の言葉の意義を福音の立場より満たした如きはその一例である（行伝一七・28）。「兄弟よ、おほよそ真なること、おほよそ正しきこと……は汝らこれを念へ」と彼は言うた（ピリピ四・8）。ジヤスチン・マーターも亦いふ、「すべて人類の間にありて正しく言はれたる事はみな我ら基督者の所有である」と。孔子たると孟子たるとを問はない、ホーマーたるとヴアージルたるとを問はない、西行たると芭蕉たるとを問はない。彼らの中にあるところの真理はみな神より出でしものであつて、而してまた神によつて完うせらるべきものである。キリストは仏教の成就者であり、ギリシヤ哲学の完成者であり、武士道の光照者である。すべて之ら異邦人の貴き産物は真理の真理なる彼を迎へんがための準備であつた。従て彼のまへに跪きその光照を受けて始めておのが使命を果すべきであつた。

異邦人の歴史とキリストの出現、その関係も亦必然的である。神に放任せられたる人類は彼に於て再び神に立ち帰り、彼に於て宇宙と人生との謎を解かれ、彼に於て永遠の生命に入つた。キリスト出でて人類の歴史そのものに賦与したのである。今や何人も歴史の紀元を彼の降誕に求むるは宜なる事である。」（五巻82、83頁）

ジャスティン・マーターとは殉教者ユスティヌス（一〇〇頃―一六五）の英語読みで、藤井が英語でキリスト教史に親しんでいたことを示します。ユスティヌスはキリスト教とギリシャ哲学との一致を目指したといわれます。孔子（前五五二―四七九）、孟子（前三七二―二八九）、ホーマー（ホメロスの英語読み、前八世紀）、ヴァージル（ヴェルギリウスの英語読み、前七九―一九）、西行（一一一八―九〇）、芭蕉（一六四四―九四）――これら人類に光を掲げた人たちの真理も、キリストによって完成、成就される、異邦の聖賢、詩人の待望した全き真理は、神の子キリストにおいて全うされる、というのです。

最後の一句、「今や何人も歴史の紀元を彼の降誕に求むるは宜なる事である。」とは、歴史年代をキリスト降誕で区切り、ＢＣとＡＤで表わすことを示します。日本には中国のまねをして古代につけ始めた年号があり、また神武天皇即位の年を元年とする皇紀（今年は二六六七年）がありますし、イスラム教徒は教祖モハムマドの聖遷の年ＡＤ六二二年七月十六日を紀元元年一月一日とするイスラム暦をとります（今年は一三八五年）。朝鮮では帝釈天の子桓雄と熊が変身した人間の女性との間の子檀君の開国に始めを求める檀紀（ＢＣ二三三三年が元年で、今年は四三四〇年）があります。このごろは、キリスト教を嫌うイスラムに気兼してか、ＢＣにかえてＢＣＥ（Before Common Era 共通紀元以前）を使う歴史書も出てきて、ややこしい事ですが、共産主義の中国もＢＣ、ＡＤを使っており、紀元はキリストの降誕で区切るのが正しくもあり、便利でもあります。昭和なら二五を足し、平成なら八八を足すか一二を引いて西暦を出すなど、エネルギー浪費です。

いずれにせよ藤井は、イスラエルの歴史も異邦人の歴史も、キリストの出現によって成就されると論じるのでして、イエスの到来によって時は満ちたことになります。

そこで最後に「時は満てり」へと論を進めるのです。それは、終末、再臨、新天新地の待望の表明です。

「時満ちて神は経綸に従ひその聖子を遣はし、ユダヤにあるもの異邦にあるものを悉く彼にありて一つに帰せしめた。而して我らの聖書は更に預言して、今一たび時満つることとあるべきを言ふ、曰く

時満ちて経綸にしたがひ、天に在るもの地にあるものを悉くキリストにありて一つに帰せしめ給ふ。これ自ら定めたまひし所なり。（エペソ一・10）

ここにいふ時満ちての「時」は前の場合と原語を異にするも、実質的に変りはない。多くの特殊なる時代が悉く満ちて、最後に世界歴史の終局が来るであらうとの預言である。その時こそはただに人類ばかりでない、すべての被造物、天にあるもの、一切がキリストにありて一つに帰せしめられ、神の造りし全宇宙に始めて無限の大調和が実現するであらうといふ。

我らは古き世界歴史がひたすらにキリストの出現を要求したやうに、現在の宇宙と人生とが

> ひとしく永遠の調和の実現を要求してやまない事を知る。今は実に人も自然ももろともに歎き苦しみつつあるのである。この大なる要求の充足の日を確信以て期待すべきでないとは、誰が言ひ得よう乎。」（五巻86―87頁）

ここの引用中段の「ここにいふ時満ちての『時』は前の場合と原語を異にするも、実質的に変りはない。」とある前の場合とは、引用を省いた藤井の文中に引かれているガラテヤ書四章一節―四節にある時で、原語ではクロノス（chronos）、ここに引かれているエペソ書一章十節の時は原語はカイロス（kairos）であることを示します。クロノスは時間一般ですがカイロスには定めの時、好機、意味ある時の意味があり、ここでは両者区別はないということです。

宇宙全体の大調和が世の終りに到来する、その時を目指して、世界歴史全体と、宇宙、自然の経過全体は動いてゆくのだ、と藤井は考えたのでした。これはまさしく「聖書の歴史観」であります。

六　五つの歴史観

およそ人間が心に思い描いた歴史観は、五つの種類があろうかと考えます（五つ目を三つに分けるので多く算えると七つ）。

1　原始・未開

（平直線）

第一の歴史観はじつは歴史観とも言えないものです。これを原始・未開と呼んでおきます。時間思想が無いのです。事柄の変化を深く自覚しないのです。歴史意識が欠落しているのです。生活の動きは全く無方向、無目標であって、何を目指すということもなく、今在るようにいつまでも、昨日も今日も明日も変りがないと思うのです。人類の文明以前、原始・未開時代には、どこもこうであったといえます。もちろん文字以前であり、暦とてなく、遺跡らしいものもありません。もちろんその時代にも人間の生き死にはありましたが、それとて悲しみはしても深い意味づけはしなかったのです。

2　初期文明

次には初期文明の歴史観があります。これは1とちがい、良い時代と悪い時代、上り下りはあると

（波線）

認めます。栄枯盛衰はあるけれども、全体としてながめると、変化はないと見るのです。昔あった楽しい事はまたおとずれようし、かつてなめた苦しみは再び三度びめぐってくると考えるのです。

中国古代、漢の高祖の孫に淮南王《ワイナンオウ》（?——一二二BC）という、学問と琴に巧みな人がいて、皇位を狙うも失敗して死んだといわれますが、彼が撰んだ著作に「淮南子《エナンジ》」があり、その中に「人間万事塞翁馬」という話がのっています。これがこの歴史観をよく現します。

塞とは要塞、中国では外敵侵入は北からくることが多く、これも北方の要塞の村に住んでいた翁の話です。この翁は雌馬を一匹飼っていましたが、一日その馬が北方胡人の国へ逃げました。村人がおくやみを言いますと、翁曰く「これ必ずしも禍いと決ったものではない。」数か月して、その雌馬が牡の駿馬を連れて帰ってきました。そこで村人がめでたいめでたいと祝い言をのべますと、翁曰く「これ必ずしも福《さいわ》いではない。」

やがて二匹の間に仔馬も次々とうまれ、数を増します。爺さんも大喜びです。息子も馬好きで、その駿馬をも乗りまわしていましたが、一日落馬して大腿骨が折れ、跛となりました。村人は皆、お気の毒にと慰めますと、翁曰く「これ福いとならぬものでもない。」

一年後、胡人が侵入してきました。王の命令で、壮丁はその村からも皆軍隊にとられ、十人中九人は死んで帰りませんでした。ところが、爺さんの息子は脚が悪いので軍役を免れ、命を全うしました。

このように禍は福となり、福は禍を呼び、変化相ついで、その結着は人間にはわからないのを、塞翁馬というのです。「禍福はあざなえる縄のごとし」（史記）も同じことを言います。

日本では「平家物語」にもこの歴史観が表されています。その冒頭にかの有名な一文があります。「祇園精舎の鐘の声、諸行無常の響きあり、娑羅双樹の花の色盛者必衰の理《ことわり》をあらはす。……おごれる人も久しからず、唯春の夜の夢のごとし。たけき者も遂にはほろびぬ、偏《ひとえ》に風の前の塵に同じ。」弘法大師の作と称される「いろは歌」もやはり無常感を表わしています。これは図で示すなら、上り下りはあるが大きな変化のない波線となりましょう。

3　高等文明（古代ギリシャとインド）

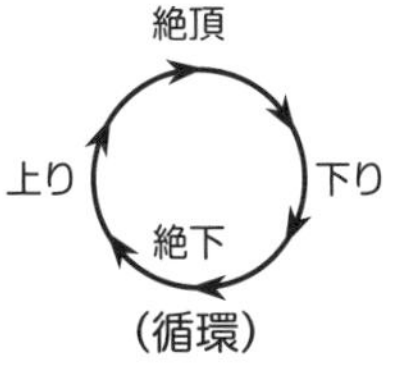

これは、「歴史はくりかえす」という循環史観です。それも、古代ストア哲学などでは厳密にくりかえすと考えた人もいました。ただ型が似ているとか、似たような事が起こるとかではなくて、全く同一の出来事が何度でもくりかえし起こるというのです。絶下から文化も興り、盛んになってゆきますが、絶頂までくれば下り坂となり、絶下になれば一種の終末といってもよい世界燃焼が起こり、一切は消え果て、そこからまた新しい世界が作り出されてゆく。するとギリシャのアテナイの町にはまたソクラテスが現れ、

また青年に問答をふっかけ、恨まれて、裁判にかけられ、また僅差で有罪死刑の宣告をうけ、毒を呑んで死ぬ。プラトンがそのあとを継ぐ。……というふうに厳密に同じことの反復がいつまでも続き、歴史は果てしなく回帰する。この宿命ともいえる環から逃れる術はないというのです。これでは歴史に意味がありません。進歩も退歩もなく、ただ反復のみです。悲観的です。

古代のインドにも似た考えがありました。たとえば仏教でいう輪廻転生もそうです。六道輪廻といって、下から地獄、餓鬼、畜生、阿修羅、人間、天人という六つの境位があり、人間として生をうけ善根を積めば次の生では天人となるが、悪業を積むと落ちて畜生に転生（生れ変わり）する。この上昇下落の転生をくりかえし、いつまでも六道の迷いの世界を脱出することはできない、ただ流転するばかりである、というのです。無始無終です。

この迷いの生死界からの脱出の道を哲学的瞑想で会得したのが釈迦で、解脱とはこの迷いの束縛から解放され、輪廻を脱するという意味です。

4　文明末期

これに対し、文明末期には没落史観が姿を表します。時がたつにつれて世は悪化の一途をたどり、遂には没落して滅ぶと考えるのです。

古代ギリシャの詩人ヘシオドス（前七〇〇頃）は歴史を四つの時代に分けました。まず①黄金時代は巨人の一人であるクロノスが支配し、労働しなくても産物は豊かで、世の中は不正や悪はなく至福の時代です。②次の白銀時代になると、人間は流神の罪によってゼウスに滅されてしまいます。③次の青銅時代には人間同士が殺し合う末世の状況となり、④黒鉄時代となるとあらゆる悪がはびこって、神々は地上を去ってしまう時代です。誰しも自分の生れ合わせた時代を最上の時代とは考えにくいでしょうが、さりとて最悪と思うのもいまいましいことです。現代は青銅から黒鉄の時代でしょうか。

（下降線）

また仏教の方にもこの没落史観はあり、正像末の三時を分けます。①正法の時代とは、釈迦の教えである教と、それに基く行（実行）と、それらの結果である証の三つが揃ってある時代で、仏滅後五〇〇―一〇〇〇年までです。②像法になると、教と行はあっても証はなくなります。経典は存在し僧の修行は行われても、悟りはもう得られない時代で、これは次の一〇〇〇年間です。③末法ともなると、教だけで行も証もなくなります。どんなに修行しても功徳をつんだつもりになっても、もはや悟りはなく、その行も真の行ではない時代で、これは次の一〇〇〇年つづきます。

この正像末の三時区分は、玄奘の弟子の基（六三二―六八二）が主張して始まったとされます。当時唐代の中国では、仏滅は紀元前九四九年と考えられていました（現在では前四八六年または三八三年とされます）。ですから平安末期の永承七年（一〇五二）が末法の始まりの年です。それから一万年たつと法滅となり、もう教えもなくなるのです。当時平安末期には、さしも盛んだった公家文化も衰えをみせ、地方の叛乱が相つぎ、天変地異も起って、それまでは公家の下僕であった武士階級が力をもち、ついには都まで入ってくる世となりました。その末法の世にふさわしい仏教として、念仏宗が登場してくるのです。

近代西洋ではオズヴァルト・シュペングラー（一八八〇―一九三六）がこの歴史観に立っています。彼は第一次大戦の終った年から四年後までに、『西洋の没落』二巻を書き、世界的ベストセラーとなりました。近代文明を築いてきた西洋キリスト教諸国が、文明の産物である化学技術を悪用して互いに徹底した殺人と破壊にふける姿は、まさにキリスト教文化の終末を示すと考えたのでした。彼は一種の生物史観を採り、文化も生物と同じく、生成、発展、没落の過程をたどると見ました。

5　西洋近代

この歴史観はルネサンス時代から始まります。一方で自然の真理を探る自然科学が起こり、他方古代芸術の範にならって、自然と人間の美を新たに表現する文学、造型美術が生まれ、科学の応用である技術が生産、輸送を大きく変えてゆきました。この近代の歴史観は進歩史観と呼ぶことができます。十七世紀の最も栄えた国はフランスで、その後半から半世紀間、古代近代論争がフランスの学界で行われました。ルネサンスはギリシャが手本です。しかし十七世紀にもなると、科学は古代ギリシャを凌駕しており、文学も哲学も古代に負けはしないという自信が生れました。古代ギリシャのホメロスや、劇作家ならアイスキュロス、エウリピデスらに現代フランスの詩人ラシーヌ、モリエールらはおさおさ劣りはしないと考えたのでした。ルイ十四世治下のフランスは古代ギリシャを上まわると

①
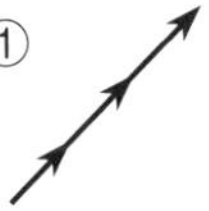
（上昇線）

②
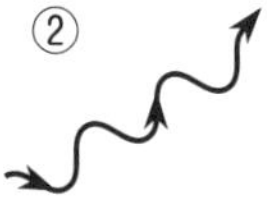
（波状上昇線）

③
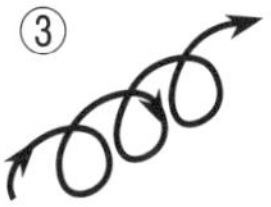
（螺旋上昇線）

思ったのです。面白いことを言った人もいます――「巨人の肩に乗れば、小人でも巨人より遠くまで見ることができる。」近代文化はギリシャに劣るとしても、古代以来の成果の上に立つのだから、古代以上だというのです。

　十八世紀には啓蒙思想がはやる理性の世紀となり、この論争はたち消えとなります。ついで十九世紀には進化論が生物界だけでなく、社会も、思想も、経済も、宗教もすべてのものが進化すると見るに至ります。いわゆる進歩思想です。これを図示すれば①の上昇線となります。

　しかし二十世紀に入ると技術革新が起こり、とくに軍事技術が大発達をとげて、両度の大戦における惨状を招きました。歴史は時とともに単純に上昇するとは考えられなくなります。良くなった面もあるが、逆に新しく巨大な悪が現れてきた、進歩は衰退を含んでいるというので、②の波状上昇線となります。また世界の非西洋の民族の文化や宗教が詳しく知られてきて、むしろ進歩していない「自然状態」のほうが、幸

福だというルソーのような考えも力を得てきていたのです。

進歩史観の第三の型は、③の螺旋上昇線です。これは①の上昇線の示す単純な進歩思想と、古代ギリシャやインドの循環史観とを合わせたものといえます。A・J・トインビーの歴史観がこれです。トインビーはシュペングラーの没落史観、生物史観から多くを学び、かつ両次の世界大戦と軍事技術の恐ろしい惨状を身をもって知り、貴重な提言を行いました。彼は文明を歴史を構成する単位と見て、人類史の曙から現在まで現れては消えた文明二十一（のち二十四にふやす）をつぶさに調べ、そこに一つの類型を見出したのです。

西洋近代の進歩史観も、波状から螺旋状ともなると、進歩への確信は大きくゆらぎ、いま、人類史上最大の危機を目の前にして、新たな歴史観を模索しているといえましょう。

七　聖書の歴史観

以上四つ（あるいは六つ）の歴史観は、聖書の歴史観とは根本的に基礎を異にします。以上の歴史観はいずれも、眼に見えるこの世界の出来事の中に、一定の秩序や類型を見ようとするものでした。

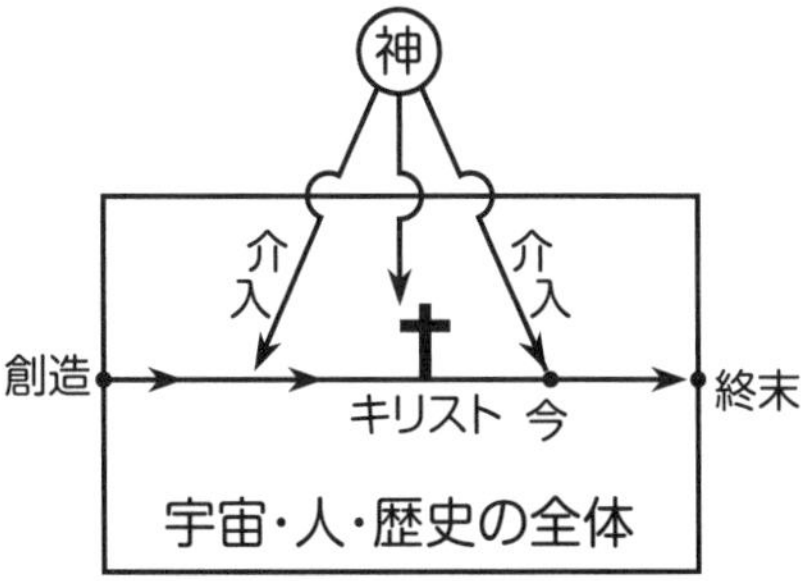

過去をふりかえるとしても、自分たちに知られている（神話をも含めて）ところから出発し、未来を望み見るといっても、直近の未来であったり、漠として様子も知られぬ未来社会でありました。その歴史観は人事のみを対象として、宇宙・大自然の全体をおおうものではありませんでした。

藤井 武の歴史観、すなわち聖書の歴史観はそれと異ります。それはこの大宇宙全体をつつみ、人間と自然を出来事の全体を含み、過去の一切だけでなくこれから起るべき事柄のすべてをもその内に包括します。それは天地万物の絶対の始源である創造に始まり、宇宙と人間の歴史の終極、新天新地の到来、神の国の完成に至ります。そしてこの歴史観は、この宇宙全体、歴史全体を抱き包み、宇宙と歴史がそこから出、そこへ帰るべき唯一の創造神を仰ぎ見ます。時間・空間の世界、感覚可能な世界に束縛されず、目に見えぬ神に心をはせ、その神に依り頼みます。不条理な人間の営為や自然の変動に目をくらまされることなく、神こそこの宇宙と人間に意味を与えられると信じます。

神はこの歴史の随所に、御心のままに介入されます。御子の降誕、キリストの十字架は、歴史の中心であり、神の介入の最大の顕われです。歴史全体は神の支配下にあり（これを昨年申し上げた摂理といいます)、神の支配をのがれるものは何一つとしてありません。

しかも、その神は、愛と義の神であり、宇宙の創造も、人間の創造も、やがて来るべき終末も、みなその神の愛から出、その義にかなって取り収められ、愛において全うされるのです。この神の愛が一人一人の生涯に注がれ、興亡常なき国家と民族の上にその義が支配し、終末において出現する神の国は、完全、至善、至美、すべてのよきものの何一つ欠けることのない国であり、愛の光の充ちあふれる国なのです。

この光の国に闇は入ることを許されません。この聖なる神の支配の完徹される世界には一点の不浄も悪も存在することはできません。そこに畏るべき神の審きを私たちは否定することはできません。しかしその審きの存在は、この時空の中を歩む歴史のいと小さい部分にあって、私たちが、善を求め、悪を斥け、正義の実現につとめ、愛を増し加えるように生きることを求めておられる神の愛を示すのです。

何という大きな、何という厳しい、しかし何という温かな歴史観でしょう。藤井 武の歴史観すなわち聖書の歴史観を、次の五つの文にまとめて、今日の話を結ぶこととします。

(一)　歴史の中心はイエス・キリストへの信仰にある。

(二)　歴史の目的は唯一の神の発見にある。

（三）すべての民は、神により、その時、その所に置かれている。
（四）すべての真理は神から出る。
（五）終末において全宇宙、全歴史は、無限の大調和にいたる。

十九　信仰と生活——新発見の藤井 武・喬子の手紙から

以下は、二〇〇八年十月五日、名古屋国際センターで行われた、ちとせのいわ聖書研究会主催の藤井 武記念キリスト教講演会で行った講演です。

聖書はヨハネの第一の手紙三章十八——十九節をよみ、讃美歌は三五八番と四九五番を歌いました。司会は山本依子様が当ってくださいました。

なお、この年で、この藤井 武記念講演会は終結することとなりました。

一　十通の手紙の来歴

今年も十月の最初の日曜日が参りました。コスモスの花が今年は台風も来ず、美しく咲き揃い、この卓上にもにおっています。秋です、藤井 武・喬子の二人を記念すべき時です。

ここ数年、「永生観」「摂理論」「歴史観」と堅いテーマが続きました。今回は私が名古屋でのこの講演会の壇に立つのは、二十回目となります。

この春以来、藤井 武夫妻のこれまで活字になっていない手紙を目にする機会に恵まれましたので、その中から「信仰と生活」に関連してお話しすることといたしました。

まず最初に、この十通の手紙の来歴を申しあげます。今春、東京にお住いで今この会にもご出席くださっている、武曽眞理《むそまり》様からご連絡をうけました。武曽眞理様は藤井 武の次男の藤井 立《たつ》（故人）の御息女で、藤井 武夫妻の孫に当られます。武曽様の家に藤井 武と喬子が矢内原忠雄に、また西永常子（喬子の妹で、中山博一先生夫人）に宛てた手紙があるので、読み解いてほしいとのご依頼でした。また手紙と併せて、矢内原から藤井 立に藤井 武の遺品として送られてきた物や原稿、校正刷等があり、それらを一括して寄付したいが、その適当な場所を選ぶ相談にものってほしい、とのことでした。

そこで三月二十日に武曽様宅に参り、それらを拝見しました。湿気の入らぬようにブリキを内側に貼った茶箱に納められてありました。藤井 武・喬子から矢内原忠雄へあてた手紙が七通。日本刀が二振、大刀は二尺五寸鍔なし、懐剣は一尺で翁銘、ともに美しく研ぎすまされ、触れば指も落ちそうなほど。第一次藤井全集の校正ゲラ、その為に一高校友会雑誌からの書写し原稿、軸が二本、一つは一高時代黒崎幸吉が風邪をこじらせたとき、藤井 武が手厚く看病して快癒したのを父君の黒崎与八郎がとても喜び、巻紙に達筆の礼状をそえ、きちんと箱書され贈られた、西郷隆盛真筆の横書三尺の大軸で「素誠」と書かれたもの。今一つは淡彩の日本画で兎、箱はなく、由来も不明。ほかに、藤井喬子が妹の常子にあてた手紙三通、これは矢内原からではなく別の紙袋に入ってあり、おそらく西永家から藤井家に送られてきたもの。そのほか藤井全集に既収の藤井 武から矢内原忠雄宛の手紙もありました。

手紙はコピーして送ってもらい、解読して原稿紙に書き、返送してワープロで打っていただき、それを二度校正して完全稿として揃ったのは九月四日のこと、全二十三枚となりました。

寄贈先を実地に確めるため、五月十五日に東大教養学部博物館と日本近代文学館を訪ねました。東大の博物館の収蔵庫は今のところ新渡戸稲造の前の一高校長狩野亨吉（一八六五—一九四二）の遺品だけが納められており、一階には平賀 譲（一八七八—一九四三）東大総長の記念展（生誕一三〇年）が開かれていて、収蔵品を折々展覧することもわかりました。

日本近代文学館は一九六三年、作家高見 順の尽力で開設されたもので、設備はととのい、地下二―三階は書庫として移動書架に整然と整理されていました。単行本、雑誌、週刊誌、新聞小説の蒐集も完全で、私が若い時友人と出していた「少数者」という同人雑誌まで創刊から終刊まで全部あり、近畿大学が出していた文芸誌「近代風土」も全巻揃っていました。ただ、日本近代文学館は刀は受けとらない由で、東大への寄付が良かろうという結果となりました。

手紙や原稿校正刷の整理には矢内原忠雄の弟啓太郎の曽孫である大島由香子さんも協力されました（同嬢は東大教養学部四回生で、クエーカーについて卒業論文作成中でした）。

いま一つ、藤井 武全集（第一次）の編者は塚本虎二と矢内原忠雄の二人の名が記され、塚本は自分はただ名目だけで少しも協力できなかった、と書いていましたが、校正刷を見ますと、矢内原が符箋をつけて塚本に尋ね塚本がそれに答えているところもあり、塚本も編集に少しは関わったことが知られました。

二　手紙一覧

十通の手紙については、下図の表をごらんください。

藤井 武の手紙は三通、喬子の手紙は六通、それに藤井 武と友人たちの寄書が一通で、藤井 武の三通の手紙は、矢内原忠雄の結婚式についてのものが二通、矢内原の妹千代の縁談についてのものが一通です。喬子のは矢内原忠雄の結婚式のこと一通、矢内原に長男伊作が生まれた祝い状一通イギリス留学中の矢内原に留守宅や肉親友人の動向を知らせたもの一通、それに、妹の

藤井 武・喬子他から矢内原忠雄・西永常子宛　書翰一覧

No.	日付	発信者	忠雄在	内　容	・枚	備考
1	1917.5.4	喬子	新居浜	式のこと心配したが諒解、式後の諸事について注意。	ペン・4	武の手紙はなし、或は5月3日の手紙か。(全集 10-516～517)
2	1917.5.8	武	新居浜	式の場所につき心配のことは直接会ってのべる。	毛筆・6	
3	1917.5.14	武	新居浜	キリスト教の式なら出席する。披露宴費用につき注意、他	ペン・4	
4	1917.6.7	はがき寄書	新居浜	石川鐵雄、三谷隆信、武、黒木三次、石川錬次	ペン	藤井の分のみ全集 10-508 ニアリ
5	1918.5.4	藤井蒔、のぶ子	新居浜	長子の誕生を祝す。	毛筆 5+1	蒔は養母か？
6	1919.9.20	武	新居浜	忠雄の妹千代の縁談につき意見。何事も神本位に。	ペン・4	前半は全集 10-569 ニアリ
7	1921.4.24	喬子		留守宅愛子・伊作・光雄の様子。藤井の子供のこと（百合子・洋・立・明）悦子さんのこと、千代さんのこと。泰召天のこと。黒崎すみ召天のこと。	ペン・4	駒沢村新町へ転居（21.2）後。
8	1921.5.2	喬子		夕方発熱。	ペン・2	常子の愛称は〈のうはん〉
9	1921.10.1	喬子		新町にダリヤをみて泰の召天の床辺を思う。ミッションくさくならぬよう。	ペン・2	
10	1921.12.10	喬子		受洗の相談につき受けよと勧む。	ペン・2	

常子（金沢在）へあてた手紙が三通です。

ことに、常子宛の三通は、喬子召天の一年前のもので、恰度一年前の一九二一年十月一日のもあり、年の暮十二月十日のもあって、後者はおそらく妹にあてた最後の手紙と思われます。翌年一月に喬子は第五子である次女の園子を出産し、四月からは結核が重くなって十月一日に召されるからです。

これら十通の手紙は、藤井 武・喬子の信仰と生活――とくに結婚に関する考えが、具体的に表明されている点に特徴があり、今日はその点に光を当てながら学んで参りたく存じます。

三　矢内原忠雄の結婚から再婚まで

藤井 武の結婚についての一般論は、その著『聖書の結婚観』（一九二五年、全集七巻所収）に明確に述べられています。またそれをふまえ少しく具体例にも及んだものとしては、小著『藤井 武の結婚観』（一九八八年、キリスト教図書出版社）があります。

今回の新発見の手紙は矢内原忠雄の結婚に関するものが中心ですから、まず彼の結婚から再婚までのことをお話ししておいた方がよいかと思います。

矢内原忠雄は一八九三年一月二十七日生まれで、一九六一年十二月二十五日に召されました。六十八歳でした。藤井 武は一八八八年一月十五日生まれで、五歳の年上です。

矢内原忠雄は東京帝国大学三年生の一九一六年十二月、すでに翌年三月卒業後は住友総本店に入社することに決まっていました。矢内原自身は朝鮮（当時日本の植民地）へ行ってその地の人たちの為に働きたいとの願いをいだいていましたが、郷里今治には自分が面倒を見なければならぬ弟妹が多くいました。父は矢内原の学生時代に亡くなっていたのです。

住友には七つ歳上で藤井 武の親友の黒崎幸吉（一八八六―一九七〇）が勤めており、会社からも嘱望されて住友別子鉱業所にいました。矢内原は郷里にも近く、同じ内村門下の先輩黒崎のいる別子鉱業所につとめることを喜びとしていました。

そこへ十二月に、矢内原の神戸一中の先輩で一高・東大の先輩でもある川西実三が、縁談をもってきたのでした。

矢内原はまだ学生の身でもあり、郷里の家庭の事情もあって、辞退しました。

ところが年明けて一九一七年一月、川西は再びこの縁談をたずさえて矢内原を訪ね、藤井 武の意向をもあわせて伝えたのでした。藤井 武に兄事していた矢内原はそこで受けることとし、三月に卒業、四月からは別子におもむいたのでした。

こうして、卒業して二月後の一九一七年五月二十二日、矢内原は、西永公平と薫の次女愛子と、金沢において、日本式で結婚式をあげたのでした。

　矢内原忠雄が住友に在職したのは、一九一七年四月から一九二〇年三月までのまる三年でした。それに先立ち黒崎幸吉は住友家の御曹司の個人教育を頼まれ、一緒に一年間渡米したりしました。また一九一一年東大を出て住友総本店に勤務したとき、今の芦屋市に住み、家庭集会を重視するプリマス・ブレズレン（のちキリスト同信会）の堀米吉らと集会を開いていました。一九一八年二月十一日（紀元節の日）には同信会の伝道者松本勇治が新居浜に来て、黒崎幸吉、矢内原忠雄ら九名にバプテスマを施したと『キリスト同信会一〇〇年史年表』（同信社、一九八九年）にあります。しかし、黒崎幸吉著作集等七巻にある年譜にも、同信会の人々との交りは芦屋時代に始まり、新居浜時代も密接に続いたことは記されていても、洗礼を受けたことは一切記述がありません。いや、一九一八年には何の事項もないのです。

　あの尨大な矢内原忠雄全集の第二十九巻に収められている、一七二頁にわたる詳細極りない年譜にも、この松本勇治からの受洗のことは一行も記述がありません。これは一体どうしたことでしょうか。

　キリスト教界において、ごく少数の教派を除いては、洗礼はみな重要な儀式とされています。カトリックの七つの秘跡を二つに減らしたルターも、洗礼と聖餐は残したのでした。それを受けるか受けないか、信仰上必要と認めるか認めないかは、極めて重大視されているのです。

　聞くところによると、黒崎は新居浜の集会の人たちが松本勇治の授洗の申し出にも、平素黒崎から聞いている信仰にてらして躊躇していたところ、黒崎が「それなら私が真先に受けることにしよう」とバプテスマを受け、矢内原も含め九人がその日に受洗したとのことです。そんな便宜的な考えで他の人の受洗を促してよいのでしょうか。

内村鑑三の年譜には（新渡戸稲造のそれにも）、一八七八年六月二日M・C・ハリスから受洗したことが明記されています。無教会の創始者内村（クエーカー第一号の新渡戸）の年譜記者は、この事実を尊重して記しているのです。内村も新渡戸も、広井勇も伊藤一隆も、受洗五十年に当る一九二八年六月二日には、四人揃って東京青山墓地のハリスの墓を訪ね、こもごも英語で祈りを捧げました。黒崎・矢内原にそのような真実がみられないのを、私はかねてから異とするものであります。

本筋に戻って、結婚の翌年五月二日、矢内原には長男伊作が生まれました。

そして一九二〇年三月には住友をやめて、東京帝大経済学部の助教授になります。その前年東大ではそれまでの法学部が二つに分かれ、法学部と経済学部になりました。また法学部で植民政策講座の教授だった、矢内原の師でもある新渡戸稲造が、後藤新平らと大戦後のヨーロッパ視察の旅にのぼり、その途中立寄ったパリで、折しも新発足予定の国際連盟の事務次長をつとめることとなり、そのままヨーロッパに留るので、植民政策担当者が求められ、矢内原が推されたのでした。

矢内原自身は母校東大の教員になるつもりはさらさらなく、学術論文は一つも書いていなかったのでしたが、人事を議する席で推薦した人が、矢内原からの葉書を見せて、「こんな立派な葉書を書く人だから」と採用が決ったという嘘のような話を、矢内原自身が書いています（『銀杏のおちば』）。

東大へ転じて三か月の七月十四日に次男の光雄が生まれ、その年四月には弟啓太郎が岡山の第六高等学校に入学しました。

そして当時のしきたりに添い、二年間米、英、独への留学を命じられ、妻愛子と二児を残して、十月十四日東京発、神戸から船で、上海、シンガポール、印度洋、パリ、カレーをへてロンドンに着いたのは十二月六日、五十三日の長旅でした。

矢内原の留学中に、一九二二年十月一日、藤井喬子は結核で二十九歳の若さで、三男二女（一人は当歳）をのこして召されました。矢内原は二年の留学を一年延長してもらって二三年秋に帰国予定でしたが、姉のあとを追うように、妻愛子も結核の病状が重くなり、アメリカ廻りで急遽帰国、横浜へ着いたのが一九二三年二月九日、直ちに愛子の入院する慶応病院に見舞いました。

矢内原が帰って十八日目の二月二十六日、愛子は召されました。二十八歳でした。二月二十八日九段坂上教会で行われた葬儀は藤井 武が司式しました。

四月からは愈々大学での仕事が始まります。矢内原は二児（二歳と四歳）を金沢の西永家に托し、公務に精励、八月二十日には愛子を多磨墓地に葬りました。その月三十日には教授に昇任しました。

矢内原忠雄は愛子が逝いて一年四か月後の一九二四年六月七日、さきにも名をあげたキリスト同信会の信徒堀 米吉の四女恵子と再婚します。

矢内原全集には、矢内原忠雄が堀 恵子に宛てた手紙は八十通収められており（収録書簡で最多）、そのうち四通が結婚前のものです。

一九二四年二月二十三日のが最初ですが、どれも長文、最も長い六月二日付のは四〇〇〇字詰で十一枚にも及びます。また二月の手紙以後六月まで三か月間の手紙はありませんが、その間無音とは考えられず、これは編集のとき省かれたと考えられます。

これらの手紙で矢内原はその心の底の底まで堀 恵子に打明けています。二月二十三日付以前の手紙ですでに矢内原の方から、結婚を申しこんでいることが、文面でわかります。妻を失って心の闇路を独りたどる矢内原を、恵子は同信の者として慰め、それが矢内原の心に一点の灯を点じたのでしょう。二月二十三日付の手紙では、恵子を慕う気持をのべ、結婚を余り望まぬ恵子の心を察しつつ、結婚生活は「深い愛の交りの型」だと伝え、二人は友達でいてもかまわないとも言っています。

それ以後は手紙がないので判りませんが、すでに六月七日の挙式の日も迫った六月二日付の手紙（これは五月二十八日、二十九日、六月一日の三日にわたる手紙を一封としたもの）では、召された愛子を慕う気持と、今すでに愛を運び慰め、力になってくれている恵子との二人の妻の間で、矢内原はなお心を決めかね、祈り、泣き、一週間後の式の延期を考えてみたり、結婚せず恵子と友人として同居する道はないかと空望してみたりしたあげく、考えに考え、迷いに迷いつつ、徐々に凡てを神に委ねて再婚を受けいれる気持に移って行きます。「再婚といふことは、不自然な不自然な事」とも述べ、ついに箴言十九章十四節と二十一節で心を決めます——

「家と財産は先祖からの嗣業。
　賢い妻は主からいただくもの。」
「人の心には多くの計らいがある。
　主の御旨のみが実現する。」

六月三日付、四日付の手紙では、段々と静かになってゆく心境を伝えています。

このようにして、矢内原忠雄は再婚しました。先妻愛子との結婚生活は一九一七年五月から実質、洋行する二〇年十月までの僅か三年五か月、その間二人の男児を得ました。恵子とは一九二四年六月から矢内原の死の六一年十二月まで三十七年、その間には戦前、戦中の熾烈な軍部との戦い、戦後の平和を求めての言論活動の時期を含み、恵子の支えなしには矢内原はとうていその戦いに耐ええなかったろうと思われます。賢い妻をいただくことは、まさしく主の御旨であったのでした。

四　矢内原忠雄と西永愛子との結婚

この度新しく見出された十通の手紙中、藤井 武の書いた三通はいずれも結婚に関するもの、そのうち二通は矢内原忠雄と西永愛子との結婚についてのものです。

ふつう結婚は私事と考えられており、それに関する事をこと新しく論じることは好ましくないと思われましょう。しかし藤井 武にあっては、結婚は公事なのです。しかもキリスト教信仰の中心に、小羊キリストとその花嫁なる教会との「羔の婚姻」の奥義があると藤井は考えていたのです。余人はいざ知らず、藤井の場合、結婚は最重要な信仰に関わる事なので、ここにこれらの手紙を取り上げるのです。

十通の手紙の第一信は一九一七年五月四日付でありその封筒には武と喬子の二人の名が記されているにもかかわらず、中に収められていたのは喬子のものだけです。しかし察しまするに、五月三日付の手紙は全集に収められています（十巻516頁以下）。たぶん武の三日付の手紙をあとで書いた喬子の手紙と合わせ一封にして、四日付で矢内原に送ったものと思われます。

その一九一七年五月三日付の武から矢内原あての手紙では、まず愛子を受けてくれた事への礼を述べつつ、挙式の場所・方法については、「甚だ心を痛め」ている、「主のみこころにかなふべき最上の方法ならざるを感じた」からだと記しています。しかしと筆を継いで、矢内原が江原萬里へあてた手紙の内容をきき、また内村先生への手紙によって、矢内原の主キリストに対する態度を知り、「心苦しさも今は殆ど癒されるに至」ったとつづけながらも、やはり場所、方法は最上のものとは今も思わず、残念であると正直に書いています。

そこで喬子から矢内原宛の五月四日朝の手紙です。七行目から十二行目までは、

扨挙式の事につきては始めは少しも事情分かり申さざる為武事は取越苦労をいたして心配いたし居り候在りよくよく考へ申候て皆々愛子及西永に対する忠雄様の御好意によりてかくは成申候事よく相分かり又其事も人間のとやかく思ふべき事でなく大能の神の御旨によりて行はるる事故私共の考へるよりももっともっと深く意味ある事と存じ安神いたし互いの〔に〕よろこび居る次第に御座候

喬子はさすがに妹の結婚ゆえ正面切って批判せず、少し含んだ表現をしています。金沢へ行き、武士の家である西永家の習慣に従って、日本式で結婚式を挙げるのですから致し方もないと理解しているようです。藤井 武と喬子の結婚式も金沢で日本式で挙げられたのでした。日本式とは、宗教色を一切含まず、花嫁花婿、仲人、両親、両家親族だけで家で行うもので、江戸時代を通じ、明治の末まではこれが普通で、鴎外も漱石もこの式で行いました。

それから七行先、十九行から二十四行では、娘を嫁がせる母に思いを寄せています。

> 只々西永の母の御心中を思ふと実に気の毒な感じがわき出て申候　生れられしより十九年一日の如くそだてし娘を遠き他郷におくる時どんな感じをいだかれるものか又永く思ひ出多き家や庭を去り又両親の膝下を去り兄弟を去る事を思ふ時私は自分のかかる時に起こりし感じを思ひ出していちずになみだを流し居り候　しかし又忠雄様の熱愛の内にいとも意味ある楽しき生涯を送るべき時の至るを思ひ感謝いたし居候　何しろよろしくよろしく御願申上候

優しく、思いやり深い喬子の心ばせがよく伝わる文章です。

次に、その四日後、藤井 武から矢内原にあてた毛筆巻紙の第二信の中で、藤井は今回の矢内原の挙式の方法には賛成できないが、期日、場所を自分の意思で変えるつもりはないとのべたあと、次の文となります。

> 但し何故僕等が今度の事を心配したるかの理由はまだ兄に通せさるやうに存候
> 其事はいつか御面晤の折近懐談として申上くる事といたすべく今は予定之通御準備被下度願上候

式は五月二十二日でもう差迫っており、手紙の往復で意思統一は無理と藤井 武は判断しているのです。

ところが、その次の週五月十四日に藤井 武は三度矢内原に手紙を出します。その冒頭から手紙の半分を引きますと、

> 拝啓　御健闘を続けられ候事と喜居候　御結婚式に小生参列したきは山々なるも他ならぬ今度の式が三々九度にては小生の心安からざると次には目下の仕事手放離しかたきとにより御ことわり致候次第に候　然るに昨日西永お母さんより喬子宛の手紙に是非小生も来てくれなければ心持悪しとの事に有之依て多分明後日頃喬子が金沢に赴き西永両親に対し式の事につき意見を持出す事と致候　即ち三々九度をやめて基督教の精神で致すを良とするものそれには誰か司会者を要するもの也適当の人なき故に小生が当たるとして（式の内容は多分祈祷聖書朗読新郎新婦の握手ぐらゐのつもりなるも尚先生にも相談いたすべし）而してその意見が容れらるゝに於ては少とも何とか繰合せ少くとも当日丈の間に合ふやうにして出沢致すべく存候　兄に於ても多分其事には異議はなからむと想像致居候　唯小生が司会といふ事は如何にも差出がましく小生自身心苦しく候へとも他に人なければ已むを得ずと存候次第なれば若し兄に於て小生にて宜しいなら敢てお返事くださるに及ばず又何か御意見も有之候はば何卒至急御申越被下度願候が右の小生の意志は全く少しにても此重大なる式を主のみこころに副はしめんとするより他意無く候

手紙はまだまだ続き、披露宴の費用は新郎新婦の分だけは矢内原が負担し、後日容喙の理由を与えぬよう注意せよとか、結婚後翌日か翌々日の里帰りの際、新婦が里方の親兄弟親類に記念の土産品を持帰る習慣が金沢にはあるが、今回は里帰りはないので、挙式後記念品を親兄弟召使に呈するがよく、その費用が不都合なら、自分の方で立換えてもよい（計二十円位）とか、先輩で金沢人として、若い不案内な矢内原に至れり尽せりの配慮をしています。

藤井 武はキリスト教式の結婚式なら自分が出向いて司式してもよいとまでこの手紙で言っていたのですが、結局日本式でということとなり、五月二十二日の式には出席しなかったのでした。喬子夫人だけが子供たちをつれて赴いたのでした。

藤井の意志は「少しにても此重大なる式を主のみこころに副はしめんとする」にありました。

五　矢内原千代の縁談に関して

この第六信は、一九一九年九月二十日、藤井 武が矢内原にあてた手紙で、全集第十巻569頁に前516

半が掲載され、（下略）とされている部分です。

千代は矢内原忠雄の妹で、造酒屋の子息との縁談がもち上り、それを矢内原が藤井に相談したものの返事がこの手紙です（矢内原が相談をかけた手紙は矢内原全集には収められていません）。

千代さんに就ては小生等両人祈祷の精神を以て出来る丈け御尽力申上度候　真に心砕けたる霊的婦人となり給はん事をいつも祈居候

当方家事上には大なる御援助をいただき難有御礼申上候

さて御結婚問題に候　先方は兄の旧き親友にして且真面目なるChristianなる由に候へば御結婚其ものは誠に慶祝且感謝すべき所と存候

唯問題は時期に就てに有之候　此点に関し過日来祈の中に熟考を続け候

御手紙には単に酒類醸造と有之候も千代さんのお話により造酒屋の下に御勤務と承知致候（此事は御手紙の主旨よりしても推量致候）而して先方御自身が最も苦痛を感ぜられ候由如何にも当然と深く御同情申上候　小生は主が彼を恵み励まして必ず近き将来に於て断然其業務を変更せしめ給ふ事を少しも疑はず候　然らば御結婚は其後の方が宜敷候はずや　問題は絶対的の性質のものには無之と存候　故にその前に是非とも御結婚なさるべき理由あらばそれも主のみこころに背かざる所と存候

しかし別に特殊の理由も無く候はゞ主は必ず彼の結婚前に其業務を変更せしめ給ふ事と信じ候　実際問題としても結婚後の職業変更の困難は独身中のそれに比し五倍十倍に有之候　之は小生の祈祷によりて得たる判断に有之候　御参考迄に申上候　何れにせよ何とぞ神本位に御決定被下候やう切望仕候　主よ願はくは此善き結婚を其時期に於ても亦恵み給はん事を

この手紙に現れた藤井 武の考えは、「神本位に」ということに尽きます。矢内原千代は藤井の家の家事をその頃助けていたらしくあります。

藤井 武はおそらくキリスト教史上結婚については最も厳格な思想を抱いていました。その離婚再婚非認論には、師の内村鑑三も反論はしていても今一つ一貫性を欠きます。内村は三回結婚しています――初めの妻浅田タケとは事実上半年で別居のち離婚し、第二の妻横浜加寿子とはまだ子供もできぬうちに、わずか一年九か月で死別し（あの不敬事件後夫を支え身代りとなって）、国内流浪の年月のうちに、一年八か月後京都の岡田静子と三婚しています。藤井は三十五歳のとき喬子夫人を召され、以後四十二歳で死ぬまで独身を通したのでした。

無教会の中にも藤井の結婚観を律法主義と非難する人がいます。自分の思想を絶対視してそれと異る考えの人を批判するというのです。

しかしこの手紙は藤井が決してパリサイではないことを明かに示します。千代の結婚相手が造酒屋をやめ、職業を変えたのちに結婚することが最上だが、それは絶対的のことではなく、拠ん所ない理由があれば結婚するのも主のみこころと考える、というのです。

全集に収められている河本とし子宛の二通の手紙で、藤井は、貞淑なる妻としての精神を貫くために、法律的には離婚を勧め、河本とし子はそれに従ったのでした。律法主義者はそんなことはしません。藤井のいう「神本位に」は、神ご自身がイサク奉献でもヨナ書でもわかるように、律法主義でないのと同じです。

それでも「神本位に」は「神本位に」で、特殊の理由がなければやはり造酒屋をやめた後に結婚されるように、結婚後の転職は独身中より五倍十倍困難だからと、自分の経験を覚えて老婆心から注意をしているのです。藤井が内務官僚として立身出世できる職を捨てて、内村鑑三の助手になる決意を堅めたとき、西永の両親の説得にどんなに苦労したか、とりわけ喬子夫人が実家に赴いてどんなに意を尽し心を尽して賛成をとりつけたか、藤井はその時のことを想起しつつ筆を執っているのです。

まことに温い思いからの「神本位に」でありました。

六　喬子から妹常子へ

第八信から第十信は、喬子からまだ女学生だった金沢在住の妹常子あてです。

この三つの手紙は喬子自身としても晩年に認《したた》められた手紙で、結核が進んでいることも文中に見えます。

第八信、一九二一年五月二日付です。三分の一の五行ほどを引きます。喬子はすでに第五子をみごもっています。年を追うごとに結核は進み、発熱する日がつづいても、四人の子供（長女ゆり子は九歳、三男明《あかし》はまだ二歳にもなりません）をもつ主婦は容易に床につくこともできません。

> 私も一時無熱になりましたけれ共又此頃は少しづつ夕方発熱しますので又今日あたりから静養しやうと思い〔ママ〕ます。しかし決して心配はいりません。私達は全部を神様の御用に立てて居りますからきっともっと長く生きて居なければならないと思ひます。ですからちっとも心配しないで居りますの。母さんにもどうかあんまり心配しなさるといけないからだまって置いてください

「全部を神様の御用に立てて居りますからきっともっと長く生きて居なければならないと思ひます」という言葉をよみますと、翌年十月一日に召されたことを知る私たちは、涙を抑えることはでき

ません。この妻、この母の命を神はなぜ取り去られたのか、との思いを禁じえません。

しかし喬子は神を信じ、少しも心配せず、ひたすら前方に目を向けて歩んでいます。母の気持をも思いやっている孝心あつい娘です。藤井 武の文によっても、喬子は難問ができると「やろう、よし、やりましょう」とむしろ武を励ます積極的精神の持主でありました。この短い箇所にもそれはよく現れています。

次の手紙は喬子が召される恰度一年前の一九二一年十月一日（今から八十七年前）のものです。喬子は常子に「のうはん」と呼びかけています。姉妹間だけの親しい愛称だったのでしょう。四分の一ほどを引きます。

秋が来て泰ちゃんの事がしきりと思い出されます。新町にはダリヤの花の園があります。そこを通る毎にダリヤを枕元において長い眠りに入った愛する泰ちゃんを思ひ出して足がひとりでに止まります。生前に何もいゝ事をして上げなかった事も思ひ出してすまない涙に暮れる事も度々あります。しかし又会ふ日も日一日と近くなってそれを思ふと心がおど《〔ママ〕》ります。学校も此頃はいかがですか　どうかミッションくさい空気に沁みないやうに気をつけてください。

泰ちゃんとは前の年やはり結核で死んだ喬子の弟のことです。新町の新居（藤井夫妻には終《つい》の住家《すみか》）

近くにはダリヤの花園があり、買い物の途中そこを通ることが多かったのでしょう。夫武も散歩の道すがら、その美しい華にしばし目をとめたに違いありません。「羔の婚姻」の上篇第一歌「コスモス」の冒頭の一句、「目もはゆるコスモス、菊、ダリア」を歌い出《い》でた武の心中には、喬子も見たこのダリアの園の花が浮かんでいたと思われます。

新町の家、誰かが西部劇の小舎のようなと評した家は、戦災にあい跡形もありません。周辺はすっかり開発されて、もう富士も見えず、麦の穂波もくぬぎの林も、さえずるひばりも目には入りません。終りのところは、金沢のミッションスクールの女学校に通い始めた妹常子への、無教会伝道者藤井武の妻としての心づかいがうかがわれる一節です。

そして最後の第十信、これはやはり喬子から常子宛の手紙です。この手紙は殆んど全文を引くこととします。まず初めの所、

常ちゃん、おてがみ久しぶりで実にうれしう拝見いたしました。もう本年もすでにおは〔ママ〕ります毎日元気で御通学のよし安神いたしました。もう胸のなやみもすっかりよくなりましたの？クリスマスが近づいてうれしう御坐いますわね。

十二月十日、もうすっかり冬の気配に包まれている金沢の妹の「胸のなやみ」を喬子は案じていま

す。まだ女学校一年か二年の常子もやはり結核の徴候を示していたことが判ります。しかし常子は中山博一先生と結婚し、九十歳をこえる長寿を保たれ兄弟姉妹中最も長生きされました。喬子は自らかなり重い結核を患い、しかも一ケ月後に出産をひかえる中、妹のことを思いやっていたのです。つづいて、本筋に入ります。

扨《さて》御きき合せの洗禮《せんれい》の事私も考へて見ました　その御返事をいたしませう　私はもう此事が先生とか牧師とか友達などのすすめによるのでなくてほんとにのうはんが受けやうと決心したのなら私はぜひ受ける事を御すすめします　受けた方がいいと思ひます　そして父さんや母さんは一度は或は御許が無いかも知れませんが熱心にお願ひしたら必ず御許しが出る事を信じますからお願ひなさい。もし私からも申上げた方がよければいくらでも申上げますから御手紙をください。

洗禮は一つの儀式ですからこれを受ける受けないにかかわ〔は〕らずほんと〔た〕うにエス様を信じて居ればどちらでもいいのですけれどもやはりのうはんの立場がはっきりしていいと思ひますから御受けなさる事を御すすめいたします。何か又困った事があったら直に云ってよこしてください私として出来る丈けの事はいたしませうから。又何かほしいものでもあったらえんりょなく云ってよこしてください。

常子は姉喬子に、洗礼を受けたものかどうか問合せたのです。それに対する返事は、常子自身の信仰的決心に従えということです。父母が反対してもとあるのは、愛子の結婚式に関連して夫武と西永家との間に、かなり意見の違いもあったことも背景にあるのでしょう。しかし、西永家の娘は、喬子、愛子と優れた誠実なキリスト信徒の妻となり、両親もキリスト教への理解を深めていたこととて、願えば必ず許してもらえると喬子は言うのです。

「洗礼は一つの儀式ですから……」のくだりは、喬子の信仰が実にその名のごとくのびやかで、神本位、キリスト中心で、それ以外については寛容な心をもっていたことを良く示します。三十歳にも充たぬ女性の信仰態度として、その深さと温かさのあふれる文です。そして終りのところ、

　母さんも暮れで忙しいでしや《〔せ〕》う　忙しそ《〔さ〕》うな家の中の様子が見えます
去年の今頃の事を思ひ出します　ほんとに早いものですね。泰ちゃんがお床の上でニッコリ起き上った御別れの集りの日の夕方がハッキリ目に残って居りますのに……

暮近くを控えての、母薫の忙しい日常を思いやるとともに、弟泰が死に臨んだ床の上でニッコリ笑ったことを思い出しています。当時、矢内原忠雄は留学中で、愛子は伊作と光雄をつれて、実家に

戻ってすごしていたのでした。母の多忙は、やんちゃな男の孫二人の世話もいくぶんあったことでしょう。

これら十通の手紙からよく判りますように、藤井 武・喬子夫妻は、矢内原忠雄の結婚に当っても、的確な注意を与え、細やかな配慮を払っておりました。喬子は妹常子の信仰の成長にも姉として、優しい祈りを注いでいました。

藤井 武が第二信で述べていますように、矢内原忠雄には藤井の結婚観の本質が、十分よくわかっていなかったことも、これらの手紙から知られます。

要は「神本位」「キリスト本位」であって、神がそこにおられれば、キリストがそこにいませばどうされるか、どうするように期待されるか、どうせよと仰有るかが大切だというのでありました。

七　矢内原忠雄の再婚に関する藤井 武の手紙

この手紙は、『藤井 武全集』第十巻六二二—六二三頁に、一九二七年一月十七日某宛として掲載されているものです。まず全文を引用します。

一月十七日　某　宛

××さん

先日お別れしてから

僕の心にしきりに喬子の声が聞えます。

「なぜほんたうの親切を以て××さんに答へることが出来なかったんですか。

なぜもっと××さんを愛することが出来ないんですか。

信仰として、意見としては別でも、感情としてはあんなに明白に夫妻一体を認めて居られるのに、なぜその貴い感情を励まして上げることが出来なかったんですか……」と。

するると、何だか又×ちゃんの声までが同じやうに聞えるやうに覚えます。

一昨年此問題について×ちゃんと語った時、僕が「仮にあなたが早く召されたとして、××さんが再婚するならばあなたは嬉しく思ひますか」と尋ねた、×ちゃんの答えは「いいえ、その事を考へるとほんたうにさびしい気がします」といふのでした。

たしかに僕の信仰と愛と希望とが生き生きしてゐる時ほど、自分のみならず、凡ての人に、殊に近い人に、自分が正しいと思ふ途を切におすすめせざるを得ません。

最後の決定はもちろん××さんと神様との直接交渉にまたねばなりません。しかしそこへ到達するまでの間やはり僕は自分の信仰にかなふ祈と願とを続けねばならぬ事をさとりました。
ほんたうに僕の愛が、誠実が足りなかった事を悔います。僕はお互に召されし半身に対する貞操を最後まで守りたくあります。今度×ちゃんに遇はれる時にどうか喜びのみであらん事を切にねがひます。

一月十七日　　　　　　　　　　　　　　　武

この手紙は、矢内原忠雄が藤井 武からもらった一九二四年一月十七日付の手紙を、某宛と名を伏せ、三年後の一九二七年に移して、全集に入れたものと、かねてから私は考えていました。それゆえ文中の「××さん」は「忠雄さん」であり、「×ちゃん」は「愛ちゃん」です。

『藤井 武全集』は、ほとんど矢内原忠雄が一人で編集しました。手紙は最終巻に入れたのですが、友人知人、親族などに藤井 武の手紙の提供を求め、全集には一九七通（のち第三次全集では編者藤井立により三十一通増して二二八通）を収めることができました。その中で、藤井 武から矢内原忠雄へあてたものは十六通です（この某宛といま一つ一九二六年六月七日の某宛を入れると十八通）。

他方『矢内原全集』第二十九巻の書簡の部には八五八通が収められており、編者によれば二三一三通寄せられた中から選んだものとあります。しかしこの八五八通の中に、矢内原が藤井 武にあてたものは一通もないのです。藤井 武の死後、矢内原は藤井の遺稿、遺品を悉く整理したのでした。藤井が矢内原にあてた手紙は、さきにものべたように十六通（プラス二通）もあるのに、矢内原が藤井にあてたものが一通もないのは、あまりにも不自然です。藤井 武が矢内原の手紙を残さずに処分するはずはありません。また『矢内原全集』の編者が全部没にしたことはとうてい想像できません。

とすれば残る可能性は、矢内原が藤井の死後整理した際、自分が藤井にあてた手紙は一括処分してしまったか、そうはしなかったがその全部の公表を禁じることを生前に指示したかのどちらかと思われます。

これは今のところまだいずれとも決められませんが、矢内原が編集者の特権を用いて、藤井 武と自分との往復書簡の公表に当り、何らかの作為を施したことだけは明らかと推察されます。後略として半分省いたり、全部を公表できないようにしたりです。

にもかかわらず、この一九二四年一月十七日の手紙は、全文削除もせず、年を三年後に移し、某宛と氏名を伏せて『藤井全集』に残したのはどうしてでしょうか。なぜ没にしなかったのでしょう、名を伏せたり、年を移したりすれば誰にもわかるまいと思ったのでしょうか。あの真実一路の藤井 武の手紙、しかも再婚に関するその考えが率直に語られている手紙に作為を加えることが、編者として許されると考えたのでしょうか。

矢内原は編集者としての事務においても、とても秀れた才能をもっていました。『藤井 武全集』はその最たるものですが、そのほかにも、一九三六年故新渡戸稲造記念事業実行委員会が刊行した『新渡戸博士文集』と『新渡戸博士追憶集』のうち、前者は矢内原が一人で編集したもので、その師への真心が細部まで行き届いた、新渡戸の厖大な英和両文からその精を選び萃を抜いて編んだ一巻本全集と呼んでもよい出来ばえです。

いま一つ、一九五三年に編集刊行した『小出一家信仰記録』があります。明治三十八年に夫（小学校長）を失った三十七歳の小出かずは女手一つで一男三女を育てたが、長男義彦は二十六歳で召され、次女静枝は昭和七年鳥取で、末妹知恵子は昭和十二年津山で、いずれも信仰をいだいて帰天、かず自身も昭和十九年七十六歳で、最後に残った長女泉も同年に精神病院で安らかに召され、一家死に絶えたこの信仰一家の遺文、追悼文を集めたもので、敗戦前昭和十七年にすでに編集済みのものが、印刷出版社の事情で戦後に出されたのです。戦時中の激しい戦いの最中《さなか》、深い愛と祈りをこめてこの「信仰記録」を編集した矢内原の温い信仰と愛には、つよく心を打たれます。

『新渡戸稲造全集』の編集に関わった私には、この地味な、細心の注意と執筆者への愛と理解を求められる仕事が、どれほどの労力を要するものかがよく判ります。

それだけに、これほど誠実な編集者矢内原忠雄が、自分の再婚に関する藤井 武の手紙に拙い工作をしたのは惜しまれてなりません。

この手紙の中程で藤井は「一昨年此問題について愛ちゃんと語った時」と記しています。一昨年とは一九二二年、十月一日に喬子が召され、愛子は武に慰めの手紙を送り、常子も信仰的な便りを届け、愛子はわざわざ下駄を土産に武を東京に訪ねて共に祈りました。矢内原も手紙を外国から寄せて武の涙をさそっています（この手紙も「矢内原全集」には入っていません）。この一昨年がもし矢内原の移した一九二七年の一昨年とすれば、一九二五年となり、愛子はすでに一九二三年二月に死んでおり、藤井 武と語り合うことはありえません。そこまで読んだ上で矢内原は、一九二七年という年に移したのでしょうか。

　そうまでするくらいなら、どうしてこの手紙の全集収載をやめなかったのでしょうか。それは、矢内原の心の中に、愛子がまだ確然と生きていて、この愛子の心からの願い――それは藤井 武の結婚観に通うものですが――を肉声に留めた手紙を公表することを迫ったからだ、と思います。矢内原はすでに恵子と再婚しており、ありのままに掲載することは恵子との間に難問が発生する可能性があり、それを避けるためにこんな策を用いたのでしょう。

　いま一つ、藤井 武がこの手紙を一九二七年一月十七日に書いたのではないか、匿名にしても年月まで変えてはいないのでないか、という問いがでるかもしれません。しかしその可能性はありません。

　藤井 武という人は、律法主義者ではなく、自分の信仰と異ることについても、信仰の核心中の核心――十字架による罪のあがない、キリストの復活、終末・審判、神の国――以外については、心寛く認め許したことは、さきの第六信のところで述べた事からも、また矢内原が藤井の考えを受けいれず、この手紙の主旨にも背いて再婚した後も、何の分け隔てもなく信仰の友として交りを続けたことからも知られます。再婚して三年にもなる矢内原に今更こういう意見を書くような人ではなかったのです。

最後に、矢内原がこの手紙を伏せた原因の一つに、恵子への気兼ねがあったと推測されます。それには中山博一先生から直接うかがった一つの挿話が参考になります。

一九三六年の初め頃、中学を了えて一高の試験に合格して喜んでいた矢内原伊作が、中山先生の家へ泣いて訪ねてきて、「私の本当の母の写真を見せてください」と頼みました。事情をきくと、一高へ提出する戸籍謄本を見て、伊作は自分の実母は愛子で恵子は継母であることを初めて知り、愕然として父忠雄に「本当の母の写真を見せてください」と頼んだところ、父は「そんな写真は家には無い」と叱りつけたとのこと。それまで恵子が実母と信じ切って育った伊作は動顛して、中山先生のところへ駈けつけたのでした。

中山先生から母愛子の写真をはじめて見せてもらって、大泣きに泣く伊作（中山先生夫妻は「イサちゃん」と言われた）を見て、本当にかわいそうにと思った、と述懐しておられました。伊作は母親似なのです。

伊作が一高理科から父の意に反して文科に転じ、大学も東大でなく父と離れた京大に入り、父の好まぬ仏文学を専攻し、授業料を費消滞納して、保護者へ請求がまわり父からひどく叱られたことなどの遠因はこの出来事にありました。

矢内原忠雄は、再婚するまでは机上に先愛愛子の写真を飾っていたのでしたが、再婚時にすべての写真を隠すか処分したのでしょう。小さい子供の頃はともかく、分別もつく青年となった子には、いつか実母のことも話してあげればよかったのでしたが、そうはしなかったのでした。

今日の話のまとめとして申し上げるなら、信仰より真実を求め、それを結婚においても貫く藤井 武に対し、矢内原忠雄は畏れを抱きかつ負目を覚えていたのでした。

第一は、愛子との結婚式の場所・方法について、藤井 武と意見が一致しなかったこと。

第二は、愛子と二児を置いて単身留学し、その上留学期間を一年延長し、愛子の死のわずか十七日前に日本へ帰ったこと。

第三は、愛子の召されたのち一年三か月で、藤井 武の忠告に逆って再婚したこと。

その四、編集者の特権を利用して、藤井 武から受けた、再婚せぬようにとの手紙を全集に収めるに当り、年を動かし、文中の人名を伏字にしたこと。藤井 武宛の自分の手紙は全部公開できぬようにしたこと。

あえて付け加えるならば、矢内原が死の床で、自分の罪を告白し、人の前では信仰者らしく振舞いつつ、メフィストフェレスのように偽善的なことを隠して行ったと涙ながらに神に詫び、赦しを与えられて、晴晴した心で召された、と恵子が述べていますが、私の推測するところ、その告白はもっと具体的な事実を述べたもので、それらの事実の一つが、この藤井 武の手紙に加えた偽装ではなかったかと思います。

藤井 武・喬子の、信仰と生活が一枚となった、「神本位」「真実一筋」の、しかも愛にみち、心寛く、律法的でない自由な信仰に、私たちは今さらながら、キリスト教史においても藤井 武夫妻のような信仰者は稀であることを痛感するのです。

（付記）この話を聞かれた武曽眞理様が、私が最後にとりあげた藤井 武の一九二七年一月十七日付の矢内原忠雄宛の手紙（全集十巻622—623頁）の原物は手許にあると思うと言われ、私はそのコピー送付を頼みました。全集に入っているものは、お家へ伺ったとき私に見せられなかったのでした。

やがて届いた原物コピーによれば、私の推測通り、××さんは忠雄さん、×ちゃんは愛ちゃんと書かれていました。ただ、当時の書簡の習わしとして、本文中には月日だけで年は記してなく、封筒の消印もはっきり押せてなくて確定できなかったのは残念ですが、これも私の推測どおりと考えて間違いないと思います。

貴重な手紙の公開を許してくださった武曽眞理様の真実への愛に、心から敬意を表します。

《初出一覧》

十一　旧約の日本――藤井 武と武士道（「十字架の言」四三〇号、二〇〇一年一月）
十二　藤井 武とフランチェスコ（「十字架の言」四四四号、二〇〇二年三月）
十三　藤井 武とマルクシズム（「十字架の言」四五五号、二〇〇三年二月）
十四　藤井 武とルーテル（「十字架の言」四六六号、二〇〇四年一月）
十五　夕に我が妻死ねり――藤井喬子と藤井 武（「十字架の言」四七八号、二〇〇五年一月）
十六　藤井 武の永生観（「十字架の言」四九〇号、二〇〇六年一月）
十七　藤井 武の摂理論（「十字架の言」五〇三号、二〇〇七年二月）
十八　藤井 武の歴史観――五つの歴史観と比べて（「十字架の言」五一五号、二〇〇八年二月）
十九　信仰と生活――新発見の藤井 武・喬子の手紙から（「十字架の言」五二七号、二〇〇九年二月）

聖名《みな》のゆえに軛《くびき》負う私

——藤井 武記念講演集　II

2020 年 1 月 20 日 初版発行

著　者 —— 佐藤全弘

発行者 —— 安田正人

発行所 —— 株式会社ヨベル　YOBEL, Inc.

〒 113-0033 東京都文京区本郷 4-1-1　菊花ビル 5F
TEL03-3818-4851　FAX03-3818-4858
e-mail : info@yobel. co. jp

装丁 —— ロゴスデザイン：長尾優
印刷 —— 中央精版印刷株式会社

配給元—日本キリスト教書販売株式会社（日キ販）
〒 162 - 0814　東京都新宿区新小川町 9 -1
振替 00130-3-60976　Tel 03-3260-5670

ISBN978-4-907486-99-0 C0016

使用聖書は、聖書 新共同訳（日本聖書協会発行）を使用しています。

佐藤全弘（さとう・まさひろ）略歴

1931（昭 6）大阪市東区南本町に生まれる。9 人兄弟姉妹の第 2 子・長男。

1943（昭 18）大阪府立堺中学校入学。1949 年三国ヶ丘高校卒業。

1949（昭 24）大阪市立大学法文学部文学科入学。1953 年卒業 (哲学専攻)。

1959（昭 34）大阪市立大学大学院博士課程単位取得。

1954(昭 29)1954 年 2 月から 1963 年 3 月まで、大阪市立の定時制高校に勤務。

1963（昭 38）4 月、大阪市立大学助手。

1979（昭 54）4 月、大阪市立大学教授。1988 年から 1990 年教務部長。

1994（平 6）3 月、大阪市立大学定年退職。4 月、関西外国語大学教授。

1994（平 6）3 月、大阪市立大学　名誉教授。

2000（平 14）3 月、関西外国語大学退職。

◆カント哲学を中心とした西洋哲学全般を講じるとともに、倫理学を担当。医の倫理、環境倫理。人権問題なども講義する。

◆ 1959 年「女性教養の会」から独立してできた『哲学の会』(1963 年から「火曜研究会」）に、1963 年から講師となる。
漱石、鴎外、武者小路、矢内原忠雄、藤井武、内村鑑三、新渡戸稲造をテーマとして話す。また、〈キリスト教と他の宗教〉を講じ終わり、2014 年 9 月会を閉じる

◆ 1980 年 8 月から愛農聖書研究会の講師となる。関西合同聖書集会代表。なにわ聖研主宰。

◆現住所 : 〒 543-0073 大阪市天王寺区生玉寺町 7-61-902
TEL 06-6774-0139

◆現在 : 愛農高校後援会会長 ; 愛農学園高枝理事，キリスト教愛真高校理事 : 財団法人　三愛教育振興会理事 ; 新渡戸基金教育部会長

◆著書 : 『カント歴史哲学の研究』『藤井武研究』『矢内原忠雄と日本精神』『新渡戸稲造—生涯と思想』『新渡戸稲造の信仰と理想」『新渡戸棚造の世界』『日本のこころと「武士道」』『クリスマス講話』ほか。
訳書 :『武士道』ほか多数。
『新渡戸稲造全集（全 23 巻と別巻 2 巻)』編集委員。

◆ 2008 年 6 月　新渡戸・南原賞受賞。